FUTURE TEACHER

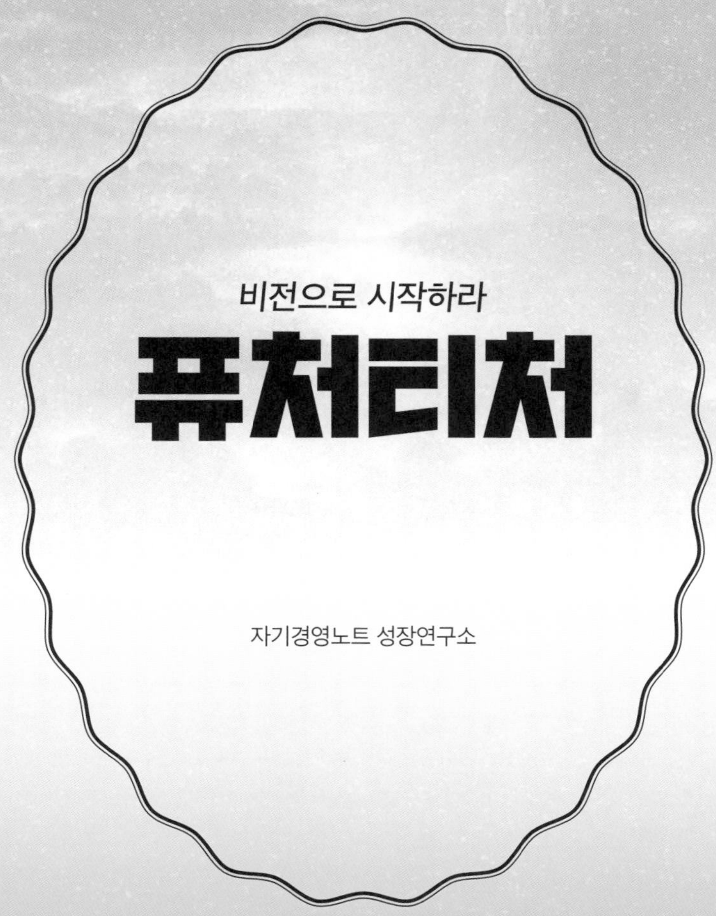

비전으로 시작하라

퓨처티처

자기경영노트 성장연구소

남다른 비전을 품은 교사의 51가지 비결

박영story

추천사

글을 쓰기로 작정한 분들이 모이셨다.

누구나 쓰고 싶은 마음은 굴뚝같다. 하지만 글을 써서 책을 내는 사람은 많지 않다. 나는 50년이 걸렸다. 직장생활 내내 남의 글을 쓰다가 쉰 살이 되어서야 비로소 내 글을 썼다. 자랑스러운 일을 해내셨다. 참여하신 쉰한 분 선생님께 축하 인사를 드린다.

나는 쉰한 분의 글을 읽으면서 잊고 지냈던 꿈을 상기했다.

쉰한 분 선생님이 각기 다른 꿈을 꾼다. 한 분 한 분 저마다의 꿈이 다른 빛을 오롯이 내뿜는다. 그런 꿈 조각들이 마치 스테인드글라스처럼 조화와 통일을 이루면서 찬란하고 장대한 인생지도를 펼쳐 보인다. '맞아, 내게도 그런 꿈이 있었지. 아직 늦지 않았어. 해보는 거야.'

미래 청사진을 그려보는 기회도 됐다.

내가 언젠가 품었던 꿈의 퍼즐 조각들을 소환해 앞으로 무엇을 하며 어떻게 살아갈지 그려보게 한다. 꿈이 없는 사람이 어디 있으랴. 일상에 파묻혀 꿈을 잊고 살아갈 뿐. 그렇게 하루하루를 허덕이며 살아가는 이들, 특히 교단에서 오늘도 고군분투하고 계시는 선생님들께 어제와 다른 내일을 살고 싶은 마음을 격동시키기에 충분하다.

꿈꾸는 사람은 변화하고 성장한다.

꿈이 있는 선생님이 꿈이 있는 아이들을 길러낸다. 그런 선생님에게 배우는 아이들은 행복하다. 쓴 대로, 꿈꾸는 대로 이루어지리라 믿는다. 꿈을 향해 쉬지도, 서두르지도 않고 전진하는 선생님들을 응원한다.

- **강원국** 「강원국의 인생 공부」 저자

선생님들이 지금까지 입 밖으로 내지 않았던 두 번째 꿈이 책 속에 웅크린 채 날갯짓하고 있습니다. 비밀 일기를 훔쳐보듯 조심스레 책장을 넘기며, 저 역시 감춰둔 꿈을 슬며시 꺼내 보게 됩니다. 무작정 교사로 걸어온 길이 지금까지의 삶이었다면, 꿈꾸며 살아가는 우리의 시간은 어쩌면 지금보다 더 찬란하게 빛날 인생의 후반전을 선물해 줄 것이라 확신합니다.

누구의 비전은 따스한 봄날 살랑대는 노란 나비와 같아 즐거운 춤을 추었고, 어느 사람의 꿈은 강렬한 여름과 같아 그 열정과 함께 달렸습니다.

모든 선생님이 새롭게 꾸는 꿈이 생각으로 끝나지 않고, 그 길의 끝에서 꽃이 되고, 나무가 되고 숲이 되기를 온 마음으로 응원합니다.

지금, 여기에 안주하지 않고 더 나은 삶을 상상하고, 실천하는 선생님들의 한걸음이 머지않아 '큰 바위 얼굴'의 모습으로 나타나 교사와 학생들의 희망이 되기를 바랍니다.

교사의 자리에만 안주하지 않고, 자기 삶을 변화시키고 싶은 분들은 그들의 항해에 기꺼이 동참하시길 바라는 마음으로 이 책을 권합니다. 아울러 선생님들의 비전이 이루어질 때 함께 축배를 올릴 수 있기를 기대합니다.

- **배정화** 「오늘도 교사로 걷는 당신에게」, 「나는 혁신학교 교사입니다」 저자

현직 선생님들의 생생한 이야기를 읽으며 저 또한 새로운 희망을 품게 되었습니다.

누군가의 인생 한 부분에 결정적인 영향을 줄 수 있는 교사는, 정말 어깨가 무거울 수밖에 없는 직업이기도 하지요. 요즘처럼 교직의 권위가 흔들리는 시대 속에서는 더욱 그러할 것입니다. 그러나 이 책에서 만난 선생님들은 맞닥뜨린 상황에서 좌절하거나 낙담하지 않고 나아가고 있습니다.

바로 꿈과 비전으로 말이지요.

각자 저마다의 방법으로 고유한 길을 걸어가고 있는 여정들은 과히 교사로서도 부모로서도 존경받아 마땅한 본보기마저 보여주고 있습니다. 개인의 성장에서만 멈추지 않고 공동체에 기여할 수 있는 가치 있는 비전들을 들여다보며 교직 사회에 대한 신뢰와 안도감마저 들었습니다.

직업군에서 벗어나 모든 사람이 이 책을 읽어보았으면 합니다. 누군가를 가르치는 일에 가장 전문성을 가진 선생님들의 종합선물 세트와 같은 비전 이야기를 통해 자신만의 반짝이는 목표를 찾으시길 바랍니다.

무엇보다 현실에 소진되어 길을 잃고 방황하는 선생님들에게 단비와 같은 이정표가 될 이 책을 적극적으로 추천합니다. 「퓨처 티처」를 펼치는 동시에 당신의 가치와 잠재력을 발견하고, 그런 인생을 살게 될 것입니다.

- **정다은** 「나도 때론 로맨스 소설 속 주인공처럼 살고 싶다」 저자

태어난 김에 산다고, 쳇바퀴처럼 매일 돌고 도는 하루하루가 지루하게 느껴지던 삶이었습니다. 고단했던 일상에 다시 생기가 돌기 시작한 때가 기억납니다. 백지에 그림을 그리는 마음으로 '내 인생의 비전과 미션, 핵심 가치가 무엇인가?'를 처음으로 고민하던 시점부터였습니다. 그 고민을 담아 비전 보드를 만들고, 가슴 설레는 꿈을 시각화하는 시간을 꾸준히 가져왔습니다. '왜 살아야 하는지 아는 사람은 어떤 상황도 견딜 수 있다'는 니체의 말처럼, '나는 왜 태어났고, 무엇을 위해 살아야 하는지'를 깊이 사유하며 사는 삶은 이전과 분명히 달라졌습니다.

이 책은 51명의 교사가 각자의 비전을 글로 엮어낸 작품으로, 단순한 글모음이 아닙니다. 그것은 각자의 삶을 통해 쌓아온 경험과 지혜가 녹아 있는 소중한 자산입니다. 이 책에 담긴 <자기 경영 노트>의 51명의 선생님들의 비전은 반드시 현실이 될 것이라 확신합니다.

5년 후, 10년 후의 목표를 실행해 나갈 수 있는 첫 번째 원동력은 '기록'에서 나옵니다. '기록하는 행위'는 잠재의식이 그 길을 갈 수 있도록 돕기 때문입니다. 두 번째 원동력은 '함께하는 힘'이라고 생각합니다. 교사가 함께 성장할 수 있는 길을 모색하는 모임인 <자기 경영 노트>를 통해 만난 우리는 서로의 비전을 응원하며 함께 나아가고 있습니다. 그러므로 교육이라는 길을 걸어가는 우리 모두에게, 이 책은 나침반과도 같은 역할을 할 것입니다.

책 속의 이야기를 눈으로, 마음으로 따라가다 보면, 나 자신이 나아가야 할 앞으로의 여정에도 큰 동기부여가 될 것입니다. 이 책이 많은 이들에게 영감을 주고 교육의 가치를 다시금 되새기는 계기가 되기를 바랍니다. 독자 여러분도 함께 가슴 설레는 비전을 실현해 나가며 더 나은 세상을 만들어가는 데 동참하지 않으시겠습니까?

- **최정윤** 「엄마를 위한 미라클 모닝」 저자

프롤로그

당신의 비전과 빛나는 삶을 위하여

"우리가 무엇을 해야 하는지 정확히 알고 있으며, 몇 년 안에 그곳에 도달하리라 생각한다."

얼마 전 엔비디아 CEO 젠슨 황과 테슬라 CEO 일론 머스크가 나눈 대화 영상을 보게 되었다. '자율주행차로 가는 당신의 비전을 말해달라'는 젠슨 황의 요청에 일론 머스크는 자신의 로드맵과 더불어 이와 같이 답했다. 남들이 생각해 내지 못한 일을 상상하고 현실로 만들어내는 그의 철학이 담겨있었다.

무엇을 해야 할지 안다는 것은 내비게이션에 목적지를 입력하는 것과 같다. 어떤 길을 향하더라도 결국엔 원하는 곳에 도달하게 된다. 수많은 길 중에서 불필요한 길을 제치고 오직 목적지를 향한 길을 찾는 데에만 집중하기 때문이다. 중요한 건 원하는 목적지를 정확하게 입력하는 것이다.

인공지능의 등장으로 사회는 급변하고 있다. 미래를 정확히 예측하는 건 불가능에 가깝다. 그러나 각자 미래를 구체적으로 상상할 수는 있다. 자신이 바라는 미래를 스스로 디자인하는 것. 이것이 곧 비전이자 삶의 로드맵이다. 가고자 하는 곳이 명확할수록 무수한 선택지 사이에서 방황하지 않는다. 각자가 바라는 미래를 실현해 나가고 이를 공유함으로써 더욱 빛나는 사회를 만들 수 있다.

'퓨처티처'는 이러한 비전을 품고 있는 교사를 말한다. 이들은 자신의 미래를 상상하고 스스로 삶을 변화시킴으로써 교육 현장에서 각자의 빛을 발한다. 교사의 사명은 아이들이 스스로 꿈꾸고 이를 이루어나갈 수 있는 역량을 키워주는 것이다. 그러므로 퓨처티처는 그 자체로 전문성을 기르는 교사이기도 하다. 혹자는 미래에 교사가 로봇으로 대체될 것이라고 말한다. 하지만 자신만의 비전을 가진 교사는 무엇으로도 대체될 수 없다. 비전이라는 말의 무게가 덜어지고, 퓨처티처라는 말이 '부처핸섬'만큼이나 널리 쉽게 쓰이기를 바란다.

이 책은 일종의 공언집이자 지침서이다. 1교시부터 4교시까지 총 51명 교사의 공언이 실려 있다. 저마다의 시선과 상상력으로 그려낸 비전 이야기가 알록달록하다. 책의 뒷부분에는 독자가 직접 비전을 세우고 비전보드를 만들어볼 수 있는 질문이 제시된다. 책을 읽으면서 자신만의 미래를 그려보고, 그 미래가 현재를 어떻게 바꿔줄 수 있을지 마음껏 상상해 보길 바란다.

당신의 비전과 빛나는 삶을 온 마음으로 응원한다.

- 배다리초등학교 교사 **김민혜**(감자샘)

차례

상상력

말하다·상상하다·이루다

2교시 변화

나는 열심히 살지 않기로 결심했다

실천

오늘의 점이 모여 내일의 선이 된다

4교시 성장

결국, 우리는 모두 피어난다

Future Teacher

1 교시

상상력

말하다 · 상상하다 · 이루다

1

‘이왕이면’ 단어의 힘을 빌려

변승현 초등교사, 일상 속 행복 수집가, 경험과 생각을 사진과 글로 기록하는 사람

직장을 다니고 시간적, 금전적 여유가 생기며, 매년 오로지 나의 의지로 배울 수 있는 것에 하나씩 하나씩 접근하였다. 우쿨렐레, 드럼, 수영, 배드민턴, 디지털 드로잉, 등산, 캠핑, 일일 강좌 등 아주 조그마한 관심이 있으면 온라인, 오프라인 가릴 것 없이 불나방처럼 달려들어 배우곤 하였다. 때마침, 2022년 겨울이 본격적으로 시작될 무렵, 자기 경영 연구소 모임의 존재를 알게 되었다. ‘자기 경영’이라는 것에 대한 궁금증과 호기심으로, 또 다른 배움을 찾기 위해 자기 경영 노트의 모임에 참여하기로 하였다. 난생처음 접한 ‘자기 경영’, 무엇인지 모르고 낯선 영역이지만, 일단 이끌어 주시는 대로 따라가 보기로 마음먹었다.

자경노의 주요 활동으로는 매달 독서 모임이 있었다. 독서 모임은 투표를 통해 도서를 선정하는데 추천 도서 목록 중 「내 인생 5년 후」가 있었다. 새해여서인지, 왠지 모르게 「내 인생 5년 후」라는 제목이 이끌렸다. 하지만, 그 책은 아쉽게도 선정되지 못하였다. 그래서 2023년 1월 어느 포근한 날, 도서관의 햇살이 잘 들어오는 창가에 앉아 나만의 새해 첫 도서로 책의 첫 장을 펼쳐보았다.

‘내 인생 5년 후는 어떨까?’

처음 5년 후의 나의 모습에 대해 생각해 보자니, 명확히 그려지지 않았다. 지나온 시간을 돌아보면, 대학 입시와 임용고시를 준비할 때만 목표가 있었을 뿐, 그 후에는 특별히 이루고 싶은 목표가 없어 내가 원하는 모습을 쉽게 그리기 어려웠다. 그래도 질문에 답변을 굳이 한다면, '결혼도 하고, 지금처럼 관심이 있는 분야가 있으면 배우고, 조금 더 연차가 쌓여 지금보다 노련미를 갖춘 교사가 되어 있지 않을까?' 하는 정도였다. 답변은 얼렁뚱땅했지만, 미래에 대한 구체적인 목표가 없음에 당황스러웠다. '이럴 수가! 무언가를 열심히 했는데, 뚜렷한 목표 없이 시간을 보내기만 했다니.'

책을 다 읽은 후, 목표 설정의 중요성은 알았지만, 5년 후에 대한 목표를 정하지 못했다. 그 이유는 목표는 이룰 수 없는 큰 욕심이라고 생각하였고, 단순히 기분이 좋은 상상은 아닐까 하는 생각이 컸기 때문이다.

하지만 이번에는 책에서 이야기한 '파괴'라는 단어를 실천해 보기로 했다. 목표 설정을 위해 편안함과 안정적인 상황에서 벗어나 목표 수립을 위한 도전의 시간을 가져보기로 했다.

> '당신의 머릿속을 새로운 것, 낯선 것들로 가득 채우는 것이다. 익숙한 것, 편안한 것, 당연한 것들은 이제 머리에서 슬슬 들어내라. 대신 그 자리에 익숙지 않은 것, 불편한 것, 당연하지 않은 것, 심지어는 당혹스러운 것, 황당한 것들을 집어넣어라. 머리에 넣는다는 것은 정보 수집기관, 즉 오감을 활용하란 얘기다. 보고, 듣고, 만지고, 느끼고.'

그래서 기존의 나에서 탈피하는 파괴에 걸맞은 시도를 시작하면서 새로운 나를 만나는 시간을 보냈다.

새로운 도전 이후, 1년이라는 시간이 또 지났다. 매년 1월이 오면 지난해를 다시 돌아보며 목표를 설정하게 된다. 어김없이 다시 새해 목표를 생각해보았다. 때마침, 자기 경영 노트에서 비전보드 작성하기 미션을 제공해 주셨다. 또다시 비전을 생각하려니 미루고만 싶고 어렵게만 느껴졌지만, 더 이상 회피할 수 없다. 그래서 눈 딱 감고 비전 보드를 만들었다. 비전보드는 현 상황에서 실행으로 옮길 수 있을 수준의 목표였다. 너무 과한 목표는 약속을 지키지 못한 나 자신에게 실망감을 느낄 것이라는 생각에 딱 지킬 수 있을 만큼으로 정하고 공언하였다. 남들이 뭐라고 하지 않는데, 왜 이리 부끄러운지. 숨고 싶은 마음이 컸지만, 어쨌든 비전 보드 작성을 완성하였음에 의의를 두었다.

그리고 3개월이 지난 후 새해에 작성한 비전 보드를 다시 보았다. 목표의 성취 정도를 찬찬히 확인해보니, 목표가 이루어져 있었다. 그래서 나는 다시 마음먹었다. 비전 보드를 다시 수정하기로 말이다. 내가 지난 1년 동안 어떤 가치를 중요시했는지, 내면의 깊은 곳의 욕망을 분석해 보았다. 더 나아갈 비전을 위해, 나는 '이왕이면'이라는 단어의 힘을 빌려보기로 했다.

1순위 욕망은 아늑한 나만의 공간에서 내 사람과 함께 하는 것이다. 내가 좋아하는 공간에 사랑하는 사람들과 함께하면 더할 나위 없이 좋을 것이다. 함께 맛있는 것을 먹고 좋은 것만 보고 느끼며 여유 있는 삶을 바란다. 그렇기 위해서는 가족과 아늑하게 지낼 수 있는 편안한 보금자리가 있어야 할 것 같다. 현실 지향적인 성향이지만, 이왕이면 욕심을 좀 더 가져서, 통창을 통해 햇살이 들어오는 개인 서재가 있는 개인 주택을 마련하고 싶다. 앞으로 나의 자산을 잘 관리하고 잘 굴려서 내 공간에서 내 사람들과 함께 일상을 만들어 나가고 싶다.

2순위의 욕망은 교육 전문가 겸 강연자가 되는 것이다. 내가 경험하며 배우고 익힌 것을 학생들에게 영향을 주고 더 나아가 다른 사람들에게도 도움을 주는 것이다. '배워서 남 주자.' 하는 마음으로 아낌없이 주는 나무처럼, 나에게 베풀어 주신 분들로부터 배운 그대로 나눠주고 싶다. 이왕이면, 유명세가 있는 전문가로 이름을 대면 '아, 이 사람!'이라고 할 만한 사람이 되도록 말이다.

현실 상황을 반영한 목표 설정이다 보니, 현재는 위 두 가지의 욕망을 반영한 목표뿐이다. 하지만, 나는 앞으로 나아가면서 또다른 목표가 추가될 것으로 예상하며 현재 설정한 목표를 즐기며 달려가려 한다.

어쩌면 멀게만 느껴지는 미래지만, 나의 비전 보드와 '앞으로의 n년 후 오늘, 어디 있을지, 어떤 사람과 있을지, 무엇을 하고 있을지.'를 생각하고 나의 그 목표에 에너지를 집중한다면, 빌려 쓴 단어 '이왕이면'이 현실로 되지 않을까?

독자들도 n년 후의 모습을 '이왕이면'의 힘을 빌려 미래를 상상하고 꿈을 실현하길 바란다. 그리고 그 꿈이 이뤄지길 간절히 기원한다.

매듭쌤의 비전 시크릿

어제와 다른 내일을 시작하세요!

나를 성장시키는 방법은 다른 사람과의 비교가 아니라, 스스로를 돌아보며 자신을 계발시키는 것입니다. '어제의 나'와 '오늘의 나'를 비교해보며 내일 더욱 달라진 자신을 만나는 것이지요. 내가 원하는 나의 모습을 상상하며 목표를 따라 떠나는 삶은 인생의 원동력과 삶의 이유가 됩니다.

이 세상에는 셀 수 없이 많은 것들이 있는데, 나이 때문에, 시간이 없어서 등의 다양한 이유를 댄다면 숨겨진 나의 모습을 찾을 수 없습니다. 도전하고 후회하는 것보다 도전하지 않고 후회하는 것이 더 마음에 남지 않을까요?

어제보다 나은 나를 위해 마음속에 '돌파'라는 단어를 품고 그동안 두려워했던 것들을 하나씩 하나씩 해보면 상상 이상의 모습이 있는 나를 만나게 될 것입니다.

인생 책 하우석 - **「내 인생 5년 후」**

그저 막연하기만 했던 5년 후의 미래를 곰곰이 고민해보았습니다. 내 안의 욕망을 찾아 그로 하여금 앞으로의 인생 방향과 목표에 대해 설계할 수 있는 책이었습니다.

통창 서재가 있는
개인 주택

사랑하는 사람들

VISION
BOARD

교육 전문가 및 강연가

2

2034년 어느 봄날의 하루처럼

정송희 초등교사, 차곡차곡 하루를 쌓아 올리는 미라클모닝러

나의 상상은 모두 이루어졌다.

선선한 바람이 불어오는 늦은 오후, 남편과 한강공원을 산책 중이다. 자전거를 탄 사람들이 오가고 젊은이들이 하나둘씩 잔디밭에 모여든다. 유모차를 타고 엄마랑 나들이 나온 아기도 보인다. 하늘이 조금씩 붉게 물들어 가는 것을 바라보며 걷는 이 시간이 참 좋다.

일하면서 승진 공부하느라고 항상 잠이 부족했던 남편. 퇴근하고 남는 시간은 스터디카페에 가고, 집에서는 대부분 잠을 자고 있었기에 서로 이야기 할 시간이 부족했다. 그렇게 바쁘기만 했던 남편도 이젠 제법 여유를 찾았다. 나이가 들어서 그런가? 서로 함께하는 시간이 점점 늘어난다. 오늘도 남편의 성화에 못 이겨 나온 산책인데 막상 나오니 좋다.

그때 저 멀리서 반가운 목소리가 들려온다.

"엄마~, 아빠~"

자전거를 타고 나타난 청년, 우리 아들이다. 집에서 볼 때는 아직도 철부지 아이 같았는데, 밖에서 보니 제법 어른 같다. 아들이 불러주지 않았으면 못 알아볼 뻔했다. 자전거에서 내린 아들과 함께 걸으면서 도란도란 이야기를 나눈다. 오늘 하루 어땠는지, 어떤 재미난 일들이 있었는

지. 학교 다닐 때는 하루하루가 전쟁 같았는데, 고등학교를 졸업하고 좀 더 여유롭고 부드러워진 아들. 요즘은 본인이 하고 싶은 것을 찾아서 도전해 가는 모습이 참 대견하다.

두 남자와 한참 이야기를 하다 보니 벌써 집 앞이다. 집에는 평소보다 일찍 들어온 딸이 기다리고 있었다. 예쁜 옷을 입고 거울을 보며 한껏 꾸미고 있는 것을 보니 오늘 중요한 약속이 있나 보다.

"엄마, 우리 같이 쇼핑가기로 했잖아요. 얼른 챙기고 나가요."

맞다. 오늘 딸 대학 입학 기념으로 같이 쇼핑가기로 한 날이다. 남편이랑 산책하러 가서 딸이랑 약속을 깜박 잊어버린 나. 깜박깜박 증세는 언제쯤 호전되려나? 대학 새내기 생활을 하는 딸은 요새 매일매일이 즐겁고 설레나 보다. 딸의 쫙 펴진 어깨와 환한 얼굴이 얼마나 신이 났는지 알려준다. 오늘은 오랜만에 백화점에 가서 딸이랑 데이트해야겠다. 대학에서 첫 번째 봄을 맞이한 딸을 위해 예쁜 옷이랑 신발도 사주면서 오붓한 시간을 즐겨야겠다.

2034년의 어느 봄날을 떠올리면 몽글몽글한 설렘이 마음 가득 차오른다. 따뜻하고 여유로운 그 시간 속에서 걷다 보면 오늘 학교에서 소진되었던 내 몸과 마음이 조금씩 치유되는 것 같다. 그렇게 다시 나를 채우고 나면 학교에서 아이들과 함께하는 시간도 평화롭고 행복하게 느껴진다. 따뜻하고 단단한 교사, 그래서 함께하는 아이들도 내 공간 안에서 안전하고 편안하게 성장을 해나갈 수 있다면 얼마나 행복한 교실인가. '행복한 교사가 행복한 교실을 만든다.'라는 뻔한 이야기를 교직 생활 13년 만에 깨달았다.

편할 거라고 기대했던 교사의 삶은 너무나 고단하고 힘들었다. 해가 갈수록 교직에 대한 불만이 쌓이면서 출근도 하기 싫고 아이들을 만나는 것도 지쳐갈 무렵 하게 된 결혼과 출산. 학교를 쉬고 싶었다. 이 공간만 벗어나면 편할 줄 알았다. 그런데 육아휴직을 하고 아이를 키우는 것 또한 어려웠다. 가정도 학교도 쉽지 않은 상황 속에서 나는 우울했고 자존감은 바닥을 쳤다. '이젠 더 이상 도망갈 곳도 없는데? 다른 직업을 알아봐야 하나?' 복직 후 다시 시작된 탈출에 대한 고민이 나를 더 지치게 했다.

그 시절 내가 가장 싫어했던 책은 「성공하는 사람들의 7가지 습관」같은 자기계발서였다. '이미 성공한 사람이 무슨 말이든 못 하겠어? 잘난 체하는 거지' 성공한 사람들의 이야기를 읽으면 내 삶이 실패한 것처럼 느껴졌다. 특히 생각하는 대로 이루어진다고 말하는 책들을 보면서 이런 말도 안 되는 이야기가 있을까 싶었다.

그렇게 고슴도치처럼 가시를 세우며 탈 교사를 꿈꾸던 나에게도 작은 변화가 찾아왔다.

"나의 상상은 모두 이루어졌다."

「더 마인드」 책을 펼쳐서 첫 문장을 읽어 내려가는 순간, 온몸에 전율이 느껴졌다. 저자가 그리는 미래가 너무나 생생해서 그림처럼 내 눈앞에 펼쳐져 보이는 것 같았다. '10년 뒤, 나는 어떤 삶을 살고 있을까?' 이 책을 읽으면서 내가 원하는 삶에 대해서 고민하고 명확하게 그려보려고 노력했다. 내가 원하는 삶이 조금씩 선명해지자 말도 안 된다고 생각했던 끌어당김의 법칙을 실천해 보고 싶어졌다.

내가 원하는 삶을 생생하게 그릴 수 있도록 비전보드를 만들어 잘 보이는 곳에 붙였다. 거실 식탁에도 붙이고, 교실 책상에도 붙이고, 다이어리 표지도 비전보드로 채웠다. 그리고 내가 원하는 목표를 적어서 핸드폰 배경화면에 넣고 다니며 수시로 읽었다. "2034년에 가족들과 한강라이프를 즐기며 살아간다." 매일 아침 일어나면 거울을 보며 '셀프 하이파이브'하면서 나 자신을 응원하고, 이불정리를 통해서 작은 성공의 기쁨을 누렸다. '선불감사'를 활용하여 이미 그 일이 나에게 일어난 것처럼 감사하는 마음도 적었다. 신기하게도 미리 감사한 마음을 적고 나면 그 일을 하는 내내 기분이 좋았다.

끌어당김의 법칙은 내 마음가짐도 바꾸어 놓았다. 새 학교 발령을 앞두고도 마음이 편안했다. '어디든 가서 열심히 하면 되지. 분명 좋은 선생님들이 많을 거야.' 과거에는 상상도 못 할 일이었다. 알 수 없는 내일이 불안해서 안절부절못하고 걱정하며 시간만 보냈을 텐데, 너무도 담담한 나 자신이 당황스러울 정도였다. '담임을 맡으면 어떡하지?' 하고 걱정되는 날이면 학급경영 관련 책과 연수를 찾아보며 나만의 방법을 만들어 보고, '새로운 업무를 맡으면 어떻게 해?' 이런 불안이 올라오는 날엔 그동안 이 학교에서 했던 업무들을 정리하면서 새 학교에 가서 보고 참고할 수 있는 자료를 만들었다.

마음이 편안한 덕분일까? 올해 만난 아이들은 정말 사랑스럽다. 웃는 모습도, 조잘조잘 말하는 소리도, 화가 나서 씩씩거리는 모습까지도. 교사로서 아이들에게 한 발 더 다가간 것 같다. 수업에 즐겁게 참여할 아이들을 떠올리며 감사한 마음으로 수업을 준비하고, 아이들이 건강하게 성장해 나갈 수 있도록 돕고 있다.

가정에서도 가족들과 서로 부딪히는 일이 줄었다. 여전히 육아는 힘들고 남편과 아이들은 내 맘 같지 않지만, 이제는 도망가지 않고 받아들이기로 했다. 내가 할 수 있는 일은 찾아서 하고, 혼자 하기 어려운 것은 가족들에게 부탁하고, 모르는 것은 전문가를 찾아가 배우면서 내가 원하는 미래를 위해 오늘을 바꿔나가고 있다.

이렇게 하루하루를 열심히 살아가면서 끌어당김의 법칙을 실천한다면 10년 뒤 그 행복한 날이 오리라는 것을 알기에 평온하고 감사한 마음으로 생활하고 있다.

2034년의 어느 봄날의 하루처럼 평화롭고 여유로운 삶을 꾸려나가는 것, 그것이 내가 찾은 행복한 교사의 비결이다.

레프샘의 비전 시크릿

아침 5분 감사 일기로 성공적인 하루를 만들어요.

혹시 삶이 지치고 힘들지만, 미래를 위해서 힘겹게 버티고 있나요?

참고 버티는 것이 때론 우리를 더 힘들게 하기도 합니다. 지금부터는 억지로 참지 말고 원하는 하루를 미리 떠올려 보세요. 오늘 나를 기분 좋게 만들어 줄 일들이 이미 이루어진 것처럼 상상하고 감사하는 마음을 적어보세요.

"학부모 공개수업에 참석해 주신 많은 분들께 감사합니다. 아이들과 부모님들이 같이 소통하고 즐길 수 있는 수업을 할 수 있어서 감사합니다. 특히 발표하는 것을 어려워하는 친구에게도 따뜻한 응원의 박수를 보내주는 우리 반 친구들에게 감사합니다."

아직 일어나지 않았지만 내가 바라는 하루를 떠올리다 보면 불안한 마음은 사라지고 어느새 감사한 마음과 여유가 생겨날 거예요. 긍정의 기운으로 채워진 하루는 내가 상상하던 삶으로 나아가는 시간입니다.

아침 5분 감사 일기로 성공적인 하루를 나에게 미리 선물해 주세요.

인생 책 하와이 대저택 -「**더 마인드**」

미래를 생생하게 그리는 것이 무엇인지 느끼게 해주고, 끌어당김의 법칙을 실천하면서 하루를 감사하게 살아갈 수 있도록 도와준 책입니다.

건강한 삶

가르치는 삶

VISION BOARD

성장과 자립

한강라이프

기록하는 삶

3

당당이, 비전 보드로 당당하고 근사한 삶을 꿈꾸다

이순진 초등교사, 부모교육, 캐리커처, 꿈꾸는 러너

"당당아, 잘 잤어?"

Elsister의 맑고 고운 소리가 아침 댓바람부터 방안에 쩌렁쩌렁 울려 퍼진다.

"어, 일어났어."

잠이 덜 깬 목소리로 전화를 받는다.

"난 또 자는 줄 알고. 오늘도 행복하게 잘 지내. 사랑해. 당당아."

"어, 나도."

Elsister와 내가 아침마다 전화로 주고받는 대화다. 그녀는 나와 피 대신 영혼을 나눈 자매다. 우리는 커피숍 사장님과 손님으로 처음 만났다. 연예인 뺨치게 생긴 예쁜 얼굴과 상대방을 기분 좋게 만드는 그녀의 말투는 단번에 내 마음을 사로잡았다. 그녀는 미국에서 상담심리와 타로를 공부한 덕분인지 끊임없이 쏟아져 나오는 내 넋두리를 잘 받아주었다. 길고 긴 넋두리를 들은 그녀는 내가 마음 안에 핵을 만들고 셀프 보이스와 이야기를 주고받는다면 삶이 더 단단해질 거라고 했다. 오래전부터 말이 잘 통하고 언니 같은 멘토를 만나고 싶다는 생각을 했는데 소

원이 이뤄진 셈이다.

햇빛 좋은 어느 날 그녀가 내게 물었다.

"앞으로 어떻게 살고 싶어?"

"음, 어떤 바람에도 흔들림 없이 우뚝 선 사람이 되고 싶어."

"그래? 그럼 당당하고, 씩씩하게 두 발로 우뚝 선다는 뜻에서 당당이라고 부르면 어때?"

'당당이?'

부르기도 쉽고 당진에 계신 부모님 생각도 나고 당당이란 별명이 마음에 쏙 들었다. 그날 이후로 그녀는 나를 본명보다 당당이로 더 많이 불렀고 나는 호처럼 당당이를 닉네임으로 쓰기 시작했다.

자경노 4기를 시작할 때도 당당이란 닉네임을 사용했다. 다들 어찌나 닉네임에 함축적인 의미가 담겨있는지 나도 뭔가 더 멋진 닉네임이 갖고 싶었다. 하지만 이것저것 붙여 봐도 나한텐 당당이가 깔끔하니 좋았다.

4월 셋째 주 토요일, 서울에서 자경노 4기 선생님들을 대상으로 미미쌤의 글쓰기 특강이 있었다. 자경노 4기의 불문율 중 하나가 72시간 지나기 전에 자경노 네이버카페, 개인 블로그, 카카오톡 채팅창에 후기를 올리는 것이다.

"선생님은 왜 글을 쓰려고 하나요?"

후기를 쓰기 위해 미미쌤이 던진 질문을 곱씹기 시작했다. 김종원 작가의 「글은 어떻게 삶이 되는가」란 책이 눈에 들어왔다. 동시에 '근사하다'란 말이 머리에 번개처럼 스쳐 갔다. 글쓰기로 내 삶을 당당하고 근사하게 바꾸고 싶어졌다.

'그래 이거야. 오늘도 당당이는 당당하고 근사하게.'

내게도 삶에 목표가 생기는 순간이었다.

'당당하고 근사하게 산다는 것은 뭘까?'

이게 무슨 꼬꼬무도 아니고 꼬리에 꼬리를 무는 질문이 이어졌다. 생각나는 대로 포스트잇에 낱말을 써 보았다. 그리고 당당한 삶과 근사한 삶으로 나누어 당당한 삶 쪽엔 강연자, 캐리커처, 건강한 다리를 붙이고 근사한 삶 쪽엔 오토바이, 가족, 편안한 집, 건강한 집밥, 12억 6천만 원으로 분류했다.

당당하다와 근사하다를 들으면 느낌은 좋은데 눈앞에 뭔가 딱 떠오르지 않았다. 상상하기 쉽게 캔바 사이트에서 마음에 드는 비전 보드 샘플을 골라 포스트잇에 써 놓은 단어들을 검색하여 2024년 당당이 비전 보드를 만들었다.

비전 보드를 보며 당당하고 근사한 나의 삶을 상상하기 시작했다.

처음 보이는 모습은 말하는 걸 좋아하는 나답게 사람들 앞에서 '위로와 격려가 필요한 부모'란 주제로 강연을 하고 있다. 사람들은 김창옥 교수님처럼 재미있는 이야기와 제스처로 강연을 하는 나를 보며 손뼉을 치며 깔깔 웃고 있다. 중간중간 던지는 삶의 메시지는 진솔하면서도 너무 무겁지 않다. 내가 생각해도 감동적이다.

강연이 끝난 후 사람들이 내가 쓴 책을 들고 사인을 받으려고 줄을 서 있다. 나를 작가로 불러주는 그 사람들의 얼굴을 잠시 살펴본다. 그 사람들의 특징이 잘 드러나는 캐리커처를 뚝딱 그린 후 감사 인사와 함께 사인이 담긴 책을 전한다.

사인회를 끝낸 나는 영화 <초인>에서 오토바이를 타는 김정현 배우를 상상하며 헬멧을 쓴다. 그가 부른 철인왕후 OST '첫눈처럼'을 흥얼거리며 오토바이 손잡이를 힘껏 잡아당긴다. 얼굴에 스치는 바람이 기분을 상쾌하게 만든다.

집에 돌아온 나는 숲과 호수 너머로 저녁 노을이 붉게 물들고 있는 10층 베란다에 서 있다. 남향집이라 온종일 햇빛 샤워로 꽃망울을 활짝 터뜨린 제라늄과 목가렛이 베란다에 한가득 피어있다. 스피커에선 김정원 피아니스트가 연주한 쇼팽의 '녹턴'이 흐르고 노란 불빛을 가득 담은 거실은 깔끔하게 정돈되어 있다. 오늘 하루도 행복했다는 충만함을 느끼며 가족들과 식탁에 둘러앉아 건강한 집밥을 먹는다.

다음 날 아침, '딩동' 알람 소리에 농협 인터넷 뱅킹을 확인해 보니 12억 6천만 원이 찍힌 통장 잔액을 확인한다. '이 돈으로 무엇을 할까? 빨간 머리 앤이 살았다는 프린스 에드워드 섬을 갈까? 미국 주식을 살까? 집 대출은 이미 상환을 했고, 명퇴나 할까? 돈은 좋고도 좋은 것이구나! 생각하다가 오늘은 예쁜 1학년 2반 당근 미니미들과 무엇을 하면 더 재미있는 수업이 될까?' 생각하며 출근 준비를 한다.

감았던 눈을 뜨며 꿈처럼 달콤한 상상에서 현실로 돌아왔다. '진짜 이 모든 것이 이뤄질까?' 부정적인 생각이 잡초처럼 마음 가득 퍼졌다. 다시 눈을 감고 Elsister가 내게 해줬던 말을 생각했다.

"당당아, 마음 안에 핵을 만들면 어떤 상황에서도 흔들리지 않아. 문제가 생기면 항상 네 안에 있는 셀프 보이스와 이야기를 주고받아. 문제는 해결하면 돼. 넌 그 문제들을 해결할 힘이 있고 잘할 수 있을 거야. 그리고 언니는 언제나 그 자리에 그대로 있다는 거 알고 있지?"

"어, 알고 있지."

그녀에게 대답하며 다시 눈을 떴다. 당당하고 근사한 미래의 내 모습이 담긴 비전 보드를 보며 잡초밭에 주저앉으려는 나를 벌떡 일으켜 세웠다.

이젠 아침에 Elsister와 전화를 주고받는 대신 부드러운 김정현 배우의 목소리를 들으며 잠을 깬다. 알람을 끄면서 밤새 둘둘 말고 잔 이불도 착착 접어서 이불장에 넣고 창문을 열어 환기도 한다. 물 한 모금 마시고 영운천을 달린다. 비전 보드에 써 놓은 소원이 모두 이뤄졌다고 생생하게 상상하며 선불감사로 하루를 시작한다.

'오늘도 당(당하고) 근(사하게) 하루를 보낼 수 있어서 감사합니다.'

당당이의 비전 시크릿

아침에 스스로 도닥이며 일어나기

아침에 벌떡 일어나시나요? 저는 요즘 눈 뜨자마자 더 자고 싶다는 생각을 많이 합니다. (저만 그런가요?) 저와 같은 고민을 하고 있다면 두 팔을 엇갈려 자기 몸을 감싸고 엄마가 아이를 도닥이듯 스스로 도닥여 보세요.

"졸려? 눈 뜨기 싫구나! 너~무 인간적이야. 그럴 수 있어. 좀 더 눈 감고 있어도 돼."

이런 말도 해주며 졸음이 달아날 때까지 도닥입니다. 마치 꿈틀거리며 잠에서 깨어나려는 아이를 바라보는 엄마처럼 자기 자신을 따스한 눈길로 바라봐 주세요.

내 손의 따뜻한 온기를 느끼며 하루를 시작하는 것도 꽤 괜찮은 일이랍니다.

인생 책 모기 겐이치로 - **「좋은 질문이 좋은 인생을 만든다」**

질문과 의문은 무엇인가? 좋은 질문과 나쁜 질문은 무엇인가? 끊임없이 생각하게 만드는 책입니다. 동시에 애매한 의문을 구체적인 질문으로 바꿀 때 내 인생도 좋은 인생이 되겠구나! 희망을 품게 만드는 책입니다.

건강한 집밥 먹기

전망 좋은 집

캐리커처 라이브작가

오토바이 여행

강연자

건강한 다리로 산책

12억 6천만 원

같은 방향을 보는 가족

4

꿈꾸고 도전하고 이루다

옥샘 초등교사, 배움에서 즐거움을 찾는 사람

작가님, 사인해 주세요.

작가님, 이번 책은 지난 책보다 더 재미있어요.

또 책이 언제 나와요?

다음 책 이야기는 뭐예요?

제일 재미있었던 부분은 어디인지, 주인공의 어떤 말이 기억에 남는지 등 아이들과 이런저런 이야기를 나누며 내 책을 가지고 온 아이들에게 사인을 해 주었다. 동화책에 사인을 할 때마다 첫 책을 쓸 때의 마음을 잊지 않으려고 노력한다. 아이들과 한 명 한 명 눈을 맞추고, 내 책이 아이들의 삶에 작은 기쁨과 즐거움을 선사하길 마음속으로 기도하며 사인을 한다.

얼마 전 퇴직한 학교에서 연락이 왔다. 작가와의 만남을 해 줄 수 있냐고. 시간을 만들어서라도 강의하겠다고 했다. 아이들을 만나는 일이라면 언제든 달려가겠다고 퇴직하며 마음먹었다. 아이들과 가까이 하고 싶어, 순수한 마음을 가진 아이들이 예뻐 동화 작가가 되기로 결심한 지 10년, 드디어 내 이름으로 된 동화책이 3권이나 나왔다. 그중 한 권은 어린이들이 심사에 참여해 수상작을 결정하는 대회에서 상을 받은 것이다. 학교에서 오래 근무해서인지 아이들이 좋아하고 사랑받는 동화책을 쓰는 데 많은 도움을 받았다. 나의 책 이야기를 나누며 아이들과 이야기하다 보면 꼭 나오는 단골 질문이 있다. "원래 선생님이었다고 들었는데 동화 작가가 되신 이유가 있으세요?"

아이들과 오랫동안 함께 할 방법이 무엇인지 생각해 보았다. 아이들의 순수함을 오랜 기간 누리며, 아이들과 내가 함께 행복할 방법이 뭐가 있을지 고민해 보았다. 아이들에게 즐거움을 주는 활동이 무엇인지 알기 위해 점심시간, 쉬는 시간에 아이들의 모습을 관찰하였다. 게임보다 재미있는 동화책을 써 보자는 생각은 여기서 시작되었다.

첫째를 가진 후 태교를 할 때 '글 잘 쓰는 사람'이 되기를 기도했다. 둘째를 가졌을 때는 태교의 내용이 좀 진화되어 '작가'가 되기를 기도했다. 첫째, 둘째 태교가 다 글쓰기와 관련된 내용이었다. 친구들은 내가 글쓰기를 싫어하는 걸 알기에 생일날 선물과 함께 편지를 주면 다른 사람에게 받은 것보다 두 배 더 좋아했다. 사회생활 하면서 글쓰기가 모든 일의 처음과 끝인 것 같았다. 계획서, 보고서, 가정통신문, 생활기록부 심지어는 알림장까지. 글이 아닌 게 없었다. 글을 써야 하는 상황이 오면 미리 준비하거나 늦게 제출하거나 둘 중 하나였다. 즉석에서 쓱 써서 제출하는 사람이 그렇게 부러울 수가 없었다. 글을 쓰는 모든 상황이 다 괴로웠다. 수업 참관록을 적는 것까지도 괴로울 정도였으니 글쓰기가 얼마나 힘들었을까.

이렇게 글쓰기가 괴로우니 내가 가르치는 아이들은 글쓰기를 힘들어 하지 않는 어른으로 성장하기를 바랐다. 그래서 책 읽기와 글쓰기를 다른 무엇보다 강조했고, 더 신경 써서 지도했다. 매년 아이들의 글을 엮어 학급문집을 내는 것도 빠짐없이 했다. 그런데 학급문집을 내면서 좀 더 수준 높은 글에 대한 갈망이 생겼다. 평범한 글이 아닌 사람들에게 감동을 주는 글을 아이들도 충분히 쓸 수 있을 것 같았다. 그런데 내 지도력의 문제인지 학기 초의 글과 학기 말의 글에 별 차이를 느끼지 못했다. 글쓰기와 관련된 연수도 들어보고 책도 읽어가며 지도했지만, 아이들은 쓰던 대로 글을 썼다.

'많이 쓰면 는다'라는 이야기만 믿고 방법적인 부분은 알려주지 않은 채 아이들에게 그냥 쓰라고만 했다. 2학년이면 9줄, 4학년이면 11줄, 나이만큼 쓰게 하고, 아이들이 쓴 글들을 타이핑해 나눠주며 좋은 글을 찾아보게 했다. 잘 쓴 글 따라 쓰기, 일부분 바꿔 써 보기 등 다양한 방법을 시도하며 가르쳐 보았다. 그러나 나조차도 쓰는 것을 싫어하고 쓰지 않으면서 아이들에게는 글을 쓰게 하려니 어려움이 많았다. 아이들도 글쓰기를 즐거워하지 않고 하기 싫은 숙제를 꾸역꾸역해 오는 것 같았다. 글쓰기 숙제를 해 오지 않아도 '얼마나 쓰기 싫으면 안 써 올까?' 하는 마음이 이해되어 글쓰기와 관련된 숙제를 해오면 칭찬하고 해 오지 않아도 그만이었다.

'내가 글을 쓰고 큰 깨달음을 얻어야 아이들 글에도 변화가 있을까?' 고민하던 중에 친구가 '자기 경영 노트'라는 모임에서 좋은 기회로 공저를 냈다고 연락이 왔다. 내가 글쓰기에 관심을 보였던 것이 생각나 연락했다며 모집 기간이 되면 꼭 들어오라고 말했다. 어려운 책 읽기를 싫어하고 글쓰기는 더 싫어하는데 모임에 가입해도 될지 많이 고민했다. 내가 먼저 글쓰기에 모범을 보여야겠다고 생각을 고쳐먹고 발을 들여놓았다.

글쓰기가 싫다고 했지만 쓰면서 생각이 정리되어 기뻤고, 화가 났던 마음이 풀리는 게 신기하기도 했다. 일상을 기록하며 하루를 정리하거나, 서평을 쓰며 감동을 다시 떠올리는 것도 기분 좋은 경험이었다. 운동도 운동 장소에 가면 그날 운동은 성공한 것처럼 글쓰기도 컴퓨터를 켜거나, 연필을 들면 글쓰기의 반은 성공한 것 같았다. 쓰면 늘긴 는다. 시간이 오래 걸릴 뿐. 그런데 방법을 알려주면 글쓰기 실력이 눈에 띌 정도로 빠르게 늘고, 돌아서 갈 길을 지름길로 안내해 줄 것 같았다. 스승없이 혼자 길을 헤매기보다 글 잘 쓰는 길을 안내해 주는 안내자가 되기 위해 내가 먼저 글을 쓰기 시작했다.

이렇게 글을 쓰다 보니 목적을 가지고 쓰면 좋겠다는 생각이 들었다. 나도 좋고 남도 행복하게 할 수 있는 의미 있는 글쓰기를 하고 싶어졌다. 컴퓨터 게임만 재미있게 생각하고 자극적인 놀이만 좋아하는 아이들에게 게임보다 더 재미있는 것도 있음을 알려주고 싶었다. 그동안 재미있게 읽었던 김기리 작가의 떡집 시리즈, 박현숙 작가의 수상한 시리즈, 유설화 작가의 장갑 시리즈처럼 아이들의 사랑을 받는 시리즈를 쓰고 싶다는 마음이 들었다.

마음을 먹었으니, 행동으로 옮기기 위해 여러 가지를 알아보았다. 동화 작가가 되기 위해 동화 쓰기와 관련한 카페에 가입하고 어린이책 작가 교실 모집 공고문도 빠짐없이 살펴보았다. 동화 작가님께 어디서 배우면 좋은지 조언도 듣고 어떤 방법으로 글쓰기를 하고 있는지 상담도 받았다. 동화 쓰기를 배운 후 신춘문예 동화 부문, 문예지, 출판사 공모전에 공모하고 아이들이 좋아하는 글을 쓰기 위해 열심히 도전해 보기로 마음먹었다.

'시작이 반이다.', '물방울이 바위를 뚫는다.', '무쇠도 갈면 바늘 된다.' 등의 노력, 끈기와 관련된 속담을 찾아보며 의지가 약해지지 않기 위해 큰 소리로 외쳐본다. 글쓰기를 싫어했던 내가 매일 글을 쓰고, 나아가 작가가 된 모습을 상상하며 천 리 길 중 한 걸음을 나아가 본다.

"쓰는 일은 곧 사랑하는 일이다."

-「글은 어떻게 삶이 되는가」 중에서, 김종원

쓰는 일이 사랑스러워서, 아이들에게 좋은 이야기를 들려주고 싶어서, 순수한 아이들 곁에 오래 머무르고 싶어 오늘도 쓰고 내일도 쓸 예정이다. 게임보다 재미있는 동화책을 쓰는 작가, 동화 작가가 되어 있을 미래의 나를 상상하며 오늘도 글을 쓴다.

윤슬 샘의 비전 시크릿

학급문집을 만들어 보세요.

흘러가 버린 일 년이 아닌 좋은 추억이 저장된 일 년이기를 바라는 마음에 발령받고 쭉 학급문집을 만들고 있습니다. 처음에는 문집 만드는 게 매우 힘들었지만 매년 하다 보니 요령도 생겨 학급문집을 나눠주는 것으로 일 년을 마무리합니다.

12월에 원고를 모으면 힘들어서 3월 초부터 틈틈이 아이들의 일기와 독서록을 타이핑해 오탈자를 수정해서 저장해 둡니다. 문집을 제본하기 전 아이들에게 원고를 나눠주고 수정하고 싶은 부분과 오탈자만 확인시키면 바쁜 학년말에도 충분히 문집을 만들 수 있습니다.

스승의 날에 편지를 받으면 학급문집에 대한 감사 이야기가 항상 들어가 있습니다. 이런 편지 덕분에 힘들어도 문집을 만드나 봅니다. 소중한 일 년의 활동을 흘려버리고 싶지 않다면 학급문집을 꼭 만들어 보세요.

인생 책 데일 카네기 -「**자기관리론**」

누구나 걱정이나 고민거리가 하나쯤은 있을 것입니다. 해결하지 못한 문제가 있을 때 이 책을 펼쳐 보세요. 새 학기 시작 전 불안한 마음이 들 때 읽는다면 더 많은 도움을 받을 수 있습니다.

꾸준한 글쓰기

동화 공모전 수상

동화책 출간

작가와의 만남

글쓰기 강연

5

미술로 마음을 나누는 삶에 초대합니다 -'10년 후에 쓰는 일기'

서성민 예술가-교사, 예방적 미술교육 메신저, 드로잉 동기부여가

나만의 길을 찾고 싶었다. 한 우물만 파야 전문가가 된다는데 20대의 나는 파고 싶은 우물이 많았다. 어떤 우물을 깊이 팔지 고르기가 어려워 이 우물 저 우물 기웃거리느라 몸과 마음이 분주했다. 여러 개의 우물을 얕게 파던 어느 날, 어쩌다 마주친 두 개의 사건이 내가 걸어갈 방향을 가리켰다.

하나는 크레이머 미술치료학교와의 연결이고 다른 하나는 남편과의 만남이다.

4학년 드로잉 수업 자료를 찾다가 크레이머 미술치료학교를 우연히 알게 되었다. 그 당시 내가 파고 싶은 우물은 미술교육과 상담교육으로 좁혀져 있었다. 미술치료는 이 두 분야를 합친 것으로 보여서 궁금증이 일었다. '미술치료사를 위한 미술반'이라는 실기 수업이 있길래 일단 한 학기만 등록했는데 미술 작업을 하며 내 마음을 들여다보는 일이 재미있었다. 어느 날 '심리 미술 전문가 2급 자격 종합반'이 개설된다는 공지를 보고 덥석 등록했다. 할인 금액이 상당했기 때문이다. 약 500만 원을 현금으로 결제하고 나니 앞으로 이 길로 가야만 할 것 같다는 기분 좋은 압박이 들었다. 그 뒤로 진로 고민이 한결 명쾌해졌다. 다행히 이곳의 수

업을 들으면 들을수록 미술뿐만 아니라 인생에 관한 공부가 돼서 종합반에 등록하길 잘했다는 생각이 들었다. 4년에 걸쳐 수업을 들으며 미술교육과 미술치료에 대한 토대를 쌓았다. 크레이머 미술치료학교에서 배운 걸 나의 미술 수업에 바로 적용해 볼 수 있어서 행운이었다. 학교에서 미술 수업을 하고 나의 작업을 때때로 해나가면서 미술이 아동의 발달과 성인의 내면적 성장에 강력한 도구가 된다는 확신이 생겼다.

서른 살 봄, 한 남자와 소개팅을 했다. 모 교대 대학원에서 미술교육 공부를 하고 있다는 말을 듣고 눈을 동그랗게 떴다. 나도 미술을 공부하고 있다고 했다. 두 번째 만난 날, 이 남자가 영국으로 유학을 가자고 했고, 나도 유럽을 여행하며 유학의 꿈을 품은 적이 있다고 답했다. 그해 가을 결혼 준비를 시작해 이듬해 가을에 결혼식을 올렸다. 1년 후, 2024년 가을, 유학 휴직을 내고 함께 영국으로 떠났다. 골드스미스 런던대학교의 아트 앤 러닝 석사 과정이었다. 우리 각자의 우물을 지구의 내핵 가까이 파자고 남편과 하이파이브를 했다.

일과 유학 준비를 병행할 때는 '영국에 가면 눈 떠서 할 일이 공부밖에 없으니 좋겠다'라고 생각했는데 영국에 가니 정말로 눈 떠서 공부만 해야 했다. 학교-도서관-집-학교-도서관을 순환하며 하루에 10시간씩 공부하는 나날이었다. 논문 읽기를 시도하다 결국 파파고의 힘을 빌리고, 한국어로 봐도 도통 이해가 가지 않는 문장들을 해독하고, 세미나에서 할 말을 정리해서 스크립트 쓰고 달달 외우면 하루가 훌쩍 지나갔다. 실습 과제라도 있으면 실습실에서 늦은 시간까지 고뇌의 시간을 보냈다. 그동안 가지고 있었던 예술에 대한 틀을 완전히 깨고 다시 조각조각 이어 붙이는 시간이었다.

틈날 때마다 버스를 타고 미술관 데이트에 나섰다. 테이트 모던, 테이트 브리튼, 내셔널 갤러리 등의 미술관이 지척에 있는 데다 무료로 관람할 수 있으니 미술을 공부하는 학생에게는 천국이었다. 미술관의 아름다운 공기 속에서 작품을 만나고, 그림을 그리고, 커피를 마시고, 책을 읽고, 미술관은 나와 남편이 좋아하는 일을 다 할 수 있는 공간이었다. 대학원 수업이 미술관에서 진행되는 날도 많았다. 작품 앞에 드로잉북과 아크릴물감을 펼쳐놓고 작업을 하며 한국에 돌아가 미술관에서 미술 수업을 하는 날을 상상했다.

가끔 해가 보이는 날엔 손바닥만한 드로잉북과 8B 연필을 들고 학교에서 걸어서 30분 거리에 있는 그리니치 공원에 갔다. 한국에서는 자외선을 필사적으로 차단했는데 햇빛이 귀한 영국에서는 온몸으로 흠뻑 흡수했다. 찬란한 빛을 세포 하나하나에 저장해 두었다가 비 오는 날 꺼내서 마음을 밝히는 데 썼다. 지금 이 순간 그 시절에 그린 그림을 보면 그날의 감정, 날씨, 장소에 대한 기억이 생생하다. '기록하는 사람은 성장하지 않을 수 없다'라는 개인적 좌우명과, '자경노'(자기경영노트, 전국온라인교사모임)의 정신을 가지고 그림과 글로 부지런히 기록을 남겼다.

아트 스튜디오 'Studio Upstairs'를 사랑방 삼아 종종 방문하면서 개인 작업을 하기도 하고 그곳의 미술치료사들이 내담자를 느슨하게 지원하는 모습을 관찰하기도 했다. 머릿속으로 그리던 미술 스튜디오와 미술치료 스튜디오 사이, 미술교육과 미술치료 사이에 있는 길을 두 눈으로 확인하자 그 길이 더욱 선명히 반짝였다. 씨앗으로만 존재했던 예술가 교사, 예방적 미술교육가, 드로잉 동기부여가, 느슨한 미술치료사라는 정체성이 훌쩍 자랐다.

한국에 돌아와, 런던 생활을 마무리하며 책을 내겠다는 일념으로 하루에 한 장씩 쓴 초고를 완성했다. 자기표현 그 자체에 깃들어 있는 치유적 힘, 감각의 세계에서 누릴 수 있는 온전한 몰입감과 해방감, 관찰을 통한 자기 발견과 수용, 문제해결력 등 성장을 위한 재료가 모두 들어 있는 드로잉이라는 명약의 효능을 세상에 알리고 싶었다. 나처럼 그리기가 좋지만 두려운 사람들에게, 그리기를 시작할 엄두가 나지 않는 사람들에게 용기를 보태고 싶었다.

교사는 자기가 사랑하는 걸 가르친다. 나에게 그것은 드로잉이었다. 아이들이 자기만의 시선으로 세상을 보고, 몰입해서 표현함으로써 각자의 고유함을 발견하길 바란다. 전문가용 드로잉북과 8B 연필을 손에 쥔 아이들은 온 감각을 동원하여 자기만의 선을 긋는다. 각자가 고유한 흔적을 남기는 과정을 바라보고 그 결과물을 감상할 수 있다는 것, 미술 수업을 통해 아이들의 마음이 자라는 시간에 동행할 수 있다는 것은 어느 미술관 큐레이터나 미술학원 선생님의 일보다 기쁘고 뿌듯한 경험이다. 아이들과 몇 년간 드로잉 수업을 한 기록과 영감을 책으로 엮기도 했다. 나의 기록이 예술가-교사 동료들에게 작은 영감의 씨앗이 되었다는 소식을 접할 때면 이 우물을 파기로 결심했던 10년 전의 나에게 박수를 보낸다.

2034년, 올봄부터 제주에서 살고 있다. 김종원 작가가 글쓰기는 내 마음과 같은 사람을 남기는 일이라고 했다. '글을 쓰면서 당신은 당신을 아프게 만드는 그것들을 지나 당신과 마음의 결이 맞는 소중한 영혼들을 만나게 될 것이다.'라는 말의 뜻을 책을 내고 나서 알게 되었다. 교육현장 안과 밖에서 '소중한 영혼들'을 만나 드로잉 워크숍을 진행해 왔는데, 제주에서는 꿈꾸던 공간을 만들어 마음의 결이 맞는 영혼들을 초대할 수 있게 되었다. 자연과 그림과 책으로 둘러싸인 공간에서 다른 이들과 함께 그림을 그리고 서로의 마음을 보아주는 시간, 내가 꿈꿔왔던 시공간이 동시에 현실이 됐다. 제주에서 자연의 리듬을 따라, 고요함과 여유로움 속에서 내면의 소리에 귀 기울이며 그림책 작업에도 집중해보려고 한다.

남편과 미술교육 워크북 개발하기, 엄마아빠와 드로잉하기, 아트 스튜디오 열기… 하고 싶은 일이 여전히 풍성하다. '미술로 마음을 나누는 삶'이라는 길잡이별을 하늘에 띄워놓고 오늘도 나의 길을 걷는다. 나의 걸음걸이로 천천히 걷다가 들꽃도 보고, 민들레 홀씨도 불고, 콧노래도 부르고, 그늘에 앉아 바람도 느껴본다. 잠시 길을 잃어도 좋다. 고개를 들어 하늘을 보면 길잡이별이 있을 테니.

- 2034년 봄과 여름 사이, 제주시 구좌읍 세화리에서

이넓샘의 비전 시크릿

'10퍼센트 주경야독'을 실천해 보세요.

'10퍼센트 주경야독'은 자기 수입의 10퍼센트만큼 배움에 투자하는 방법입니다.

저는 대학 때 심화 전공을 하지 않아 저만의 우물을 찾기가 더욱 어려웠습니다. 미술을 파야겠다고 결심한 데에는 미술 강의에 큰 비용을 지출한 것이 컸습니다. 처음 등록한 수업이 6개월 과정에 180만 원이었는데 당시 월급을 생각하면 상당히 부담되는 금액이라 망설였지요. 하지만 '10퍼센트 주경야독'에 적용하면 한 달에 30만 원이니 투자할 만했습니다. 자기 자신에 대한 투자가 가장 좋은 투자 아닐까요?

유튜브에 무료 정보가 넘쳐나지만 대가 없이 얻은 정보는 쉽게 휘발됩니다. 내가 끌리는 주제가 무엇인지 생각해 보고 그 분야에 월급의 10퍼센트를 투자해 보세요. 서적도 좋고 강의도 좋습니다. 전문가에게 비용을 내고 그 지식을 자기 것으로 만드세요.

인생 책 최혜진 -「**유럽의 그림책 작가들에게 묻다**」

내가 가진 빈틈 때문에 좌절한 적 있으신가요? 창작자들의 삶을 통해 나의 '빈틈과 서투름'을 소중히 여기는 법, 그리고 불안과 함께 살아가는 법을 배웠습니다. 용기가 필요할 때, 그리기가 두려울 때, 영감이 떠오르지 않을 때, 창조성은 어디서 오는 것인지 당최 모르겠을 때… 읽어보시면 부푼 마음을 안고 당장 나아가고 싶은 마음이 드실 거예요.

스튜디오 오픈

그림책 만들기

책 출판

예방적 미술교육 전문가

제주 1년 살기

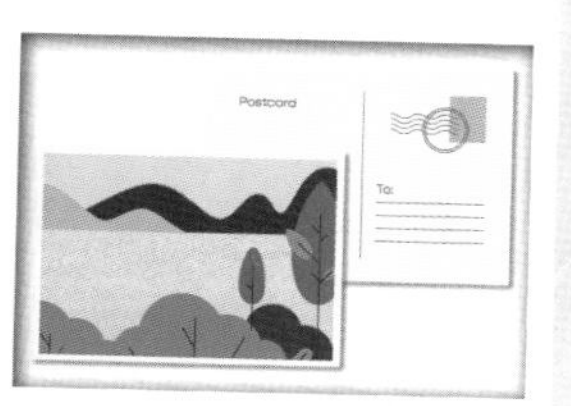

엽서북 제작

드로잉 워크숍 진행

keep drawing

6

'작가'라는 명사를 획득하기 위하여

구옥정 초등교사, 발도르프교육 실천가, 독서 모임 리더, 에세이작가

아이는 태어나 요람에 누워 꼬물대다가 배밀이를 하고 기어다닐 때까지 몸 대부분이 바닥에 붙어 있다. 마치 세상과 몸이 분리되지 않아 세상이 나이며 내가 세상인 것처럼. 그러던 아이가 무언가 불편하다는 것을 느끼면 몸을 뒤집어 보려 할 것이다. 무언가 바라보아야겠다는 생각이 들면 고개를 가누어 볼 것이고, 일어나야겠다는 생각이 들면 수도 없이 픽픽 쓰러지다가도 결국은 마침내 두 다리로 직립해 서게 될 것이다.

세상에서 자기 몸을 떼어 내어 자기 힘으로 섰을 때 아이는 비로소 주변을 돌아볼 수 있게 된다. 누군가 손에 쥐여 준 장난감만 보다가 자신의 의지로 주변을 돌아보니 이것저것 모든 것이 새롭다. 그래서 아이는 흥분을 감추지 못하고 처음 보는 세상에 대한 호기심과 호감으로 주변을 탐색할 것이다.

그러다 이내 세상이 나와는 다르다는 충격에 휩싸이게 된다. 낯선 존재에 대한 이질감. 이는 두렵고 불쾌한 감정이지만 성장을 위해서는 꼭 필요한 감정일 것이다. 자신과 구분이 되는 낯섦이 있어야 다른 존재를 인식할 수 있고, 다른 존재를 인식하는 과정을 통해야 자신을 인식할 수 있기 때문이다.

그래서 아이는 자신과 다른 존재를 목도하면 내면에서 소리가 터져 나옴을 느낀다. 그러니 외쳐보는 것이다. 무슨 소리인지도 모를 소리를 입 밖으로 뱉어내는 과정이 무수히 반복될 것이다. 그러다 그 탄성과 외침의 어느 순간에 별안간 하나의 소리가 어떤 존재와 연결됨을 느끼게 될 것이다.

아, 저것은 '엄마'이구나.

아, 저것은 '맘마'이구나.

그렇게 아이는 세상의 존재들에 이름이 있음을 인식한다. 그 존재와 연결되는 하나의 소리를 발견하는 기쁨을 누리면서, 하나씩 명사를 획득하여 꿰차면서, 자신과 다른 존재의 실존을 발견하게 될 것이다.

*

1993년 어느 학교 교실에서 한 아이가 발견되었다.

담임 교사가 수업 중 그 아이를 발견하였고, 그 아이가 쓴 글을 모두의 앞에서 읽어주었다. 아이의 글을 칭찬하며 흥분된 어조로 읽던 담임 교사로 인해, 아이는 새롭게 발견되었다. 그것은 아이가 어른이 되어서도 잊지 않고 기억하는, 자신이 발견되었던 처음의 사건이었다.

'내 안에 무언가 있나 보다.'

그때부터였다. 아이는 자기 안에 있을 무언가를 발견하기 위해 꿈을 꾸었다. 일부러 도서부를 자처하여 매일 학교 도서관을 들락날락하였다. 아이는 아직도 도서관의 색깔과 나무 바닥, 오래된 책에서 나는 냄새를 기억한다. 그 서고 사이를 걸어 다니며 말을 거는 책에 대답하고, 책을 쓰다듬고, 소중히 책가방에 넣어 집에 가져가서는 읽은 이를 기록하는 맨 뒤의 종이에 자기 이름을 단정히 쓰는 일을 즐겼다.

선생님은 아이에게 어린이 신문을 보라고 하였다. 그래서 아이는 신문을 뒤적이며 기사를 읽어보고, 모르는 단어를 찾아봤다. 무슨 글짓기 대회가 있나 둘러보고, 글을 끄적여 보았다. 자기 글을 소리 내 읽어보고, 표현하고 싶은 것에 적합한 말들을 찾아 헤맸다. 여러 번 고쳐 보고, 원고지에 반듯하게 썼다. 그렇게 완성된 원고를 봉투에 넣어 선생님께 드리면 선생님은 아이의 글을 대회에 응모해 주었다.

신문에서 아이의 이름이 발견되는 경우도 종종 있었다. 물론 글을 써 보낸 횟수에 비하면 수상은 턱없이 적었다. 하지만 아이는 그 몇 번의 발견으로도 충분히 고양되었다.

'여기, 내 이름이 있다.'

*

검색창에 가끔 내 이름을 쳐 본다. 그럼 나와 똑같은 이름의 중식당이 먼저 뜨고, 스크롤을 내려 한참을 아래로 내려가면 공저로 쓴 나의 책이 나온다. 내 이름으로 된 책을 하나 갖고 싶은 바람에서 시작한 일이었다. 그 작은 소원을 이루고 나니 이제 인터넷에서 내 이름을 발견할 수 있다. 하지만 인터넷 창에서 바라보는 그 노란 네모의 책 표지는 너무 작고 납작하여 실존감이 없다.

'저것은 정말 내 이름이 맞나? 저것이 정말 나의 글이 실린 책이 맞나?'

'나는 정말 작가가 맞나?'

그렇게 여러 번 되뇌다 '작가(作家)'라는 명사의 한자를 들여다보았다. 그중 作(지을 작)을 응시하며 '짓다'라는 동사를 되뇐다.

짓는 것은 얼마나 귀한가. '만들다'나 '생산하다'라는 말이 있는데도 특별히 '짓다'를 서술어로 쓰는 것들은 소중하다. 밥을 짓고, 옷을 짓고, 집을 짓고, 약을 짓고, 노래를 짓고, 시와 글을 짓는다. 이들 중 어느 것 하나도 귀하지 않은 것이 없다. 그럼에도 제일 소중한 것을 꼽아보라 하면 나는 이름을 짓는 일이라 말하고 싶다. 김춘수의 표현처럼, 하나의 몸짓에 지나지 않은 존재도 이름을 불러주면 꽃이 된다. 작가는 어느 존재에 알맞은 언어를 골라 연결하여 이름을 지어주는 일을 한다. 그러니 '작가(作家)'는 참으로 특별한 일을 하는 존재이다. 그러므로 누구나 작가가 될 수 있는 시대에 살고 있지만, 작가라는 명사를 아무나 획득해서는 안 될 일이다.

어른이 된 나는 일상을 기어다니며 세상이 나이고 내가 세상인 채로 살아가다가도 가끔은 남에게 보이지 않는 것을 포착할 때가 있다. 그럴 때면 세상과 붙어 있는 몸을 뒤집고 싶다고 생각한다. 내면에서 소리가 터져 나옴을 느낀다. 이 시공간에서 그 순간이 보이는 이는 오직 나뿐이기에 내가 봤던 찰나의 장면과 당신의 세계를 내가 글로 연결해야 한다는 의무감이 들기도 하는 것이다.

느낄 수 있는 것은 은혜로운 일이다. 그러니 무슨 말인지도 모를 말을 입 밖으로 뱉어내어 끄적여 보는 것이다. 그 순간에 가장 알맞은 언어를 고르고 골라도 결국 찾지 못하는 어떤 문장 때문에 자괴감을 느낀다. 내 글에 누가 공감이나 해주겠느냐며 자책하는 끄적임이 누적되며 제자리를 찾지 못한 말들이 이리저리 방황한다. 그러다 이윽고 어느 순간에 나의 언어가 비로소 그 순간을 적합하게 한 줄로 잘 꿰어냈다는 것을 느낄 때가 있다. 그럴 때면 나는 내가 일어나 두 다리로 서는 느낌을 받는다. 여기 있는 나를 당신이 발견해 주길 기다리며 그렇게 나는 글로써 꿋꿋이 직립해 있다.

첫 번째 공저가 출간된 이후 지인들이 종종 나를 작가라 불러주기도 한다. 참 고마우면서도 몸 둘 바 모르게 불편하다. 보잘것없는 역량을 갖춘 채 띄엄띄엄 글을 써내는 내게 '작가'란 명사는 아직 타당하지 않다. 나는 '작가'라는 명사를 획득하기 위해 이제 갓 세상을 탐색하고 소리를 연결해 볼 뜻을 품으며 꿈을 바라보고 사는 이가 적합하다. 그런 의미에서 '지망생'(志 뜻 지, 望 바랄 망, 生 살다 생)을 이루고 있는 한자들이 나에게 어울린다.

그럼에도 발견되고 싶다. 이 큰 우주에 이렇게 순간을 살아가는 내가 있다는 것이 누군가에게 의미가 되어 발견되고 싶다. 아직은 오지 않은, '작가'라는 명사가 내 이름 앞에 합당하게 획득되는 그 순간을 비전으로 품는다. 그 순간에 이 글을 읽는 당신이 나를 발견해 주기를 소망한다.

배나온샘의 비전 시크릿

해야 하는 일과 하고 싶은 일의 균형을 맞추세요.

학교 업무와 수업 준비로 매일 늦게 집에 가던 제게 선배 선생님이 해 주신 말이 있습니다.

"학교는 응급실이 아니야. 집에 가."

그 말이 얼마나 위로가 되었는지 모릅니다. 완벽해지고자 노력해도 완벽할 수 없으며, 내가 완벽하지 않아도 세상은 잘 굴러갑니다. 시간은 한정되어 있고 내 에너지도 한정되어 있지요. 해야 하는 일을 해치우며 살다 보면 내가 소진되고 맙니다. 그래서 '해야 하는 일'과 '하고 싶은 일'을 균형 있게 해야겠다고 생각했습니다.

해야 하는 일을 먼저 한 뒤 하고 싶은 일을 하면 다른 사람들에게 인정받을 수 있긴 합니다. 하지만 내가 하고 싶은 일을 할 시간은 오지 않더라고요. 그래서 태도를 바꾸기로 했습니다. 하고 싶은 일을 할 수 있는 시간을 강제로 만드는 것이지요.

저는 여러 개의 독서 모임과 공부 모임에 속해 있습니다. 종종 글쓰기 강좌를 등록하기도 합니다. 원하는 모임이 없을 땐 직접 만들면 됩니다. 이러면 내가 하고 싶은 일을 할 수 있는 시간이 공식적으로 생기니까 내가 바라는 내가 되는 데 한 걸음 더 가까이 갈 수 있습니다.

인생 책 니체 -「**차라투스트라는 이렇게 말했다**」

세상을 보는 다양한 시각이 있습니다. 그중에서도 니체의 철학을 좋아합니다. 절대적으로 고정된 진리는 없으며 중심은 어디에나 있습니다. 가치를 창조하고, 자기가 창조한 가치의 주인이 되는 삶을 살 수 있는 용기를 주는 책입니다.

VISION BOARD

언젠가는 꼭 쓰리라

7

교육청으로부터 징계를 받았다

이도영 새벽 러너, 독서가, 베스트셀러 작가, 자리이타를 실천하는 명리 상담가

2023년 2월, 교육청으로 가서 징계처분서를 받았다. 견책이다. 6개월간 호봉 산정이 되지 않는다고 했다. 그 정도는 담담히 받아들여야겠다고 마음먹었다. 내 잘못도 있었기 때문이다. 저녁에 학교 선생님께 전화가 왔다. 커피 한잔하면서 이야기를 나누고 싶다고 했다. 견책받아서 어떡하냐고 걱정해주셨다. "내 잘못도 있으니 어쩌겠나, 받아들인다."라고 말씀드렸다. 그런데 뜻밖의 말씀을 하신다.

"도영쌤, 근데 견책을 받으면 내년 3월 인사에서 먼 곳으로 갈 수 있어요. 알고 있어요?"

처음 듣는 얘기다. 징계받으면 6개월간 승급에 제한이 있다는 사실은 알았지만, 먼 곳으로 발령을 받는다는 사실은 몰랐다. 먼 곳으로 발령이 나면 강원도 어디로든 갈 수 있다는 얘기다. 정선, 태백, 철원, 인제 등 내가 사는 강릉에서 차로 2시간 넘게 걸리는 곳이 너무나 많다. 이곳으로 가게 되면 출퇴근을 할 수 없다. 집을 따로 구하거나 관사에 살아야 한다. 아내도, 아이도 볼 수 없다. 아이가 이제 6살인데 아내 혼자 육아를 해야 한다.

선생님이 한 가지 제안을 해주셨다. 징계를 받고 한 달 이내에 교원소청심사위원회에 소청 심사를 청구할 수 있다고 했다. 판결을 바꿀 수 있을지 장담할 수는 없지만, 할 수 있는 것은 모두 해보는 게 좋을 것 같다고 하셨다. 내 의지가 중요하다고 했다. 나는 당연히 해야 한다고 말씀드렸다. 아는 변호사도 소개해주셨다. 내가 잘못은 했다고 해도 멀리 발령받을 정도로 죄를 지었다고는 생각하지 않았다. 아내와 고민 끝에 변호사를 구해 소청 심사를 준비하기로 했다. 마음이 무거웠다.

2022년 9월, 우리 반 체육 시간에 있었던 일 때문에 징계를 받았다. 스포츠 강사가 수업을 어려워하던 아이에게 겁을 주려고 했다. 아이가 있던 벽에 티볼 공을 던졌다. 나는 수업에 참관하지 않고 교실에서 학급신문을 만들고 있었다. 스포츠 강사는 아동학대로 신고당했고, 교육청 장학사들이 학교로 와서 사건을 조사했다. 수업에 함께 나가지 않았던 나는 잘못을 순순히 인정했다. 잘못했으니 인정하고 벌을 받겠다고 생각했다.

상처받은 아이의 마음을 보듬어야 했다. 무엇이든 힘들어하는 아이를 위해 이야기책을 읽어주고 할 수 있다고 용기를 주었다. 자전거를 타지 못했던 아이를 위해 일주일 동안 연습을 도와 스스로 두발자전거를 타도록 도왔다. 아이가 자전거를 탄 덕분에 우리 반 자전거 여행을 준비해 바닷가 캠프장까지 다녀왔다. 나중에 부모님께 전해 들은 말씀으로는 아이가 "선생님은 나의 가장 큰 상담사야."라고 했다고 한다.

변호사와 소청 심사를 준비하는 동안 마음이 편치 않았다. 징계를 철회하는 것이 생각보다 쉽지 않다고 했다. 장학사가 와서 조사한 내용이 있기 때문이다. 나는 순순히 잘못을 인정만 하고 내 변호를 제대로 하지 못했다. 소청 심사를 준비하면서야 내가 왜 수업에 나가지 못했는지, 아이를 위해 어떤 일들을 했는지 설명하게 되었다. 내 소청 심사에 대해 교육청에서 어떤 입장을 가졌는지 알 수 있었다. 교육청 조사에서 관리자분들이 어떤 답변을 했는지도 확인할 수 있었다. 모두 잘못이 없다고 자신을 옹호하고 있었다. 바보같이 나만 순순히 잘못을 인정했다. 돌아가는 사정이 모두 나 때문에 일어난 것처럼 해석되었다. 가슴이 답답하고 억울했다.

내가 할 수 있는 것은 새벽에 일어나 달리는 일뿐이었다. 걸으면서 시각화를 했다. 소청심사위원회에 들어가 나를 변호하는 모습을 떠올렸다. 징계를 감경해달라는 내 소청이 받아들여진 모습을 떠올려보았다. 유치원을 마친 아이를 웃으면서 맞이할 수 있었다. 버스에서 내린 아이를 꽉 안아주는 모습을 그렸다. 당연한 일상을 평소와 다름없이 그대로 보낼 수 있음에 감사했다. 그리고 교원소청위원장님께 감사의 마음을 담아 편지를 전했다.

> "존경하는 교원소청위원회 위원장님, 제 소청을 받아주셔서 너무나 감사합니다. 견책이 감경되는 일이 쉽지 않은 일로 알고 있습니다. 어려운 결정을 내려주셔서 감사합니다. 더 좋은 선생님이 되라는 뜻으로 여기겠습니다. 앞으로 아이들을 더욱더 열심히 가르치겠습니다. 감사합니다."

학교에 공가를 내고 교원소청 심사가 열리는 세종시에 갔다. 분위기가 엄숙했다. 교육청 장학사는 여전히 결정이 정당하다고 말씀하셨다. 변호를 하는 내 목소리가 떨렸다. 수업에 들어가지 않은 나를 꾸짖는 위원님 앞에 죄송하다고 말씀드렸다. 소청 심사 시간이 순식간에 지나갔다. 건물을 나오는데 후련했다. 어떤 결과가 나오든 후회가 없었다.

다음날 변호사 사무실에서 연락이 왔다. 소청 심사가 받아들여져서 감경되었다는 소식이다. 사실은 그렇게 될 줄 알고 있었다. 이미 한 달 넘게 교원소청 심사위원장에게 편지를 쓰고 있었기 때문이다. 그래도 기뻤다. 아이들을 더 열심히 가르쳐야겠다는 마음을 굳게 다졌다.

여전히 나는 매일 새벽 5시에 달리면서 시각화를 한다. 이제는 교육부 장관에게 편지를 남긴다. 다른 주문을 건다. “2024년 나 이도영은 전국 수업 혁신 연구대회에서 전국 1등급을 받아 교육부 장관 표창을 받았다.”

징계에 대해서 알아보니, 도 교육감 이상 표창을 받은 사람은 징계를 받더라도 한 단계 경감된다는 사실을 알았다. 내게 만약 도 교육감 표창이 있었다면 견책을 받았더라도 불문경고로 끝났을 것이다. 그동안 표창에 대해 관심이 없었다. 승진에도 마음이 없었다. 때가 되면 학교에서 표창 추천 시기가 왔고, 경력 순으로 추천자를 선정했을 뿐이다. 그런데 징계를 받아보니 표창을 받아야겠다는 생각이 들었다.

그동안 나름 아이들과 열심히 살아왔다고 생각했다. 블로그에 수업 후기를 남겼고, 인디스쿨과 전국 선생님 밴드에 수업 자료를 올렸다. 아이들의 글을 모아 매주 학급 신문을 만들었고, 아이들과 매일 밥친구를 했다. 아이들과 논어를 공부해서 삶을 통찰하는 사제관계를 만들었다. 나만 열심히 잘하면 될 줄 알았다. 그런데 징계를 받아보니, 내가 하는 일에 대한 객관적인 평가를 받아두어야겠다는 생각이 들었다.

2024년 수업 혁신 연구대회 공문을 확인하고 참가 신청을 했다. 아직 제대로 준비를 못 하고 있다. 매일 하는 수업 준비도 바쁘다. 하루살이와 다름없다. 그런데도 매일 시각화를 빼먹지 않는다. 오늘도 교육부 장관님께 편지를 보낸다.

"교육부 장관님, 수업 혁신 연구대회에서 제 보고서를 전국 1등급으로 선정해주셔서 너무나 감사드립니다. 아이들을 더 열심히 사랑으로 가르치고, 다른 선생님들을 도우라는 뜻으로 알겠습니다. 감사합니다."

일신샘의 비전 시크릿

달리기를 하면서 주문을 걸어보세요.

디폴트 모드 네트워크라고 들어보셨나요? 우리가 멍 때리고 있을 때 뇌가 작동하는 방식입니다. 뇌는 쉬고 있을 때 마음껏 다양한 기억을 떠올리고, 체험과 체험을 연결해 기억을 정리합니다. 멍하게 있는 시간은 쓸데없는 시간이 아니라, 사실은 기억을 정리하는 중요한 시간입니다.

여러분도 샤워를 하거나 산책을 하면서 '유레카!'하고 어떤 기발한 생각이 떠오른 적이 있으시죠? 저는 새벽 5시에 살랑살랑 뛰면서 디폴트 모드 네트워크를 작동합니다. 운동을 하기 전에 뇌에게 주문을 겁니다. "뇌야, 난 이런 고민이 있는데 이걸 해결할 수 있는 좋은 생각을 전해줘." 며칠 동안 같은 질문을 품고 달리면 어느 순간 생각지도 못한 아이디어를 선물처럼 전해줍니다. 여러분의 무의식을 끌어내고 싶으시다면, 달리기를 하면서 주문을 걸어보세요. 여러분의 뇌는 생각보다 훨씬 똑똑합니다!

인생 책 도널드 밀러 - 「**되는 사람**」

내 인생을 주인공으로, 히어로로 살아가고 싶은 사람들은 반드시 읽어야 합니다. 우리가 달라져야 멋진 삶을 살 수 있는 게 아닙니다. 멋지게 살아야 달라질 수 있어요. 여러분 모두 주인공입니다. 여러분의 멋진 삶을 응원합니다!

하대 초대석 출연

구독자 10만 유튜버

자청 유튜브 출연

복근 만들기

꼬꼬독 출연

수업혁신연구대회 전국 1등급

둘째 딸 낳기

YES24 올해의 책 선정

8

국경 없는 교사, 교육의 경계를 잇다

김병수 조매꾸, 조금씩 매일 꾸준히, 꿈RUN쌤, 꿈꾸고 달리고 배우고 글쓰는 쌤

설렘이 가득한 하루, 매일 아침 일어나 외치는 말이 있다. "오늘도 나의 희망찬 하루가 시작되었다. 오늘도 나의 찬란한 하루가 시작되었다." 아침에 일어나는 것이 행복한 이유는 오늘이 기대되고 내일은 더욱 기대되기 때문이다. 조금씩 매일 꾸준히(조매꾸), 조매꾸 미라클 모닝방과 조매꾸 운동인증방 등 매일 조매꾸를 실천하며 열정과 긍정의 에너지를 주는 전국의 조매꾸 크루원들 덕분에 더욱더 아침은 희망차다.

삶의 하루하루를 켜켜이 쌓아 나가면서 내가 꿈꾸는 교육의 철학, 그것을 행동에 옮기는 것에 몰두한 결과 우연한 행운이 이어지고 있다. 오랫동안 꿈을 그리는 사람은 마침내 그 꿈을 닮아간다는 앙드레 말로의 말처럼, 말의 힘과 글의 힘 그리고 그것을 행동으로 옮기는 실천력, 이 모든 것을 혼자가 아닌 함께하는 멋진 동료들 덕분에 그동안 하나하나 꿈들을 이어왔다.

라틴살사댄스 강사 - 국어 교사 - 시인 등단 - 다문화센터 한국어 교사 - 프로축구구단 명예기자 - 경기도 축구스포츠클럽 우승 지도교사 - 필리핀 해외 파견교사 - 프랑스 해외 파견교사 - 개인저서 집필 - 아빠가 주도하는 마을교육 공동체 설립 - 교사와 기업가들의 진로 모임 설립 -

온라인 꿈RUN스쿨 개교.

이제 이 다음 스텝은 무엇일까? 바로 국경 없는 교사이다. 내가 근무하는 학교 또는 가정에서만 교육하는 것이 아니라 마을로 연결하고 싶어서 마을 교육공동체를 만들었고, 오프라인 학교만이 아닌 듀얼 시스템으로 전국에 있는 수많은 글로벌 인재들을 양성하기 위해 전국 온라인 학교를 만들었다. 그리고 현재 프랑스와 아르헨티나 등 국가의 경계를 이어 나가며 글로벌 교육을 실천하고 있다. '모든 경계에는 꽃이 핀다.'라는 함민복 시인의 시처럼 교육의 경계를 잇고 국경없는 교사가 되어 국경없는 교육을 실천하는 게 나의 삶의 철학이다.

그리고 무엇보다 교육에 있어서 가장 우선시 되어야 할 것, '지덕체'가 강조된 교육을 실천하고 있다. 건강한 신체와 건강한 마음의 조화를 추구하는 전국의 아이들을 선발했는데 꿈RUN스쿨이 바로 그것이다. 입시교육이 아닌 평생 자기 자신을 다스릴 줄 알고 꿈을 향해 행진하는 아이들에게 도움이 되고 싶었다. 리더십의 기본은 바로 자기 삶의 리더가 되는 것, 그리고 세상에서 가장 중요한 건강을 유지하는 방법, 자신의 마음을 다스릴 줄 아는 방법, 그리고 습관형성 프로젝트, 이것들이 꿈런스쿨이 지향하는 것이다. 스터디 플래너를 작성하고 미라클 모닝을 함께하며 일주일 동안 러닝을 하고 글쓰기와 독서를 해야 하는 기본미션 및 매주 진행되는 특별 미션들을 수행하며 전국의 글로벌 인재들은 오늘도 성실한 삶을 살아가고 있다.

내가 보는 세계, 우리가 그리는 세계, 우리들의 꿈의 무대는 바로 전세계이다. 아이들에게 꿈의 한계를 뛰어넘도록 도와주는 일, 자신이 가진 잠재력을 무한한 가능성을 펼칠 수 있도록 도와주는 일, 그 일에 앞장설 것이다. 설렘이 가득한 하루, 우리들의 꿈의 스파크가 톡톡 튈 수 있도록, 깊고 넓은 세계를 함께 경험하고 우리들의 빛이 나는 하루를 선물하는 일. 바로 조매꾸 정신으로 남녀노소 누구와도 함께하고 싶다.

저출산 고령화 시대의 해결방법은 다문화와 세계시민 교육이 아닐까? 아이들과 해외에 가서 교육봉사도 하고 교육외교관이 되어 협력 수업도 하며 한국의 문화를 전 세계에 알리는 일.

생각만 해도 가슴이 벅차고 설렌다.

가슴 뛰는 일은 이제부터 시작이다. 먼저 프랑스를 시작으로 캐나다 그리고 영국, 중남미, 아프리카 등으로 확대해서 나부터 글로벌 교사가 되어 글로벌 인재를 양성하여 대한민국 교육에 이바지 하는 것, 해외 파견 교사로 필리핀과 프랑스에 근무하면서 느꼈던 것은 각국이 가지고 있는 교육의 장점들을 융합하면 훨신 좋은 교육을 할 수 있겠구나 하는 생각이었다.

한국이 가지고 있는 에듀테크, 프랑스가 가지고 있는 인문학과 바칼로레아, 이제 세계는 융합형 인재, 창의성 있는 인재를 요구한다. 더 이상 학교교육에서만이 아닌 교육의 범위는 오프라인과 온라인 쌍방향으로 깊고 넓게 그리고 밀도 있게 이루어져야 한다.

그 선두에 서서 교육의 국경을 허물고 교육의 경계를 잇는 국경 없는 교사의 역할로 교육 외교관으로 많은 프로젝트를 진행하고 싶다.

그러기 위해서 가장 중요한건 무엇보다도 '기승전체력, 운동=밥이다'라는 가치관으로 매일 운동을 게을리 하지 않고 독서와 글쓰기로 사고의 폭을 넓히고 전국의 멋진 분들과 협업하며 이러한 계획들을 보다 구체화시켜서 우리 아이들이 더 큰 꿈을 꾸고 찬란하게 빛나는 아름다운 꽃길을 걷는 데 일조하고 싶은 소망이다.

조금씩 매일 꾸준히 - 조매꾸

꿈꾸고 달리고 배우고 글쓰는 - 꿈RUN쌤

건강한 신체, 건강한 마음의 조화 - 지덕체로

철학으로 하루 걷기, 하루하루 금빛나는 하루들이 모여 찬란하게 빛날 5년 후의 내가 더 기대가 되고 우리 아이들과 우리 교육이 더욱 기대가 된다.

어떻게 살아야 할까? 무엇을 위해서 살까? 꿈이 있어 빛나는 오늘은 심장을 뛰게 한다.

국경 없는 교육, 국경 없는 교사, 교육의 경계를 잇기, 지금 같이 꽃피워볼까요?

조매꾸!

조매꾸 꿈런쌤의 비전 시크릿

꿈의 무대를 세계로 연결해보세요.

교육을 학교에서만 하는 것보다 마을로 연결하고 전국으로 연결하고 세계로 연결해보세요. 꿈꾸는 모든 것들은 말하는대로 상상하는대로 현실이 됩니다. 마을교육공동체를 만들어 이웃들과 함께 하고 전국 온라인 꿈런스쿨을 만들어서 전국의 아이들과 함께 성장해요. 그리고 세계로 연결해 해외 교육자들과 함께 소통하며 교육을 나누어요. 우리들의 무대는 바로 세계입니다. 여러분의 꿈의 무대를 세계로 연결해보세요. 국경없는 교사, 국경없는 교육, 여러분의 교육 놀이터는 바로 세계입니다.

인생 책 무라카미 하루키 -「**달릴 때 내가 하고 싶은 이야기**」

삶을 살아가는 태도, 문학과 달리기에 대한 열정을 엿볼 수 있었어요. '적어도 걷지는 않았다.' 건강을 지키면서 내가 좋아하는 일을 지속하는 방법은 무엇일까요? 삶의 밀도를 높이고 꾸준함과 열정을 엿볼 수 있었던 하루키의 책을 추천합니다.

해외파견 교사

글로벌 인재 육성

세계 마라톤 대회 참가

기록하는 삶

국경없는 교사
교육의 경계를 잇기

한국교육 외교관

다문화교육

9

말하다 상상하다 이루다

김희영 초등교사, 에세이스트, 행복크리에이터, 자기관리 매니저

아침 7시 10분, 차 시동을 켠다. 네비를 찍는다. 경기도 광주. 50분을 달려야 한다. '오늘 일단 출발!' 마음 주문을 왼다. 운전을 시작한다. 혼자 탄 차 안에서 소리내어 말한다. 그리고 상상한다. 점점 구체적으로, 더 생생하게.

「더 마인드」에서 작가 하와이 대저택은 '성공 자동화' 과정으로 '매일 100번씩 소리 내어 말하기'와 '상상으로 시각화하기'를 제안한다. 원하는 목표를 구체적인 과거형 문장으로 매일 100번씩 말하기를 '달성'하면 하루 중 최소 한번은 성공하는 삶을 살 수 있다고 설명한다. 상상으로 시각화하는 것은 '인생 미리 보기'에 해당한다. 구체적으로 시각화할수록 뇌는 순간의 감정을 생생하게 느껴 상상을 기어이 '현실화' 시킨다는 것이다.

성공 자동화 과정을 실천 중이다. 장소는 출퇴근 길 차 안. 오롯이 혼자만의 시간을 보낼 수 있는 유일한 곳이다.

교사 엄마로서

2026년 1월 딸의 대학 수시 합격증을 가지고, 보라카이 가족여행을 다녀왔다. 얼마 만에 하는 여행다운 여행이었는지. 우리 가족은 이번 겨

울 방학, 세상에서 제일 마음 편하고 여유로운 휴가를 보냈다.

떨리는 마음을 부여잡고 딸의 대학 합격을 확인하는 순간, 우리 가족은 모두 펑펑 울었다. 그동안 딸은 얼마나 치열하게 자신과의 싸움을 치렀던가? 얼마나 힘겹게 좌절하고 일어서기를 반복했던가? 딸이 너무 대견하고 자랑스러웠다. 자신의 목적지를 향해 끊임없이 노력하며 질주한 딸은 목표한 대학 희망 학과에 합격했다.

딸은 할 일을 스스로 해결하며 자기 주도적으로 생활하는 방법을 일찍 터득했다. 바쁘게 일하는 엄마와 살아서였다. 엄마에게는 늘 미안함이었다. 이제 미안함을 고마움으로 바꾸어야겠다. 딸의 자기 주도성은 대학 입시에서 빛을 발했기 때문이다.

보라카이는 신혼여행지였다. 아이들 데리고 한 번 더 여행하는 것이 남편과 나의 소원이었다. 20년 만에 다시 만난 보라카이의 바다는 신비한 에메랄드빛이 더 강해졌다.

바닷가 해먹에 누워 딸의 대학 합격증을 들고 사진을 찍었다. 노을 지는 보라카이 해변을 배경으로 대학 합격증이 더욱 빛났다. 이런 순간이 찾아오다니…. 딸이 힘들어했던 날들이 떠올랐다. 그 모습을 지켜볼 수밖에 없어 엄마로서 답답했던 순간이 중첩되었다. 가슴이 먹먹해졌다.

해먹에 누워 합격증을 보고 또 보는 엄마를 향해 딸이 고백하듯 이야기했다. 2년 동안 엄마의 편지와 기도가 공부하다 힘들 때 큰 힘이 되었다고. 눈물이 왈칵 쏟아졌다. 엄마 앞에서 좀처럼 울지 않는 딸의 눈가도 촉촉해졌다.

2024년 1월부터 두 아이에게 칭찬 손 편지를 쓰기 시작했다. 학교에서는 친절한 천사 담임, 집에서는 잔소리쟁이 호랑이 엄마의 이중생활을 반성하는 의미였다. 우리 집 아이들에게도 예쁜 말로 엄마의 사랑을 표현하고자 시작한 편지였다.

두 달 남짓 딸에게 매일 손 편지를 쓰다가 2024년 봄이 되었다. 예쁜 꽃들로 가득한 바깥세상. 학교와 학원에서만 생활하느라 만끽할 수 없는 딸에게 전하고 싶었다. '세상의 모든 예쁜 것을 너에게 줄게.' 코너를 블로그에 마련했다. 엄마가 보기에 예쁜 것들을 사진에 담아 딸에게 편지를 썼다. 딸은 무심한 듯 별 반응이 없었다. 2년 만에 알게 되었다. 꾸준한 엄마의 편지가 공부하는 딸에게 은근히 힘이 되었다는 것을.

2024년과 2025년 봉은사 학업 성취 기도에 참여했다. 학교 업무나 불가피한 일정으로 불참하는 날도 종종 있었다. 그러나 되도록 참석하려고 노력했다. 가깝지 않은 이동 거리와 퇴근길 교통정체로 6시 저녁 기도에 시간 맞춰 가는 것은 매우 어려웠다. 대부분 지각이었다. 그러나 짧은 시간이라도 딸을 위해 기도할 수 있음에 감사했다.

여느 집처럼 수험생 대우를 극진히 해주지 못했다. 엄마는 늘 미안했다. 일하는 엄마가 수험생 딸을 위해 할 수 있는 것은 간절한 마음을 담은 응원 편지와 기도뿐이었다. 이제는 안심하라는 듯, 딸은 엄마에게 고마움을 표현했다. 딸의 모습이 보라카이 해변보다 아름답게 느껴졌다.

교사 작가로서

2027년 8월 내가 출간한 책이 베스트셀러가 되었다. 서점에 갔다가 심장이 멎는 줄 알았다. 베스트셀러 진열대에 내가 쓴 책들이 나란히 전시되어 있었다. 「슬기로운 아들의 엄마 생활」, 「세상의 모든 예쁜 것을 너에게 줄게」, 「칭찬으로 행복한 + 높임말로 아름다운」, 「눈물 나게 감동적인 순간들」 총 4권의 책이 꾸준히 많은 사랑을 받고 있다.

책을 쓰는 것은 오래전부터 간직했던 꿈이었다. 어린아이들의 장래 희망 같은 막연하고 먼 꿈. 2024년 교사 성장 모임 '자기경영노트(이하 자경노)'에 들어가기 전까지 그랬다.

자경노는 교사 본업에 충실하면서 자기 성장을 위해 다양한 활동을 하는 선생님들의 모임이었다. 자기 계발의 마지막 단계는 책 출간이라고 했다. 관심 분야 및 경험을 바탕으로 책을 출간한 교사 작가가 여럿 배출되었다.

나는 자경노 4기 멤버로 활동했다. 교사 모임의 리더 김진수 선생님(「교사가 성장하면 수업도 성장한다」 저자)의 특강은 책 쓰기에 대한 동기 부여가 되었다. 책 쓰기에 앞서 글을 쓰는 것부터 출발해야 했다. 자경노 활동을 비롯한 일상을 기록하기 위해 블로그 글 쓰기를 시작했다.

자경노 배정화 선생님(「오늘도 교사로 걷는 당신에게」 저자)의 책 쓰기 특강 후 끊임없이 고민하고 생각했다. '왜 책을 쓰고 싶은가? 어떤 작가가 되고 싶은가?'

'교사 맘'에 대한 이야기를 쓰고 싶었다. 교사의 역할과 엄마의 역할을 동시에 해내는 이 땅의 수많은 교사 맘들. 그들에게 위안과 도움이 되는 책을 쓰겠다고 결심했다. 초고 작성부터 탈고 작업까지 힘든 과정을 자경노 선생님들의 응원으로 극복할 수 있었다. 지난 3년간 4권의 책을 출간했다. 막연했던 꿈은 현실이 되었다. 지금은 행복한 교사 작가의 삶을 살고 있다.

작가가 되기까지 남편의 역할도 컸다. 그는 결혼 후 20년 가까이 회사 일로 너무 바빴다. 아이들 크는 모습도 제대로 못 보고, 아내를 '독박 육아'의 달인으로 성장시켰다. 그러나 아내가 책을 쓰겠다고 선언한 순간 그의 인생은 달라졌다. '독박 살림'의 달인으로 새로운 인생을 살아야 했다.

2024년 4월의 어느 토요일을 잊을 수가 없다. 외출했다 돌아오니, 거실 창가 쪽에 새로운 공간이 마련되어 있었다. 남편은 '작가의 책상'이라며 깜짝 공간을 소개했다. 그는 중고 거래 플랫폼을 통해 무료로 깨끗한 책상을 들여왔다. 혼자 거실 가구 위치를 변경하고, 책상 자리를 만들었다. 전기 배선 정리까지 완벽했다.

남편이 「김미경의 마흔 수업」 책에서 '누구나 자기만의 책상을 가져야 한다.'라는 내용을 읽은 직후였다. 예비 작가의 작업 공간은 주방 식탁에서 햇살 좋은 거실 창가로 이사했다. 나는 작가의 책상에서 교사 작가가 될 미래 모습을 상상하며 몰입하여 글을 쓸 수 있었다.

자기관리 강사로서

2040년 9월 '평생 학교'에서 강좌 추가 개설 가능 여부를 묻는 연락이 왔다. '꽃청춘 프리미엄 일석삼조'가 신청 하루 만에 마감되어 추가 개설에 대한 요청이 많다고 했다. 퇴직 후 나와 같은 시니어들에게 도움이 될 수 없을까 고민했다. 독서와 요가, 디지털 기기를 활용한 글쓰기를 접목한 프리미엄 자기관리 강좌를 개설했다.

지난 15년 동안 취득한 여러 자격증 중 시니어 독서 지도사, 모바일 디지털 튜터, 요가 지도자 자격을 종합적으로 활용한 패키지 강좌이다. 1교시에는 함께 정해진 책을 소리 내어 읽고, 생각을 공유하고, 독서토론을 한다. 2교시에는 책에서 얻은 영감이나 소감을 본인의 SNS에 글로 표현한다. 3교시에는 요가로 몸과 마음의 건강과 평화를 얻는다.

'꽃청춘 프리미엄 일석삼조' 강좌는 개설 초반부터 인기몰이 중이다. 퇴직 후 무기력해지고 나태해질 수 있는 아침 시간을 알차게 채우는 강좌로 소문이 났다. 꾸준한 독서 생활과 글쓰기 능력 향상, SNS을 통한 소통, 건강 관리까지 한 번에 해결되는 일석삼조 효과 덕분이다.

강좌 수강생들은 퇴직 후에도 자기관리 능력을 탄탄하게 다질 수 있었다. 거기에 자신만의 강점 분야를 고명처럼 올려 인생 2막을 성공적으로 열었다. 그들은 만족도 높은 황금기 생활을 영위하고 있다. '꽃청춘 프리미엄 일석삼조'는 나에게도 유익한 시간이다. 수강생들과 함께 꾸준히 책 읽고 글 쓰며 운동하는 루틴을 이어갈 수 있기 때문이다.

평생을 학교에서 아이들과 생활했다. 강의를 통해 동료 교사와 학부모들을 만났다. 이제 나와 같은 연령대 꽃청춘들을 만나 그들의 풍족한 생활을 돕고 있다.

아이들로부터 가능성과 행복을 배웠다. 교사로부터 공감과 협력을 배웠다. 학부모로부터 이해와 사랑을 배웠다. 동년배로부터 지혜와 존중을 배웠다. 가르치는 일은 나에게 배움이며 성장이다.

매일 출퇴근 길 혼자 차 안에서 소리 내어 말하고 구체적으로 상상한다. 교사 엄마로서, 교사 작가로서, 자기관리 강사로서의 비전을. 처음 며칠은 소리 내어 말할 때 나도 모르게 눈물이 흘렀다. 나의 뇌가 흘리는 원망의 눈물이었다. 그토록 듣고 싶었던 소리를 왜 이제야 들려주냐고. 동시에 뇌가 흘리는 감격의 눈물이었다. 비로소 듣고 싶은 소리를 들었노라고.

성공 자동화 과정을 실천한 지 여섯 달이 되었다. 이제는 차에 타서 시동을 거는 동시에 자동으로 소리 내어 말하고 상상한다. 나의 뇌는 꿈과 목표를 이룬 미래에 먼저 가서 행복감과 성취감을 느끼고 있다. 분명 말하고 상상할 때와 똑같은 상황으로 기어이 나를 데려다 놓을 것이다.

상상이 현실이 되는 경이로운 순간은 반드시 찾아온다. 말하고 상상하며 나의 비전은 이루어진다.

늘품샘의 비전 시크릿

'높임말 프로젝트'를 진행해 보세요.

인성 교육이 어려우신가요? 학급에서 '높임말 프로젝트'를 진행해 보세요. 교사와 학생이 모두 높임말로 대화하세요. 서로를 부를 때는 "○○씨~, ○○님~" 하며 존칭을 사용하세요. 말이 달라지면 행동과 생각은 저절로 변화합니다. 처음에는 어색하여 의식적으로 사용해야 합니다. 그러나 일단 한번 시작하면 어려움이 없습니다.

바르고 고운 높임말을 생활화하면 서로 이해하고 양보하며 칭찬하는 학급이 됩니다. 친구들과 높임말로 대화하면 상대방을 배려할 뿐 아니라 나 역시 존중받는다고 느낍니다. 자존감이 높아진 학생들은 자신 있게 생활합니다. '높임말로 더불어 행복한 학급'이라는 특별한 동질감이 생깁니다.

갈등은 평화롭게 해결됩니다. 거친 말이 오가는 싸움은 일어나지 않습니다. 교사가 화내고 야단칠 이유가 없습니다. 학교 밖과 가정에서도 학생들이 자발적으로 높임말을 사용하며 예의 바르게 생활하는 놀라운 변화를 경험하게 될 것입니다.

특별한 규칙과 준비물이 필요하지 않습니다. 교사의 지속적이고 일관된 의지만 있으면 됩니다. 실패할 수 없는 프로젝트입니다. 학생들은 준비되어 있습니다. 지금 바로 교사부터 높임말 사용을 시작하세요.

인성 교육이 어려우신가요? 이제 별도의 인성 교육 필요 없습니다. 높임말로 대화하는 일상생활이 곧 인성 교육의 장이 됩니다.

인생 책 데일 카네기 - 「**카네기 자기관리론**」

내일을 맞이하는 최선의 방법은 오늘을 충실하게 사는 것이라는 가르침을 주는 책입니다. 즐겁고 건설적인 생각을 불어넣는 '오늘 하루만은' 프로그램을 만들어 날마다 실천하면서 행복을 위해 싸우자고 이야기합니다.

이 책을 통해 학교생활과 개인 생활에서 생산적인 일을 하게 되었습니다. 걱정에 쓸 시간도 에너지도 없습니다. 나만의 루틴으로 알차게 채워가는 하루하루가 행복합니다.

2026년 1월 교사 엄마

VISION
BOARD

2027년 8월 교사 작가

2040년 9월 자기 관리 강사

10

유유히 날아가는 비전을 부단히 따라간다

조유나 초등교사, K-교육 외교관, 작가

"유나야, 이거 구경해도 돼?"

"당연하지!"

<교대 입학 To do list>

다이어트, 머리 펌, 친구랑 하숙하기, 무한도전 뉴욕 편 보고 뉴욕 가기…

나는 고등학교 때 친구들이 내 다이어리를 훑어보는 것을 좋아했다. 대단할 것 없이 그날의 공부 계획을 적거나 교대 입학 후를 상상하는 끄적임이었다. 돌이켜보면 글로 적은 나의 꿈을 누군가 알아봐 주길 바랐던 것 같다. 당시 교대에 진학하는 것이 나의 유일한 목표였기에, 다이어리뿐 아니라 곳곳에 '교대 입학'이라는 문구를 적어두었다. 수시로 공언하고 의지를 다졌다.

간절한 바람으로 가득 찼던 꿈의 풍선은 교대 입학 이후 원없이 날아다녔다. 원하던 학교에 입학해서 즐겁게 스무 살 시절을 보내는 것만으로도 좋았다. 이후의 꿈에 대해서는 크게 신경쓰지 않았다.

그러다 다시 꿈의 풍선을 잡고, 바람을 가득 넣고자 심호흡을 크게 해보는 순간이 찾아왔다. 교생 실습을 하러 갔을 때이다. 처음으로 학생들 앞에 서보며 수업이라는 것이 얼마나 짜릿한 것인지 온몸으로 느꼈다. 교사의 말, 행동에 끊임없이 영향을 받는 아이들의 모습을 보면서 교직이 엄청난 일이라는 것을 실감했다. 실습 소감을 발표하면서는 가슴이 설레고 벅차 눈물이 다 나기도 했다. 왜 교사가 되어야 하는지, 어떠한 교사가 되어야 할지 본격적으로 그리기 시작했다.

한동안 나의 카카오톡 프로필 메시지는 '사랑, 능력, 노력'이었다. 아이들을 사랑하는 능력 있는 교사가 되기 위해 노력하기. 내가 지향하는 문장을 압축한 세 단어였다. 그리고 그에 걸맞은 사람이 되고자 나만의 노력을 해나갔다.

돌이켜보면 이즈음이 내가 가진 꿈이 '비전'으로 업그레이드되는 지점이 아니었을까? 대게 꿈은 추상적인 바람이고, 비전은 구체적인 계획을 세우고 실행하는 것이라고 이야기한다. 나의 정의는 다르다. 꿈과 비전을 나누는 것은, '타인'을 포함하는지의 여부라고 생각한다. 교대 입학이라는 나만의 개인적인 꿈에서 나아가, 학생들을 위해 어떠한 사람이 될 것인지 고민하며 나의 꿈이 '비전'으로 성장하였다. 교사로서 나의 현재 비전은 이렇다.

Explore, Connect, Inspire.

내가 먼저 경험하고 도전하여(Explore), 사람들을 세상과 연결해 주고(Connect), 각자의 삶에 동기를 불어넣는다(Inspire).

일터에서는 글로벌 교육을 심도 있게 공부하고(Explore), 관련 저서와 콘텐츠를 교육 현장에 제시하여(Connect), 국내외 학생, 교사를 대상으로 월 5회 이상 강연과 컨설팅 등을 진행한다(Inspire).

학생뿐 아니라 일터 밖에서도 다른 사람과 Explore, Connect, Inspire의 비전을 함께하고 싶다. 이를 위해서 결혼, 출산, 육아의 생애주기에 대해 배우고 공부하며(Explore), 월 2회 이상 사람들과 함께 관련 책을 읽고 이야기 나누는 것을 그려본다(Connect). 분기별 1회 이상 세미나를 개최하여 사람들과 함께 성장하고 서로 영감을 얻는다면(Inspire), 일터 안팎으로 비전을 실현하는 설레는 삶이 될 것이다.

교대 입학의 꿈은 학생을 품으며 '사랑, 능력, 노력'이라는 비전으로 성장했다. 그리고 이제는 학생뿐 아니라 다른 이도 품으며 'Explore, Connect, Inspire'의 방향으로 나아간다. 글로벌 교육의 전문가가 되는 것, 강연과 컨설팅, 출산, 육아, 세미나까지. 모두 내가 해보지 않은 것이니, 해보지 않은 노력을 들여 비전에 다가가야 할 것이다.

나의 비전이 저 앞에 유유히 날아가는 것이 보인다. 나는 지금, 이곳에서 할 수 있는 것을 하며 부단히 그를 따라간다.

유나샘의 비전 시크릿

자연 만나기

지금 내가 하는 것이 가장 중요하고, 급해 보일 때가 있습니다. 그럴 때일수록 나의 일과에 '자연'을 더하는 것이 어떨까요? 꼭 자동차를 타고 산과 강, 바다로 가지 않아도 좋습니다. 매일 출근길에 만나는 나무의 달라진 모습을 발견하는 것, 날씨의 감촉을 느끼는 것, 오늘 구름이 예쁜 하늘을 사진에 담는 것 정도면 충분합니다. 자연은 한두 가지에 집중된 나의 머릿속을 보다 넓은 시선으로 줌아웃할 수 있도록 도와줍니다. 계절의 풍경이 우리도 모르는 사이 하루하루 변해가듯, 선생님들 또한 자연스럽게 여유로운 호흡으로 각자의 비전을 이루어 가시길 바랍니다.

인생 책 이어령 -「**이어령의 마지막 수업**」

세상에 어떤 영향을 미치는 사람이 되고 싶은지, 그리고 세상에 존재하는 무수히 많은 것들 중에 변치 않을 것은 무엇인지에 대해 생각해볼 수 있는 귀한 책입니다.

베스트셀러 작가
- 2025년 7월 1일
- 광화문 교보 베스트셀러
- 국내 및 해외 북토크

글로벌 교육 전문가
- 2025년 7월 1일
- 월5회 국내 출장
- 분기별 1회 해외 출장

VISION BOARD

중정 가족
- 2035년 7월 1일
- 중정이 있는 주택
- 월2회 중정 모임, 세미나

경제적 부자 + 마음부자
- 2030년 7월 1일
- 자동 수익 월 500만 ↑
- 장학금, 기부

11

교직 인생 2막, 한 뼘 더 행복하게!

조선혜 사서교사, 낭독예술가, 오디오북 내레이터, 낭독지도자, 성장을 돕는 메신저

교직 생활 12년, 마음이 무너져 내렸다.

나름 한 '열정'했던 나인데 교직에서 10년이 넘는 시간을 지나오며 참 많이 사그라들었다. 특히 코로나를 겪고, 도서관 리모델링을 하고, 이런저런 일을 겪으면서 교사로서의 존재감과 자존감은 점점 사라졌다. 2023년 12월, 겨울방학을 눈앞에 두고 있었지만, 또다시 다가올 새 학기를 생각하면 숨이 막혀오고 자꾸만 눈물이 흘렀다. 몸도 마음도 모두 소진되어버린 나. 이대로는 안 될 것 같아서 결국 나는 잠시 멈추기로 했다.

나는 한 학교에 한 명 있을까 말까 한 사서교사이다. 도서관에서 혼자 근무하기 때문에 종종 부러움과 심심하지 않냐는 오해를 사기도 하지만 실상은 고군분투하며 많은 일을 감당하고 있다. 도서관 운영, 자료 선정·구입·폐기·관리, 독서프로그램 운영, 수업, 교수·학습 지원, 동아리 지도, 교원학습공동체 운영, 도서관 리모델링 등. 연간 써야 할 예산이 많은 만큼 따라오는 행정업무도 만만치 않다. 아이들을 만나는 시간보다 잡무에 파묻혀있는 시간이 많아지고, 이러저러한 이유로 교사로서의 보람을 점점 잃어가면서 나의 존재 이유에 의문이 들었다.

6개월간의 자율연수 휴직을 통해 지친 몸과 마음을 회복하면서 '앞으로 어떻게 살 것인가'에 대한 고민을 많이 했다. 교사로서의 전문성을 발휘하는 한편 나다움을 유지하며 행복하게 사는 방법은 무엇일까? 이에 대한 고민과 노력은 5년 후 나의 삶을 바꾸었다.

문해력 전문가로서 단단하게

지난 10년 동안 남고에서 근무하면서 연수도 꽤 찾아 듣고 연구회 활동도 하고 대학원도 다니며 학교에서 별짓을 다 해보았지만, 마음 같지 않은 현실에 좌절도 많이 했다. 하지만 이대로 포기할 수는 없었다.

내가 만나는 아이들을 좀 더 잘 이해하려고 노력하고, 도서관 운영과 문해력 교육에 대해 열심히 고민하고 공부했다. 전문화 독서 50권을 시작으로 교육활동에 도움이 될만한 책과 논문을 꾸준히 읽었다. 유용한 연수는 온라인, 오프라인 할 것 없이 적극적으로 찾아서 듣고, 마음 맞는 선생님들과 연구모임을 만들어서 활동하는 등 전문성을 키우기 위해 부단히 애를 썼다.

이런 나의 노력을 알아주기라도 하듯 아이들은 조금씩 반응을 보이기 시작했다. 지나가는 길에 도서관 문을 열고 반갑게 인사를 하고 가기도 하고, 자신의 관심사나 고민을 슬쩍 털어놓기도 한다. 나는 개인의 수준이나 상황에 맞는 책을 골라 넌지시 건네주곤 하는데, 아이들은 그 책을 읽고 와서 또 조잘조잘 이야기하거나 새로운 책을 빌려 간다.

수업을 통해 아이들이 문해력을 체계적으로 학습할 수 있도록 동료 교사들과도 열심히 협력하고 있다. 문해력 교육은 모든 교사가 함께해야 한다는 공감대를 형성하고, 교과 선생님들과 문해력 관련 책을 같이 읽기 시작했다. 그리고 교육과정을 분석하고 재구성하여 수업을 설계하는 단계로 나아갔다. 수업에서는 아이들에게 적절한 문해력 도구를 활용하여 다양한 정보를 읽고, 자기 생각을 표현하고, 협력하여 문제를 해결하는 경험을 자주 만들어주고 있다.

여전히 학교는 바쁘게 돌아가고 있지만, 이제는 문해력 전문가로서의 정체성을 잃지 않으려 한다. 아이들이 '좋은 삶'을 살아가는데 필요한 '스스로 배우는 힘'을 기를 수 있도록, 행복한 독자이자 평생 학습자로 잘 성장할 수 있도록 힘껏 돕고 싶다.

교사 작가, 교사 강사, 교사 멘토로 성장하다

학교에서 10년 넘게 일을 하면서 학교 밖에서도 보탬이 되는 존재가 되고 싶다는 생각을 종종 했다. 내가 가진 경험을 통해 더 많은 사람의 성장을 돕는 메신저가 되어 선한 영향력을 나누며 좀 더 가치 있게 살고 싶었다. 휴직을 마치고 다시 학교로 돌아가서 맞이한 교직 인생 2막은 교사 작가, 교사 강사, 교사 멘토로 영역이 확장되었다.

2025년 초, 공저자로 참여한 낭독 책이 드디어 출간되었다. 학교 현장에서 많은 선생님이 아이들과의 낭독을 시작할 수 있도록 낭독전문가와 낭독을 사랑하는 교사들이 마음을 모은 것이다. 출간 기념 북 콘서트에는 낭독으로 인연을 맺은 저자들이 함께 무대에 올랐다. 그동안 학교에서 실천해왔던 낭독 이야기, 다양한 빛깔의 낭독, 아름다운 음악이 함께 어우러지는 시간을 만들었다. 책을 출간하고 나니 신기하게도 학교,

교육청, 도서관 등에서 조금씩 연락이 오기 시작했다. 청소년이나 학교 선생님들과 관련된 일이라면 되도록 마다하지 않고 가려고 한다. 나의 현장과 나를 불러주는 곳에서 기쁘게 강의하면서 낭독문화를 전파하는 데 작은 역할이나마 하고 싶다.

낭독뿐만 아니라 학교도서관 운영이나 문해력 교육 영역에서도 강의와 멘토링을 시작했다. 사서교사는 한 학교에 한 명밖에 없어서 외롭고, 막막할 때가 많다. 그럴 때 힘이 되는 존재가 다른 학교의 사서교사들이다. 나 역시 한동안 실패와 좌절을 많이 했지만, 후배 선생님들은 시행착오를 덜 겪었으면 하는 마음에서 용기를 냈다. 그간의 경험을 바탕으로 조언을 해주기도 하고, 공부와 대화를 통해 좋은 방법을 모색하기도 한다.

배운 것을 실천하고 나누면서 나는 이전보다 훨씬 더 많이 성장하고 있다.

몸과 마음 모두 건강한 삶

내 몸과 마음의 건강을 책임지는 세 가지는 바로 운동, 음악, 책이다.

휴직 기간에 시작한 수영은 그 후로도 계속 이어져서 자유형, 배영, 평영, 접영을 모두 할 수 있게 되었다. 일상의 틈이 생겼을 때 혹은 여행을 떠났을 때 즐길 수 있는 문화가 또 하나 늘었다. 무엇보다도 새로운 도전을 통해 성취감을 얻을 수 있어 좋았다. 주말 아침에는 가끔 한강에 나가 달린다. 하프마라톤을 완주한 후로는 거리나 기록에 대한 욕심은 내지 않는다. 편안하게 대화할 수 있을 정도로 기분 좋게 달린다.

음악은 나의 가장 좋은 친구이다. 시기마다 비중은 조금씩 다르지만 노래, 춤, 연주를 꾸준히 즐긴다. 가끔 멋진 무대에서 공연도 하고, 소중한 지인들의 특별한 날에 노래로 축하해 주기도 한다. 리드미컬한 스윙 음악이 나오면 솔로 재즈를 춘다. 마음처럼 몸이 따라주지 않아 속상할 때도 있었지만, 노래와 루틴이 좋아서 계속 연습하다 보니 태가 제법 나아진 것 같다. 그동안 배운 재료들을 바탕으로 즉흥도 조금씩 시도하고 있다. 음악으로 나를 표현한다는 건 어렵지만 참 멋진 일이다.

영혼의 양식인 좋은 책을 나에게 선물하는 일도 잊지 않는다. 울림을 주는 문장은 소리 내어 읽으며 마음에 새긴다. 사람들이 일상에서 책을 좀 더 가까이하도록 오디오북 녹음도 꾸준히 하고 있다. 에세이, 소설, 자기 경영, 인문학 등 여러 장르의 오디오북이 세상에 나왔다. 마이크 앞에 앉는 일은 늘 떨리지만, 조금씩 늘어나는 오디오북과 긍정적인 리뷰를 생각하며 힘을 낸다. 나의 낭독을 통해 누군가 마음의 위로를 얻고, 책이 주는 기쁨을 알게 되는 건 정말 가치 있고 신나는 일이다.

몸도 마음도 건강하게, 나다움을 유지하며 사는 즐거움이란 바로 이런 게 아닐까?

곁을 내어주고 함께하는 기쁨

이제는 앞만 보거나 외롭게 혼자 달리지 않는다. 주변도 돌아보고, 곁을 내어주기도 한다. 배움과 성장의 가치를 지향하고, 어떤 일이든 함께 소통하며 지혜롭게 풀어나갈 수 있는 현명하고 따뜻한 사람을 만나 평생의 친구가 되었다. 사랑하는 가족들과의 시간을 소중히 여기고 주기적으로 함께하는 시간을 보내며 충만한 에너지를 얻는다. 주변에는 서로를 존중하며 긍정적인 영향을 주고받을 수 있는 좋은 사람들로 가득하다. 그들과 함께하며 책과 음악, 성장의 즐거움을 나눈다. 좋은 마음을 내어주면 그것이 쌓여 더 큰 기쁨으로 돌아오곤 한다. 그렇게 나는 소중한 사람들과 일상을 나누고, 함께 성장하며 한 뼘 더 행복한 오늘을 만들어가고 있다.

차차의 비전 시크릿

'나다움'을 잃지 마세요.

학교 현장에서 교사들은 많은 업무와 다양한 외부요인으로 인해 소진을 경험하기도 하고, 자존감에 상처를 입기도 합니다. 그렇게 바라던 교사의 삶을 가장 힘들게 만드는 건 아마도 교사로서의 본질과 현실 사이의 괴리감인 것 같습니다.

지친 나를 다시 일으켜 세우고, 교사로서 행복하게 살아가기 위해서는 나를 나답게, 교사를 교사답게 하는 정체성을 되찾아야 합니다.

'나는 누구인가?', '나는 어떤 삶을 살고 싶은가?', '나는 어떤 교사가 되고 싶은가?', '내가 꿈꾸는 수업은 무엇인가?' 등 내 삶에 끊임없이 말을 걸어보세요.

자신의 삶을 성찰하고, 내가 추구하는 교육의 본질을 놓치지 않을 때 나로서, 교사로서 흔들리지 않고 나아갈 수 있습니다.

인생 책 서혜정·송정희 - 「**나에게, 낭독**」

소리 내어 글을 읽는 특별한 경험으로 안내하는 책입니다. 낭독이 일상에 스며들 수 있도록 낭독을 위한 조언과 다채로운 텍스트를 담고 있습니다.

낭독은 나의 목소리에 귀를 기울이고, 내면을 들여다보는 시간입니다. 또한, 작가가 고심해서 쓴 글을 더욱 섬세하고 깊이 있게 읽을 수 있습니다. 꾸준히 하다 보면 내 목소리를 사랑하고, 책 읽기를 즐거워하는 자신을 발견하게 될 거예요.

책과 자신을 찐하게 만나고 싶다면, 이 책을 통해 낭독을 시작해보세요.

전문성 향상

- 전문화 독서 50권
- 문해력 연수 및 연구모임
- 체계적인 문해력 수업

메신저의 삶

- 교사 작가
- 교사 강사
- 교사 멘토

VISION BOARD

몸과 마음의 건강

- 운동: 수영, 달리기
- 음악: 노래, 춤, 연주
- 책: 다채로운 낭독 활동

함께하는 기쁨

- 소울메이트를 만나다!
- 가족들과의 소중한 시간
- 좋은 영향을 주는 관계

12

응답하라, 2029

김여정 초등교사, 쓰면서 성장하는 사람, 프로경청러, 감사하는 삶

"Wake up! wake up!"

시끄러운 알람 소리에 절로 미간이 찌푸려졌다. 5년 넘게 이어진 새벽 기상이지만 한 번에 눈을 뜨는 건 언제쯤이면 가능할까. 밀려드는 아침잠의 유혹에 잠시 망설이다 겨우 눈을 떴다. 오늘따라 유난히 알람이 거슬린다는 생각을 하며 몸을 막 일으킨 순간, 내 옆에 있는 낯선 이들 때문에 정신이 번쩍 들었다.

"얘들은 누구야?"

내 옆에는 남편 대신 웬 어린 아이들이 자고 있었다. 놀란 마음으로 아이들을 살펴봤더니 희한할 정도로 익숙한 얼굴이었다. 가만, 올해 11살인 우리 집 쌍둥이 둘째, 셋째가 대여섯 살 무렵에 이렇게 생겼었는데. 일단 남편을 깨워 이 사태를 파악하려는데 어디선가 이를 가는 소리가 들려왔다. 첫째 아이가 잠자리 독립을 한 후로 들을 수 없었던 그 소리였다. 잔뜩 긴장한 채로 소리가 어디서 나는지 더듬거리며 찾다보니 초등학교 1, 2학년쯤 됨직한 인영 하나가 보였다. 핸드폰 불빛을 살짝 그 얼굴에 대 본 순간 깜짝 놀랐다. 솜털이 보송보송한 이 귀여운 아이는 몇

시간 전만 해도 인중이 거뭇한 중학생이었던 첫째의 초딩 때 모습이 틀림없었다. 그제야 나는 손에 잡고 있던 핸드폰을 확인했다. 2024년 4월 26일. 착각이 아니었다. 2029년을 살던 나는 5년 전으로 회귀하였다.

왜 하필 5년 전일까.

정신을 차리고 나자 제일 먼저 든 의문이었다. 이왕 돌아갈 거, 15년 전이었다면 남편을 바꿀 수 있고, 25년 전이었다면 직업을 바꿀 수 있을 텐데, 아쉽게도 5년 전의 나에겐 아무런 선택지가 없었다. 오히려 어떻게 살아가야 할지 고민하고 방황하던 힘든 시기였다. 왕복 2시간이 훌쩍 넘는 학교로의 발령, 첫째의 ADHD와 난독증 진단, 아직 어린 6살 쌍둥이들의 육아, 처음 겪어보는 학부모의 폭언까지. 이 모든 일을 겪던 그 해로 다시 돌아오다니. 지난 노력과 이루어낸 것들이 모두 원점으로 돌아갔다는 생각에 마음이 허탈해졌다. 2029년을 살아가던 나는 몇 년간 꾸준히 체득한 루틴과 더불어 '끌어당김의 법칙'으로 인해 만난 소중한 인연들 덕에 5년 전과는 사뭇 다른 날들을 보내고 있었다.

우선 수년째 아침 5시에 일어나 새벽 독서를 했다. 오랜 시간 꾸준히 지속된 이 습관을 통해 동서고금을 막론하고 위대한 인물들을 만났다. 그 덕에 나를 변화하게 하는 추진력을 얻고, 잊고 있었던 잠재력을 계속해서 두드렸다. 가끔 얻어걸린 성공과 수많은 헛발질로 이루어진 나의 도전들의 원천은 독서였다.

두 시간의 새벽 독서를 마치고 슬슬 날이 밝아질 즈음엔 가족들을 깨웠다. 세 아이 모두 스스로 잠자리 정리와 등교 준비까지 마친 채로 식탁에 앉으면 7시 반. 간단한 아침 식사를 하며 또 다시 새로운 날을 맞이하였음에 감사하고, 서로를 향한 응원과 격려를 보내준 후 각자 학교와 직장으로 향하는 게 우리 가족의 아침 루틴이었다.

출근 후 교실에서의 삶은 또 어땠는가. 매일이 행복하다면 거짓말이겠지만, 아이들과 함께 하는 교사 본연의 업무만큼은 대체적으로 즐겁고 보람되었다. 교실 속 다양한 얼굴만큼이나 각양각색 특징을 가진 아이들은 모두 자신만의 특별한 열매를 품고 있는 씨앗임을 매 순간 실감했다. 그래서 정원사가 나무마다 물의 양을 달리하고 햇빛의 양을 달리하는 것처럼 각각의 개성을 살리고자 노력하였다. 아이들이 자신만의 꽃을 피워내는 동시에 서로 어우러지도록 하모니를 만들어 내는 것이 담임교사로서 내가 지향하는 바였다.

교사로서의 전문성 또한 5년 전과 비교도 되지 않을 정도로 공고해졌다. 3, 4년 전 출판한 책의 영향이 컸다. 첫째 아이가 초등학교 1학년 되던 해 ADHD 진단을 받은 후로 학습에 어려움을 겪는 아이들에 대해 관심을 갖게 되어 다양한 서적과 자료들을 연구한 결과였다. 왜 어떤 아이들은 수업 시간에 집중이 힘든지, 아이들의 동기를 자극하기 위해서 부모로서, 교사로서 할 수 있는 방법은 무엇인지, 부모와 아이 모두 행복해지도록 변화를 이끌어 내기 위한 다양한 방법을 모색하였고 그것을 책으로 엮었다. 이따금 나의 책을 통해 도움을 받았다는 이야기를 들은 날이면 뛸 듯이 기쁘기도 하고, 때로는 부모교육이나 연수에 강사로 초대받기도 하였다. 그러면서 자연스레 승진만이 능력을 인정받는 길이라는 생각에서 벗어나 나만의 방식으로 점점 성장해 갔다. 어떻게 하면 아이들에게, 학부모에게, 다른 교사들에게 도움이 될지 고민과 연구가 계속 되었다.

그리고 이 모든 것들은 멈추지 않고 돌아가는 자전거의 페달마냥 5년여간 쉬지 않았던 글쓰기가 있었기에 가능했다. 글쓰기 수업과 교사성장모임을 통해 지속된 글쓰기는 쓰러진 나를 일으켜 세워주고, 멈추려는 나의 등을 다독거리는 동시에 밀어주었다. 대단할 것 없는 하루지만 작은 찰나의 희망을 기록하고, 꿈꾸는 내일을 쓰면서 나는 기적처럼 바라던 내 모습에 가까워졌다. 지난날 작성했던 비전 보드가 오늘의 내 모습이 되고, 영영 닿지 못할 것 같던 순간이 어느새 당연한 일상이 되어 있었다. 우스갯소리로 '뿔이 난 엄마', '뿔이 난 아내', '뿔이 난 선생님'에서 따 왔다고 말하는 나의 필명 '뿌리'처럼, 글을 쓸수록 내 삶의 뿌리가 점점 더 깊어진 느낌이었다. 결국 글쓰기는 나의 뿌리이자 나를 '뿌리'로 만들어주는 일이었다.

2029년 내 모습을 하나씩 떠올려 볼수록 조금씩 차분해져 갔다. 2024년으로의 회귀가 더 이상 싫지만은 않았다. 오히려 곱게 포장된 선물을 받은 아이처럼 두근거리기 시작했다. '어쩌면 이번에는 더 많이 성장하고, 삶이 숨겨놓은 또 다른 보물을 찾을 수 있을지도 몰라.'

그제야 자는 아이들의 얼굴을 다시 살펴볼 여유가 생겼다. 말랑 콩떡같이 작고 소중한 세 아이가 여전히 새근새근(한 명은 이를 갈며) 자고 있었다. 이렇게 귀엽고 어린아이들에게 왜 화를 내고 "너희들 때문에 못 살겠다."라는 말을 했을까. 자기 속도에 맞게 자라날 아이들에게 무작정 내 속도에 맞추라고 채근한 일들이 생각나 마음이 아팠다. 그건 옆에서 코를 골고 있는 남편에게도 마찬가지였다. '바가지 좀 덜 긁을걸.' 과거의 나는 남편에게 참 모질었다.

이제 다시 2024년을 살아가야 하는 나의 다짐은 하나이다. 더 사랑하며 살아가야지. 나의 부족함, 가족들, 주위 사람들까지 따스하게 안아줘야지. 용기 내어 내 삶의 키를 잡는다. 삶이라는 망망대해의 한가운데에서 막막함만 느끼던 나는 '성장'을 향해 나아가고자 방향을 튼다. '할 수 있을까?' 또는 '해낼 수 있을까?'라는 의심과 불안을 떨쳐내고 나의 가능성을 믿고 나아간다. 이 항해의 끝엔 스스로 실패한 엄마라 여겼던 육아의 어려움, 산처럼 높게만 여겨지던 책 출간에 대한 부담, 무력감을 느끼곤 했던 교사로서의 떨어진 자존감 같은 건 없을 것이다. 그 대신 누구보다 단단해진 내가 행복한 미소를 지으며 웃고 있으리라.

그러니 응답하라, 2029년의 김여정! 더 넓어진 마음, 더 깊어진 철학, 더 가벼워진 미소로 그곳에서 잘 지내고 있다고 큰 소리로 응답하라! 그 대답을 기다리며 나는 지금, 여기에서 그곳을 향해 나아갈 테니. 오늘을 뜨겁게 살아낼 테니.

뿌리샘의 비전 시크릿

매일 5분, 마음의 근력을 키워주는 <칭찬일기>를 씁니다.

교사로 발령받은 이후, 수많은 '능력자' 선생님들을 만났습니다. 학생들을 휘어잡고 능숙하게 수업을 진행하며 업무처리까지 완벽한 선생님들을 보고 있노라면 미숙한 제가 점점 더 작아지는 기분이었습니다. 그건 경력이 쌓이면서도 마찬가지였습니다. 요즘 신규선생님들은 어쩌면 그렇게 알아서 뭐든지 척척 잘 해내던지요.

그렇게 내가 초라해지기만 할 때쯤, 학급에서 쓰고 남은 '칭찬스티커'가 제 눈에 들어왔습니다. 그냥 버리기가 아쉬워 제가 쓰기로 했습니다. 스케줄러에 그날 하루 한 일을 하나 적고 그 옆에 마음에 드는 스티커를 하나 붙이는 식이였지요.

우연히 시작한 사소한 일이었지만, 그 덕에 제 마음은 아주 조금씩 단단해져 갔습니다. '아침에 일어나자마자 이불을 갬', '도서관에 책을 반납함'처럼 일상 속 작은 성공을 매일 상기시키고 차곡차곡 쌓아갔기 때문이죠. 그 덕에 저는 비교를 멈추고 대신 저를 인정하고 긍정하기 시작했습니다.

오늘 하루도 수고 많으셨을 선생님! 아주 작은 일이라도 좋아요. 학생들에게만 붙여주던 칭찬스티커를 자신에게도 붙여주세요. 아마 자신의 좋은 점, 잘한 점을 찾기로 마음먹은 순간부터 틀림없이 선생님의 마음에 근육이 붙기 시작할 거에요.

인생 책 구본형 - 「**나는 그렇게 될 것이다**」

나도 모르는 사이 일상에 안주하고 나태해 졌을 때, 변화경영 전문가인 그의 글이 번개처럼 내리쳤습니다. 이 책을 통해 진정한 나 자신을 찾기 위해 무엇이든 시작해 보겠다는 강한 의지와 함께 '변화'와 '성장'을 제 삶의 중요한 키워드로 삼게 되었습니다.

새벽 독서

꾸준한 글쓰기

감사하는 삶

마음챙김

VISION BOARD

교사로서의 전문성 신장

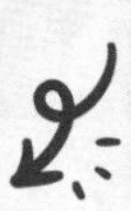

학생의 개성을 살리는 교사

마음을 나누는 가족

13

현재는 과거의 믿음의 결과

어성진 특수교사, 세상 모든 아이들이 행복해질 때까지, 행복한 가정 만들기, 자녀 교육, 독서 모임

현재 존재하는 것들은 과거 누군가의 믿음의 결과다. 믿음은 생각하는 데서 시작된다. 흐트러진 생각이 한 곳으로 모여 응축되어 뚜렷해지면 이 생각은 이제 믿음이 된다. 그리고 믿음은 곧 실제가 된다.

핸드폰이 먼저 존재했을까? 스티브 잡스의 생각이 먼저 존재했을까? 스티브 잡스의 생각이 먼저다. 아이디어가 먼저 떠오르고 연구하여 스마트폰이라는 결과물이 나왔다. 스마트폰뿐만 아니라 거의 대부분 이와 같은 메커니즘을 따른다. 막연했던 생각이 구체적으로 변해 강한 믿음을 가지게 되면 어느 순간 실제가 된다. 물론 일반화시키긴 어렵다. 행동 역시도 생각에 엄청나게 큰 영향을 주어서다. 한 유명한 철학자가 이야기했다.

> '당신이 생각하는 대로 용기 내어 살지 않으면, 언젠간 행동하는 대로 생각하게 될 것이다.'

무서운 문장이다. 행동하는 대로 생각이 변한다고 한다. "다 그런거지.", "어쩔 수 없었어." 등으로 자신의 행동을 정당화시킨다. 일반적으로 말하는 자기 합리화다.

다이어트를 하고 싶지만 먹고는 싶다. 이럴 때 어떤 합리화를 하는가?

"다 먹자고 사는 것 아니겠어?"

이런 생각이 반복되면 이젠 내가 행동하는 대로 생각하게 된다. 여기서 빠져나오기 어렵다. 자기 행동을 정당화시키는 생각이 자리 잡아서다. 그렇기에 용기 내어 생각하는 대로 행동을 해야 한다.

로또를 사는 행위 없이 로또에 당첨될 순 없지 않은가?

이렇게 생각과 행동은 서로 영향을 주고받는다. 공상 속의 생각을 실천하지 않으면 힘이 없다. 그럼 어떻게 생각을 행동으로 이끌 수 있을까? 생각에서 머물지 않고 믿음의 영역으로 넘어가야 한다. 생각에 신념이 더해지면 믿음이 생긴다. 믿음이 생기면 이젠 믿음이 날 이끈다.

중3 때 가출한 경험이 있다. 그래서인지 가끔 유튜브에서 가출한 청소년 관련 내용이 나오면 나도 모르게 클릭하게 된다. 영상을 시청하면서 감정이입을 하게 되고 나도 언젠간 가출한 청소년을 도와주고 싶다고 생각하게 되었다. 그러던 어느 날 페이스북에서 가출한 청소년들이 대거 가입해 있는 방이 눈에 띄었다. 어느덧 방에 들어가게 되었고, 가출한 친구들을 만나 함께 밥을 먹고, 작은 용돈을 주며 그들의 이야기를 들어주게 되었다. 막연했던 생각에 감정이 더해지고 응축되어 신념이 생겼었다. 가출한 친구들 대부분 가정환경이 좋지 않다. 그들도 다른 환경, 더 좋은 부모에게 태어났다면 지금과 같은 삶을 살지 않았을 거란 생각이 들었다. 이 생각은 신념으로 변했고, 어느덧 가출한 친구들을 만나리라는 믿음이 생겨 믿음이 날 이끌었다.

생각이 정교해지기 위해선 글로 써서 남기는 것이 효과적이다. 더 나아가서 써 놓은 생각을 자주 눈길이 가는 곳에 붙여놓으면 현실이 될 확률이 높다. 이미 예일대나 세계 일류 대학에서 실험을 통해 검증되었다.

'꿈이 없는 자, 꿈은 있으나 추상적인 자, 꿈이 구체적인 자, 꿈을 가슴속에 항상 품고 다니고 자주 보며 늘 생각하는 사람' 그룹으로 나눠 살펴본 결과 마지막 유형의 사람들이 꿈을 이룬 경우가 많았다.

꿈을 구체화해야 한다. 그래야지 기회가 왔을 때 포착할 수 있다. 꿈이 없으면 기회가 와도 보이지 않는다. 보이더라도 그냥 지나친다. 내가 책을 쓰게 된 것은 '자경노'(자기경영노트 성장연구소)라는 곳에 들어왔기에 가능했다. '자경노'에서 글을 쓰는 습관을 들이고 싶었다. 책을 출판하고자 하는 꿈이 없었다면 '자경노'는 눈에 들어오지 않고 그냥 지나쳤을 것이다.

아이들이 크면서 같이 캠핑하러 다니면 참 좋겠다고 생각했다. 사고 싶은 텐트와 캠핑 물품들을 써서 3p 바인더에도 써놓고, 냉장고 옆에도 붙여놓았다. 스케줄 확인할 때마다 보고, 지나다닐 때마다 보니까 캠핑에 대한 마음이 점점 더 커졌다. 유튜브로 캠핑에 대해 검색도 해보고 캠프장 사이트도 둘러보는 날이 많아졌다. 어느새 캠퍼가 되어 가족들과 캠핑하러 간다.

가끔은 생각이 현실이 되는 게 무서울 정도다. 좋은 마음을 품으면 좋은 행동이, 나쁜 마음을 품으면 나쁜 행동이 나온다는 걸 알기 때문이다. 되도록 긍정적이고 좋은 생각을 해서 세상을 조금 더 아름답게 만들어 가고 싶다.

어디까지 내 생각의 지평을 넓혀야 할지 고민된다. 소화하지 못할 비전과 욕심이 가득한 비전을 품고 싶지 않다.

미래는 만들어 가는 거다. 현재에 사람들의 생각이 모여서 믿음이 되어 새로운 미래가 만들어진다.

내가 꿈꾸는 미래!

아이들이 행복한 세상을 만들고 싶다. 아이들도 사람이다. 당연한 말처럼 들리지만 실상 사회의 모습을 보면 그렇지 않다. 부모의 소유물로 생각하거나 어린 아이니까 무시하는 경우가 많다. 사랑받았던 기억과 경험이 있는 아이가 타인을 사랑할 수 있다. 어린아이들이 존중받는 세상이 되었으면 좋겠다. 그래서 자녀를 온전히 사랑하려고 노력하고 있다. 부모의 사랑을 받은 자녀가 친구들을 사랑하고, 그 사랑을 받은 친구들이 가족과 이웃을 사랑하며 살아갈 때 지금보다 조금 더 나은 세상이 되리라 믿는다.

아침에 자녀들과 큐티, 글쓰기, 독서하고 저녁에는 감사를 고백하고 가족끼리 서로 칭찬한다. 가족이 외출하거나 집으로 들어올 때 항상 현관문으로 마중 나가서 정중하게 인사하고 포옹하며 입을 맞춘다.

오늘 하루는 다시 돌아오지 않을 소중한 하루이고, 내일은 가족에게 올지 안 올지 모르기 때문이다. 하루를 마지막처럼 살아서 내일 죽어도 후회하지 않을 삶을 추구한다. 이런 생각이 믿음으로 발전하고 믿음이 행동이 되어 더 나은 미래를 만들고 싶다.

현재가 과거의 믿음의 결과였다면, 미래는 현재의 믿음의 결과다.

사랑온유은혜샘의 비전 시크릿

가까운 사람을 온전히 사랑해 보세요.

가장 가까운 사람이 누구일까요? 바로 가족입니다. 모든 사람은 가족의 품에서 탄생하고, 대부분 가족의 품에서 세상을 떠납니다. 너무 바쁜 세상 속에서 앞만 보며 살면 정작 중요한 것들을 놓치고 삽니다. 나, 배우자, 자녀, 부모와 작은 사랑을 나누며 살아보세요. 부부 싸움을 하거나 자녀와의 관계가 좋지 못한 상태로 교단에 서면 그 마음이 학생들에게도 전해집니다. 선생님의 눈빛과 표정 등에서 느껴집니다. 가정을 작은 천국으로 만들어 보세요. 가정에서 사랑을 주고받으며 넉넉함을 품고 교단에 서면 교실이 더 행복해집니다.

인생 책 성경책, 김진수 -「**독서 교육 콘서트**」

인생의 두 번의 터닝 포인트를 만들어 준 책들입니다. 성경에 나오는 수많은 인물의 삶과 예수님의 말씀을 통해 삶이 변화되었고, 독서 교육 콘서트를 통해 독서의 세계에 빠져들게 되었습니다.

- 미라클모닝
- 성경공부
- 오글오글 성실하게 참여
- 배드민턴 주3회

- 책 출간 후 자녀교육 강의
  자녀교육 커리큘럼 회사에 제안
- 독서모임 유지(사랑이, 온유, 사랑부, 초등부, 교사, 자경노, 기독교)
- 캄보디아 선교

자녀들과 활동

- 아침: 큐티, 글쓰기, 본깨적
- 저녁: 감사, 칭찬, 본깨적
- 방학 때 봉사활동(도시락 배달)
- 사랑이 독서모임 오프라인 전환

VISION BOARD

매듭쌤 변승현

당당이 이순진

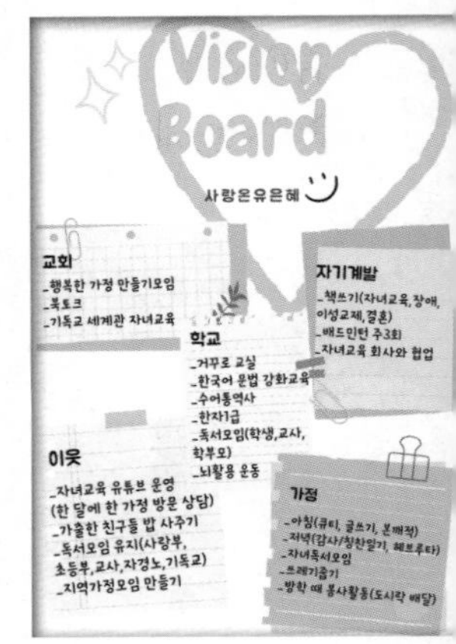

사랑온유은혜 어성진

레고프렌즈 정송희

꿈런쌤 김병수

윤슬 옥샘

일신샘 이도영

늘품샘 김희영

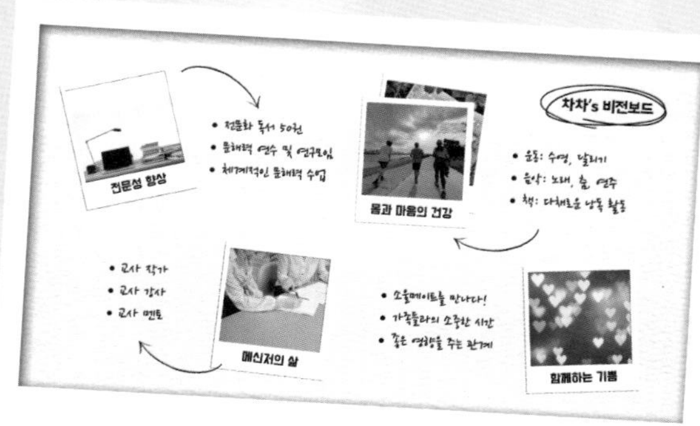

차차 조선혜

배나온 구옥정

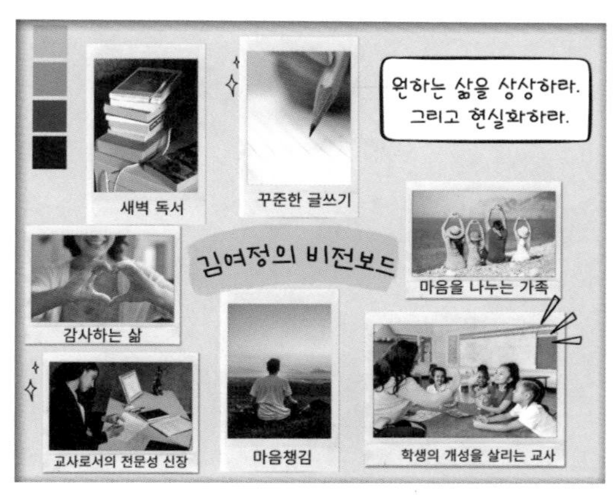

뿌리샘 김여정

유나샘 조유나

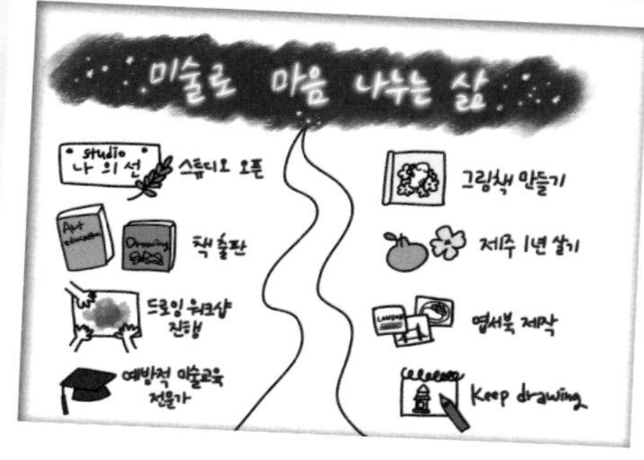

이넢 서성민

Future Teacher

2교시

변화

나는 열심히 살지 않기로 결심했다

1

나는 열심히 살지 않기로 결심했다

고가연 초등교사, 그림책 라이프 디자이너, 매일 피어나는 건강인

모두 잘살고 싶어 바둥대는 시대다. SNS 속 타인의 삶은 눈부셔 보인다. 평범한 내 삶은 왜 이리 초라해 보이는지. 열심히 살고 있는데, 나만 뒤처지는 기분. 열심히 살기만 했던 내가 바보처럼 보인다. 그럴 때면 한없이 가라앉아 깊은 바다에 홀로 있는 것만 같다. "내가 원했던 삶은 무엇이었을까?"

여섯 살 크리스마스, 유치원 선생님으로부터 성탄 카드를 받았다.

"성탄. 늘 건강하게 지내길 바라요. 눈이 많이 오는 겨울이에요.
신나게 지내면서 감기에 걸리지 않도록 조심해요. 안녕."

그때부터 내 꿈은 오직 '선생님'이었다. 유치원 땐 유치원 선생님, 초등학교 시절엔 초등학교 선생님, 중학교 땐 특수 선생님, 영어 선생님, 고등학교 시절엔 수학 선생님과 역사 선생님을 거쳐 결국 교대를 지원하게 되었다. 학창 시절 나를 가르쳐주시는 선생님들을 흠모하며 꿈을 키워갔다. 선생님 앞에 수식어는 바뀌었지만, 나는 늘 누군가를 가르치는 사람이 되고 싶었다.

때마침 높아진 입시 문턱 때문에 실패의 의미를 배워가며 교대에 들어갔다. 1학년 교생실습 때부터 선생님이 될 날만 손꼽아 기다렸다. 대학 시절에도 열심히 하는 것 외엔 할 줄 아는 게 없었다. 무엇이든 열심히 했고 그렇게 교사가 되었다. 열심히 하면 다 되는 줄 알았는데, 안 되는 것도 있다는 걸 교사가 되고 나서야 깨달았다.

꿈만 같았던 나의 교직 생활은 어느새 무기력과 불안으로 가득 찼다. 무엇을 어떻게 꿈꿔야 할지 몰랐고, 어려운 상황을 만나면 좌절했다. 때때로 몸이 아팠고, 자주 마음이 아팠다. 아픈 나를 잘 돌보지 못했다. 건강을 잃고 나서는 그저 '살아야겠다'는 생각뿐이었다.

'나는 무엇을 위해 그렇게 열심히 살아왔던 걸까.'

16년 차 초등교사, 초등 2학년 학부모인 나. 앞으로 어떻게 살아가야 할까? 나는 열심히 살지 않기로 결심했다. 몸과 마음에 잔뜩 들어간 힘을 빼고 살아가고 싶다. 즐길 수 있는 것을 찾아 억지로 결심하지 않아도 되는 '살아있는 삶'을 살고 싶다. 즐길 수 있는 것을 삶의 중심에 두고 싶다. '그림책' 독서 나이 9살, 엄마가 되어 그림책을 만났고 학교로 돌아가 어린이들과 그림책을 읽었다. 하루 중 가장 행복했던 순간은 누군가와 '그림책'을 나누는 시간이었다.

'그림책'을 읽을 때면 미소가 절로 지어지고 신이 났다. 신나는 일을 '교실'로 가지고 들어오니 신바람 나게 수업하는 나를 만나게 됐다. 사람들에게 '그림책'을 소개하고 이야기를 나누면 콧노래가 절로 나왔다. 그림책 이야기를 하는 내 모습이 그렇게 예쁠 수가 없었다. 눈은 반짝이고 얼굴에는 생기가 돌았다. 내가 애쓰지 않아도 되는 일, '열심히'라는 결심이 필요 없는 일, 그런 일을 '열심히' 하고 싶다. '그림책'의 세계에서 '그림책'을 읽고 나누며 글을 쓰는 사람으로 살고 싶다. 학교 안팎에서 어린이와 그림책으로 만나고, 해외에 있는 어린이에게도 아름다운 그림책 세상을 소개해 주고 싶다. 그림책으로 학부모를 만나고, 세상 사람들과 소통하고 싶다. 그들에게 필요한 이야기를 '그림책'으로 들려주는 행복한 상상을 해본다.

10년 후 나는 '그림책'으로 세상을 돕는 사람, '그림책'으로 사람을 치유하는 사람, '그림책'과 관련된 많은 일을 해낸 사람이 되어 있지 않을까? 아니다. 무엇이 되지 않아도 괜찮다. 열심히 하지 않겠다고 결심한 터, '그림책'으로 인생을 즐기는 사람, 그거면 족하다. 무엇이 되려 하지 말고, 좋아하는 일에 '풍덩' 빠져 그 즐거움에 흠뻑 젖을 것. 미래의 내가 오늘의 나에게 해줄 것 같은 말이다.

요즘 머릿속을 가득 채우고 있는 것이 있다. 바로 '학부모'를 만나는 일이다. 학부모 2년 차, 학부모가 되고 보니 그들을 바라보는 시선도 달라졌다. 교사와 학부모 사이에 서 있으며 둘을 바라보는 내 마음에 애틋함이 깃든다. 각자의 자리에서 자기의 몫에 최선을 다하고 있는 '학부모'와 '교사', 그들의 소통과 화합을 위해 무언가를 하지 않으면 안 된다는 생각이 나를 사로잡았다. '학부모'가 된 나는 이전에 보지 못했던 것을 발견하며 '교사'와 '학부모'의 연대를 꿈꾼다.

그 첫걸음은 '학부모'를 향한 글을 세상에 내놓는 것이다. '겨우 2년 차 학부모가 이런 이야기를 해도 되나?', '내가 그럴만한 사람일까?' 걱정되고 망설이기도 했다. 그럼에도 마음속 이야기를 써야 하는 이유는 '사랑' 때문이다. 세상 어린이를 향한, 그리고 양육자를 향한 나의 애정. 함께 아이를 키우며 더 나은 세상을 만들고 싶은 '학부모'로서 그들에게 한 걸음 다가가고 싶다. 그들과 손잡고 나아가고 싶다. 우리 아이들이 살기 좋은 세상으로.

'엄마'로서 가정을 아름답게 가꾸는 건 삶의 중심을 잡는 일이다. '싱싱하트'(우리 집 이름)에서 가족과 건강하고 행복한 삶 일구기, 세상에 본(本)이 되는 가정이 될 수 있도록 가족을 섬기기, 우리 집의 '가족문화'를 만들어 다른 가족과 함께 하고 싶다. 가정에 뿌리를 두되, 그 안에 갇히지 않고 다른 가정과 소통하며 지내고 싶다. 자꾸만 고립되는 세상 속에서 '엄마'로서 '학부모'로서 할 수 있는 것을 즐겁게 해내고 싶다.

꿈을 품고 걸어가는 여정 중엔 자신이 없어 작아지는 순간이 있다. 그럴 땐 미래의 나와 대화를 나눈다. "나는 지금 정말 힘들고 괴로워. 내가 해낼 수 있을지 자신이 없고 불안해." 미래의 내가 답한다. "미래의 나는 이미 이루었어. 지금 겪는 어려움은 과정일 뿐이야. 나 자신을 믿어도 괜찮아." 다정한 목소리에 다시 일어설 용기가 솟는다. 그래, 내 안의 '사랑'과 '힘'을 믿자. 그 믿음이 나를 이끌어 줄 거야. 때때로 찾아오는 불안과 이별하며 오늘도 묵묵하게 나의 길을 걸어간다.

'열심히? 아니, 힘을 빼고 즐겁게!'

꽃밭샘의 비전 시크릿

의미는 더하고 힘은 빼 보세요.

아팠던 과거에 근사한 이름을 붙여 보세요. 저는 단호하게 행동하지 못해 자책하며 많이 아파했던 적이 있어요. 시련은 저를 단단하게 해주었지만, 마음에는 상처가 남았죠. 이 기억에 '온화함의 승리'라는 의미를 더해주었어요. 그 후 저는 자책과 이별하고 '승리'를 만날 수 있었습니다. 여러분도 새로운 삶의 '의미'를 만날 수 있었으면 좋겠어요.

일을 할 때 힘이 잔뜩 들어가 있지는 않나요? 가끔은 '될 대로 돼라!' 큰 소리로 말해 보세요. 너무 긴장해서 프레젠테이션을 하다가 기절하는 나를 상상해 보세요. 너무 우스워서 웃음이 날지도 몰라요. 완벽주의를 내려놓고 가끔은 '나 몰라' 하는 가벼운 마음을 가져도 괜찮아요. 힘을 뺀 틈 사이로 햇살과 바람이 숨통을 틔워 줄 겁니다.

인생 책 빅터 프랭클 -「**죽음의 수용소에서**」

'비극' 속에서도 '희망'을 찾는 인간의 존엄함을 만나 보세요. '삶의 의미'를 알고 있는 사람은 어떤 어려움도 이겨낼 수 있습니다. 우리는 어떤 순간에도 자신의 길을 선택할 수 있는 '자유'가 있습니다.

읽고 쓰는 삶

문화가 있는 집

VISION BOARD

학부모 만나기

어린이가 살기 좋은 세상 만들기

그림책으로 세상 돕기

2

꿈꾸는 것이 나의 일이 아닌 때가 있었다

임진옥 중등교사, 텃밭 가꾸기, 흙 빚기, 친구와 수다 떨기를 좋아하는 사람

지하철 계단을 오를 수 없었다. 양말을 혼자 신을 수 없었다. 남편 옆에 쪼그리고 앉아 같이 감자를 캘 수 없었다. 닭고기, 돼지고기, 소고기, 어떤 고기도 먹을 수 없었다. 오징어젓, 김치, 짠 것을 먹어서는 안 되었다. 채소, 과일, 샐러드, 익히지 않은 것도 먹어서는 안 되었다. 그랬었다. 그때는 그랬었다. 꿈꾸는 것이 나의 일이 아닌 때가 있었었다.

첫째 아이를 초등학교에 입학시키던 해, 2009년 4월, 교직 생활 10년 만에 처음으로 교감 선생님께 큰소리치며 다투는 문제가 있었다. 그날 밤 심한 오한이 왔다. 다음날 병원에 가니 신우신염이라 하여 입원을 했다. 몇 가지 검사를 하던 의사 선생님은 신우신염 말고 다른 문제가 있다고 하셨다. 병명은 '다낭신', 신장에 포도알 같은 물혹이 여러 개 있다는 것이었다. 유전적인 요인으로, 현재 치료 방법은 없고, 조금씩 신장 기능이 나빠져 나중에는 투석, 혹은 이식까지 갈 수 있다고 했다.

병을 알게 된 지 13년 만인 2022년 10월, 신장과 간 이식 수술을 준비하며 병가에 들어갔다. 물혹은 신장에만 있지 않았다. 간 안에도 물혹이 있었다. 물혹이 점점 커지면서 간 크기가 다른 사람의 세 배 정도가 되었다. 배가 임신 때의 만삭처럼 부풀었다. 간이 커지며 다른 장기들의

활동을 방해했고, 그래서 식사량이 확 줄었다. 간은 크기가 문제였고, 신장은 기능 저하가 문제였다. 신기능 저하로 팔다리가 부었다.

병가로 쉬고 있을 때 교회 모임에서 다른 사람들은 부르는데, 나 혼자 부르지 못하고 속으로 눈물을 삼키게 했던 노래가 있었다.

꿈꾸지 않으면 사는 게 아니라고, 별 헤는 맘으로 없는 길 가려네.

사랑하지 않으면 사는 게 아니라고, 설레는 마음으로 낯선 길 가려 하네.

아름다운 꿈꾸며 사랑하는 우리, 아무도 가지 않는 길 가는 우리들.

누구도 꿈꾸지 못한 우리들의 세상 만들어 가네.

배운다는 건 꿈을 꾸는 것, 가르친다는 건 희망을 노래하는 것.

우린 알고 있네, 우린 알고 있네, 배운다는 건 가르친다는 건,

희망을 노래하는 것.

간디학교 교가이다. 꿈을 찾아 혁신학교 교사로 지원도 해보았다. 꿈을 찾아 두 아이를 대안학교로 보내며 그 숱한 학부모 모임에 최선을 다해 열심히 참여하기도 해보았다. 꿈을 찾아 시골에서 살겠다며 도시를 떠나 강원도 홍천으로 삶의 터를 옮기기도 해보았다. 그런데 몸이 더 이상 꿈꾸지 못하는 현실 앞에서, 같이 소리 모아 노래 부르기가 되지 않았다. 꿈꾸는 것이 더 이상 내 일이 아닌 때였다.

2023년 2월 27일, 큰오빠는 간을, 작은오빠는 신장을 이식해 주는 큰 수술이 서울대병원에서 있었다. 2남 2녀 중 셋이 수술대 위에 올랐고, 언니는 반찬이며 국이며 먹을거리를 열심히 병원으로 날랐다. 여러 우여곡절이 있었지만, 다행히 수술은 잘 끝났다. 두 오빠도 건강을 회복하여 일상으로 돌아갔고, 나 역시 2024년 3월 학교에 복직했다.

통통 부은 몸으로 65kg에 입원, 이식 후 온몸의 물기가 다 빠지더니 37kg까지 내려갔다. 신장과 간을 새로 받은 내 몸은 숨쉬기부터 다시 배워나갔다. 숨쉬기가 되니 다음은 음식 먹기, 다음은 오줌 똥 싸기, 다음은 침대에서 나와 일어서기, 다음은 걷기. 몸에 붙어 있던 온갖 줄들도 시간이 지나면서 하나둘씩 빼낼 수 있었다. 그러던 어느 순간, 혼자 눈물을 뚝뚝 흘린 일이 있었다. '나 이제 꿈을 꿀 수 있는 몸이 되는 것 같아. 나 이제 꿈을 꾸어도 돼.'

입원 후 3주 만에 집으로 왔다. 면역 억제제 때문에 4월에는 집 안에서만 지냈다. 5월에는 집 앞 텃밭까지 나갈 수 있었다. 6월부터는 마스크를 쓰고 사람들과 조심조심 만날 수 있었다. 7월, 8월에는 새로운 것을 배우기 시작했다. 그림 그리기, 텃밭 공부. 9월부터는 정말 예상하지 못했던 시간이 주어졌다. 수술 후 1년은 요양을 해야 할 줄 알았는데, 건강은 회복되었고, 6개월의 황금 같은 휴식 시간이 생겼다.

마을 공방에서 흙 빚기를 시작했다. 일주일에 한 번 공방에 가서 흙으로 빙수 그릇, 전자레인지 덮개, 국물도 담기는 접시를 만들었다. 책 나눔을 하며 주변 문학관을 다녀보았다. 마침 시간이 맞는 동생과 홍천 서석에서 찾아갈 수 있는 문학관을 다니며 책 읽고 이야기 나누기도 해보았다. 남편과 경주 여행도 다녀왔다. 고등학교 수학여행 이후 처음이었다. 텃밭에서 난 작물로 다양한 장아찌 담그기도 해보았다. 양파, 마늘, 대파, 생강, 오이는 피클로. 서울에서 일주일 살기도 해보고, 친구 보러 세종 찍고 전주도 다녀왔다.

2024년 3월, 학교로 복직했다. 다시 일할 수 있는 몸이 되었다. 꿈을 꾼다. 큰오빠의 간과 작은오빠의 신장을 고이 받아들이고 다시 태어난 몸이다. 지금 내 삶은 처음도 감사, 끝도 감사이다. 김치를 먹으면서도 감사, 지하철 계단을 오르내리면서도 감사, 양말을 혼자 신으면서도 감사, 달걀 부침을 먹으면서도 감사, 하늘로 날아갈 듯 실타래를 풀어 헤친 할미꽃을 쪼그리고 앉아 바라보면서도 감사, 텃밭에서 난 어수리, 눈개승마, 당귀 잎을 샐러드에 잔뜩 섞어 사과랑 당근이랑 같이 아그작 아그작 씹어 먹으면서도 감사. 꿈을 꾼다. 더 이상 간디학교 교가를 부르는 사람들 속에서 혼자 속으로 울지 않는다.

꿈을 꾼다. '어린 왕자'처럼 사람들에게 희망을 주고 사랑을 받는 글을 쓰고 싶다. 한 바퀴 돌고 나면 초록을 듬뿍 느낄 수 있는 텃밭 겸 정원을 가꾸고 싶다. 딱 저 그릇에 텃밭 나물 잔뜩 올려 쓱쓱 비벼 먹고 싶은 그런 그릇을 만들고 싶다.

꼼지락샘의 비전 시크릿

이미 당신에게 있는 것에 감사하며 즐겨보세요.

'당신의 오늘은 어제 죽어간 이가 간절히 바라던 내일입니다.' 수술대 위에서 12시간 있다가 깨어나고, 중환자실을 두 번이나 왔다갔다 하고, 3주나 병원에 입원했다 퇴원해 보니, 그저 살아가는 하루하루가 고마움으로 가득합니다. 밥을 혼자 먹을 수 있는 것도 감사요, 화장실에서 큰일 작은 일을 스스로 하는 것도 감사입니다. 하고 싶은 것이 마음에 생기는 것도 감사요, 마음에 생기는 것을 실현할 몸이 있는 것도 감사입니다. '행복이란 내가 갖지 못한 것을 바라는 게 아니라, 내가 가진 것을 즐기는 것이다.' 이미 당신에게 있는 것을 즐기며 감사하다 보면, 하고 싶은 또 다른 길이 열릴 것입니다.

인생 책 트리나 폴러스 -「**꽃들에게 희망을**」

높이 높이 더 높이. 높은 곳을 동경하던 애벌레가 자기의 길을 찾아 나가는 과정이 참으로 눈물겹습니다. 하지만 자기의 길을 뚜벅뚜벅 걸어가는 것이 결국 '꽃들'에게 희망이 된다는 메시지는 깊은 울림을 줍니다.

글을 쓰고 싶다

'어린 왕자'처럼 사람들에게 희망을 주고 사랑을 받는 글을 쓰고 싶다.

정원을 가꾸고 싶다

한 바퀴 돌고나면 초록을 듬뿍 느낄 수 있는 텃밭 겸 정원을 가꾸고 싶다.

VISION BOARD

만들고 싶다

딱 저 그릇에 텃밭 나물 잔뜩 올려 쓱쓱 비벼 먹고 싶은 그런 그릇, 만들고 싶다.

3

'꾸역꾸역'살기는 싫어

윤미경 읽기와 쓰기, 배움과 성장 추구형 초등교사

전문적 학습공동체 모임 준비로 바쁜 어느 날, 30년 지기 중학교 친구로부터 전화가 왔다.

"미경, 잘 살고 있어?"

"에고…. 맨날 바빠. 그냥 꾸역꾸역 살지."

그 당시 사십 언저리의 나는 승진이란걸 해보겠다고 인성 보고서를 썼고, 매해 불합격의 고배를 마시고 있었다. 사십 학급 규모의 학교에서 혁신연구부장을 하며 혁신학교 4년 차 종합평가까지 받아야 하는 중차대한 임무도 앞두고 있었다. 남편의 사업은 고꾸라졌고 보랏빛 미래를 그릴 수 없는 상황이었다. 학교에서나 가정에서나 수습해야 할 일은 줄을 지어 있었고, 예기치 않은 일들은 계속 일어났다. 그러니 '꾸역꾸역' 산다는 표현이 무색하지 않았다.

경기도로 전출을 와서 십여 년 만에 우연히 만난 대학 친구는 교사 대상으로 강의를 다니며 명성을 떨치고 있었다. 그 동기가 장학사라는 직함까지 달게 되자, 진심 어린 축하도 잠시, '저렇게 자기 것을 멋있게 이뤄가는 친구도 있는데 나는 왜 동동거리며 이렇게 못나게 살고 있나?'라는 비난의 화살을 스스로에게 던졌다.

나는 이제껏 목표를 세우고, 계획을 세우고, 차근차근 나의 미래를 살피며 살아본 적이 없었다. 큰 그림을 그리는 대신 그때마다 주어진 것을 열심히 하는 성실성만 갖고 있었다. 어떤 욕심이나 요령도 없는 멍청하지만 부지런한 '멍부'였다. '어차피 인생은 계획대로 되지 않아.', '말이 앞섰다가 결국 이뤄내지 못하면 얼마나 민망하겠어.'라고 생각하며 말이 앞서는 사람들을 마음속으로 허언증 환자 취급하며 '말한 대로 되나 보자!' 하고 벼르곤 했다.

의미 없는 바쁜 나날들이 계속되는 어느 날, 나는 더 이상 '꾸역꾸역' 살고 싶지 않았다. 여러 가지 방법을 찾아 헤맸다. 시간을 의미 있게 쓰고자 '3p자기경영연구소'의 시간 관리 플래너 연수도 들으러 다녔고, 책에 답이 있을 듯하여 독서경영 기본과정 연수도 들었다. 새벽형 인간이 되어야 하나 싶어 MKYU 김미경의 미라클 모닝에도 참여했다. 일회성 연수로는 뭔가 부족했고 혼자 하니 지속성이 문제였다. 중도에 포기하지 않기 위해 같은 지향점을 가진 사람들을 찾아 헤매다 마침내 '자기 경영 노트(이하 자경노)' 에 가입했다. 그곳에서 자신의 성향, 관심 분야, 전문성 등을 잘 파악하고 그 목표를 향해 나아가고 있는 자기 경영 선배들을 만나게 되었다. 나이가 뭐가 중요한가? 배울 점이 있다면 모두 선배요, 스승이다.

2023년의 나는 저만치 앞서간 자경노 선생님들의 언어를 다 알아들을 수 없었다. 그러나 그들을 따라 하는 시늉만 하더라도 모임에 빠지지 않고 일 년은 두고 보자는 한 가지 목표만 세웠다. 빠른 성과를 기대하지 않았다. 그런데도 내심 그들의 성과가 부러웠다.

그동안 내 무의식은 무언가를 생산하고 그 결과물로 욕먹고 비판을 감수하는 것보다 아무것도 하지 않은 채 뒤로 숨어있기를 선택했다. 나이만 먹은 채 텅 비어있는 내 실체가 드러나는 것에 겁이 났기 때문이다. 그러기에 이제껏 누군가와 교류하지 않고 나 혼자 무인도에 갇혀 안전하게만 살아온 것이다. 그러나 실체를 알 수 없는 이 답답한 체증을 해소해야 했다. 자경노 선생들이 일으켜 주는 파도를 타고 계속 노를 저어 무인도에서 탈출해야 했다.

그런 마음으로 블로그를 시작했다. 처음에는 매번 다른 이들과의 비교와 푸념이었고 좌절과 자책이었다. 다른 블로거들처럼 생각을 수려하게 글로 표현할 능력도 없었다. 종종거리는 작은 발걸음들이었고 주춤거렸지만, 그 지난한 하루하루의 기록이 쌓이니 제법 멀리 왔다. 나 혼자만의 일기가 아니라 공개하는 글을 쓰다 보니 쓴다는 행위에 대해 생각하게 되었다. 왜 그렇게 많은 이들이 글쓰기를 강조하는지 조금이나마 알 것 같았다. 끄적이기 위해 관찰하고, 생각하고 발견하게 되었다. 책을 읽고 나에게 담아 두기만 해서는 생각이 고인다. 생각의 순환을 위해 읽었으면 써야 하는 것이다. 이제야 비로소 읽기는 쓰기와 절대 짝꿍이라는 생각이 들기 시작했다.

블로그가 단초가 되어 뒤에 숨어있던 나를 꺼내 놓으니 계속해서 다른 길들이 보이기 시작했다. 그러던 중에 줄리아 카메론의 「아티스트 웨이」라는 책을 추천받게 되고 '모닝 페이지'를 시작하게 되었다. 아침에 분주함이 싫어 저녁 시간을 선택하다 보니 '나잇 페이지'가 되긴 했지만 말이다. 매일 세 쪽 분량의 글을 쓰며 나의 창조성을 끄집어내는 작업을 했다. 어린 시절 나의 모습들, 내가 좋아하는 것, 실패의 경험, 나를 비난하던 누군가의 표정 등 그 과거와 현재와 미래의 모든 것이 소환되며

'나'란 사람을 자세히 들여다보게 했다. 모닝 페이지는 내가 싫어하던 못난 나의 모습을 받아들이고 사랑하게 했다. 나를 의심하지 않고 믿고 격려하게 하였다. 눈물을 흘리는 날들도 여러 번, 모닝 페이지를 12주 동안 쓰다 보니 가야 할 길이 선명하게 보이기 시작했다. 목표나 방향이 없이 하루를 성실하게만 살던 내가 이제 나는 내 삶의 비전이라는 것을 세울 수 있었다. 흐릿하지만 큰 그림을 그릴 수 있었다. '내가 원하는 것이 바로 이것인 것 같아.'라고 감히 말할 수 있었다.

2024년의 나는 "따뜻한 대화가 있는 행복한 가정과 교실 만드는 것"을 나의 비전으로 삼고 있다. 내 존재 이유인 내 자녀들과 직업적 소명으로 마주하는 교실의 아이들이 누구보다 행복했으면 좋겠다. 난 그런 역할을 위해 엄마로, 교사로 그 자리에 놓였기 때문이다. '하브루타 대화'를 통해 아이들과 나를 연결시키려 한다. 나의 역량을 키우기 위해 '하브루타' 자격 과정을 밟고 있고, 자녀, 학생, 동료들과 많은 생각들을 나누고 있다. 이렇게 나는 내게 어울리는 옷을 입고 비전을 향해 천천히 걸어가고 있다.

만일 나를 인정하는 과정을 거치지 않았다면, 내게 어울리는 옷을 찾지 못했다면, 비전이라는 선명한 좌표가 없었다면, 나는 이것저것 연수 쇼핑을 다니다 다른 노선으로 금세 갈아 탔을지도 모르겠다. 하지만 나는 나아갈 방향을 알고 키를 잡고 있다. 2024년 현재의 비전은 앞으로 다듬어지고 좌표를 수정하면서 계속 업그레이드될 것이다. 그렇기에 '명부'처럼 바둥거리며 꾸역꾸역 주어진 삶을 살지 않을 것이다. 나를 믿고 비전을 향한 의도적인 삶을 향해 나아갈 것이다.

doll76 비전 시크릿

12주간 나를 위한 창조성 워크숍에 참여해보세요.

자기 자신이 너무 보잘 것 없이 초라한가요?

멀찌감치 앞서간 누군가가 너무 부러운가요?

그 이유는 아직까지 자신의 가치를 발견하지 못하셨기 때문일거예요.

자신에게 12주만 투자해주세요. 줄리아 카메론의 「아티스트 웨이」의 가이드대로 모닝 페이지를 쓰며 자신을 만나보세요. 모닝 페이지가 힘들면 나잇 페이지도 괜찮지요. 혼자 진행하기 힘들다면 같은 뜻을 한 사람들과 함께 하세요. 과거의 나, 현재의 나, 미래의 나를 만나다 보면 내 안에 창조성을 믿게 될 거예요.

인생 책 줄리아 카메론 - 「**아티스트 웨이**」

나를 인정하고 받아들인다는 것! 내 안에 창조성을 꺼내는 것! 나에 대한 믿음을 갖게 된 것! 드디어 나를 사랑하게 된 것! 이 책을 읽고 변화된 저의 모습입니다.

하브루타 역량 키우기

- 하브루타 부모교육
- 하브루타 독서토론
- 하브루타 그림책

하브루타 독서 모임

- 가족 독서 모임
- 교사 독서 모임(온/오프)
- 학생 하브루타 수업

VISION BOARD

따뜻한 대화가 있는 행복한 가정, 학교 만들기

시간

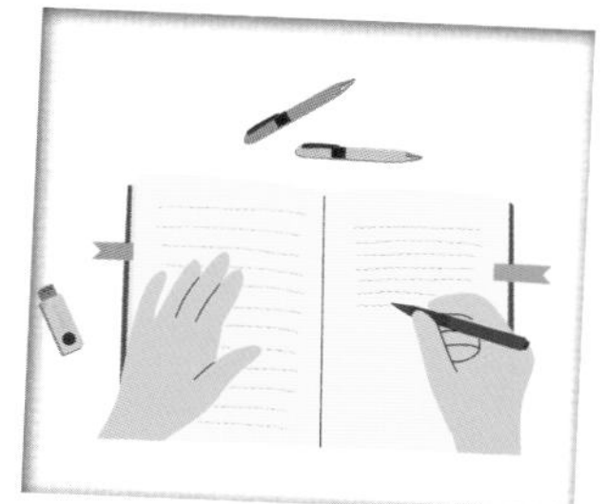

- 사색, 기록의 시간 확보
- 가족과 대화의 시간 갖기
- 학생들과 대화의 시간 갖기

기록

- 일상, 공부, 독서 기록
- 블로그, 플래너, 일기장 기록
- 기록을 엮어 책쓰기

4

오늘만 살던 그녀가!

유현미 읽고 걷고 쓰고 나누며 도전하길 좋아하는 초등교사

오랜만에 연락이 닿은 친구와 한참 동안 수다를 떨었다. 그러다 시간 날 때 한번 보자는 친구에게 대뜸 날짜를 날렸다.

"다음은 없어. 보고 싶으니 바로 보자."

도저히 시간을 맞출 수가 없다며 가족여행을 미루자는 남편에게도 그랬다.

"내년을 우리가 어찌 장담해. 날짜 꼭 맞춰."

내가 싫어하는 말은 '다음에', '언젠가', '시간 날 때', '돈 많이 벌면' 같은 모호하고 애매한 미래의 불특정 긍정 단어다. 한 치 앞도 모르는 세상을 살아가는 방법이다. 먹고 싶은 거, 하고 싶은 거 망설이지 않았다.

처음부터 그랬던 건 아니다. 직장생활을 시작하며 야근을 밥 먹듯 하면서도 30년 후의 멋진 데스크를 꿈꿨다. 남편과 결혼 후 연년생 딸 독박 육아에 지칠 때도 자유부인이 될 먼 훗날을 그리며 견뎠다.

그러던 어느 날 건강하셨던 엄마가 암 선고를 받고 4개월 만에 세상을 떠났다.

"4남매 결혼하면 하고 싶은 거 다 하고 살 거야."

"춤도 배우고 노래 교실도 다니고 여행도 실컷 해야지."

엄마는 고단한 삶 속에서도 언젠가 찾아올 그 날을 꿈꾸셨다. 하지만 그녀는 수십 권 성경 필사 노트와 일기장 몇 권을 남긴 채 환갑도 되기 전에 생을 마감하셨다. '두 아들 장가보내기', '서울 막내딸과 함께 살기', '손녀딸 동화책 읽어주기', '지난 삶 글로 정리하기' 덕지덕지 벽에 붙은 엄마의 꿈들을 떼면서 생각했다. '내일은 없다!'

엄마가 떠나신 후 내 삶은 송두리째 바뀌었다. 인생이 덧없고 허무했으므로 아등바등 살 필요가 없었다. 올지 안 올지 모를 미래 말고 지금을 살자. 교사로 새로운 삶을 시작한 것도 그 무렵부터다.

'딸들아, 배우고 싶은 거, 하고 싶은 거 다 해라.'

'남편아, 골프도 건강할 때 실컷 쳐라.'

남편의 해외 연수 때도 온 가족이 짐을 꾸렸다. 공부, 돈 이런 것들에 미련 두지 않았다. 이국땅 전역을 다니며 매 순간이 마지막인 것처럼 살았다. 상급학교 진학을 앞두고 아이들의 무모한 도전도 응원했다. 능력이 허락하는 만큼 해주리라. 소심했던 성격도 변했다. 예전 같으면 곱씹느라 놓쳤을 것들도 서슴지 않고 표현했다. 교장 선생님께 규정집을 들이대며 연가를 사용하겠다고 말했고 남편에게도 할 말 다 했다. 산더미같이 밀린 집안일을 제쳐두고, 주말이면 산을 다녔다. 설거지가 대수냐며 저녁엔 산책하러 나갔다. 엄마에게 오지 않았던 내일은 나의 오늘이었다.

딱 17년이 지났다. 하루하루 참 빼곡히 살았다. 그리고 그 시간이 나라는 사람을 꽤 괜찮은 교사, 아내, 엄마, 친구로 만들었다고 자부했다. 그런데 나이 쉰을 앞두고 보니 정체 모를 불안과 공허함이 불현듯 밀려왔다. 나는 어떤 사람이 되고 싶었을까. 어떤 삶을 살고 싶었나. 이대로 살아도 괜찮은 걸까.

그러다 올 3월, 한 모임을 통해 그 답답함의 정체를 알게 됐다. 교사 온라인 공동체 '자기경영노트 성장연구소'(이하 자경노). '자경노'는 자기 계발을 위해 함께 읽고 쓰고 나누는 모임인데 회원들과 만날수록 생각이 많아졌다. 그들은 교육자로 사는 삶을 넘어 지향점이 있는 '내일'을 생각하며 오늘을 살았다. 미라클 모닝에, 매일 독서와 글쓰기를 실천하고 운동, 정리, 낭독 등 끊임없는 자기 변혁과 성장하는 삶을 실천했다. 책을 출판한 저자들이 수두룩한 그곳엔 꿈꾸는 미래를 현실로 만드는 무언가가 있었다. 분명히 올 '내일'을 얘기하며 힘차고 선명하게 지금을 걷고 있었다. 그들은 그걸 '비전'이라고 불렀다. 견고했던 나의 사고에 균열이 생겼다.

내 삶은 어디쯤 와 있는지, 간절히 원하는 그 무언가는 있는지 물어본다. 오늘만 사는 삶 말고 10년 후 20년 후 나는 어떻게 살고 싶은가. 그런데 60대의 모습이 그려지지 않는다. 70대는 더 안갯속이다. 그렇다면 1년은 어떤가. 마음속에 묻어뒀던 이야기들이 꿈틀거린다.

깊숙한 곳 두려움 하나 꺼내 볼까?

주유소에서 무인주유를 하고 100m를 막 움직였을까. 갑자기 차가 덜컹거리고 떨리더니 요란한 소리를 내며 멈췄다. 10여 년 전 낯선 미국 땅 4차선 도로 한가운데서 벌어진 일이었다. 뒷좌석엔 어린 큰아이가 타고 있었고 사방에 차가 빼곡했다. 누구도 빵빵거리지도 않았는데 등줄기에 식은땀이 한없이 흘렀다. 순식간에 주위는 교통 마비가 됐고 차에서 내려 이리 뛰며 저리 뛰며 상황 수습을 했다. 사람들의 도움을 받아 갓길로 겨우 주차를 시켰고 뒤이어 견인차가 왔다. 뒤늦게 알았다. 주유구를 착각해 경유 차에 등유를 주유한 바보 같은 내 실수 탓이라는 걸. 그날 이후로 운전을 딱 끊었다.

꽁꽁 덮어놨던 그때의 수치심, 황당함, 두려움을 펼쳐본다. 용기를 내서 들여다보니 별것 아닌 재밌는 해프닝 쯤으로 여겨진다. 인생은 멀리서 보면 희극, 가까이서 보면 비극이라고 했다. '운전대 다시 잡기'를 첫 번째 비전 보드에 넣었다. 친언니와 여행 떠나기, 나 홀로 배낭여행도 생각해 냈다. 망설이다 개인 책 출간이라는 문구도 적었다. 그렇게 2024년 비전보드 10개가 탄생했다.

비전보드를 편집해 노트북 바탕화면에 깔았다. 저녁마다 화면을 보며 하나씩 짚어보는 습관이 생겼다. '오늘 책을 못 읽었네, 그래도 운동은 용케 했구나, 내일은 언니에게 전화해야겠다.' 1년짜리 비전보드가 숨을 쉬기 시작하자 이제야 '나'라는 사람이 비로소 보인다. 벌써 이룬 것도 있다. '내 공간 만들기' 안방구석에 작은 책상이 생겼다. 이제는 딸들의 방을 메뚜기처럼 옮겨 다니지 않아도 된다.

돌이켜보니 하루는 느리고 한 달은 길고 1년은 짧다. 10년은 후딱이고 20년은 찰나 같다. 후딱 아니 찰나 같이 지나갈 내일들을 나침반도 없이 용감하게 살았다. 1년짜리 비전보드를 썼을 뿐인데 먼 훗날의 '나'를 꿈꾸며 '설렘'이라는 게 생겼다.

'내일은 없다.'라고 부르짖으며 살았던 건 예상치 못했던 혈육과의 이별을 담담히 받아들이지 못한 어린 투정이 아니었을까. 엄마의 평범한 하루도 힘들고 고단하지만은 않았을 것 같다. 분명 매일 당신의 삶에는 웃음과 행복도 있었으리라. 당신에게 오지 않은 60대를 70대를 80대를 찬란한 선물처럼 살아내고 싶다.

내년엔 10년 후, 20년 후, 30년 후의 비전보드도 만들 테다.

'내일은 있다!'라고 자신 있게 외치면서….

포롱쌤의 비전 시크릿

'행복 타임', '행복 스팟'을 일상에 뿌려보세요!

조용한 새벽 '라디오 음악'을 들으며 좋아하는 의자에 앉아 따뜻한 차 한 잔을 마십니다. 출근길 풍광 좋은 공원 벤치에서 새소리를 듣습니다. "선생님 보고 싶어 들렀어요." 아무리 바쁘더라도 좋아하는 동료의 교실 문을 두드려봅니다. 재밌는 얘기 들려주며 아이들과 한바탕 웃었습니다. 굴러 댕기는 우유통에 홍차 티백 넣어 벌컥 마셔도 봅니다. 텅빈 교실 책상위로 노곤함 한줌 반짝입니다. 네 식구 저녁밥 위로 불빛이 따스합니다. 남편과 밤 산책길엔 맨발 걷기의 짜릿함도 있습니다. 조잘조잘 딸들의 수다로 하루가 저뭅니다. 비밀 아지트에서의 느긋한 휴식, 따뜻한 커피향과 나만의 글이 채워지고 있습니다. 책 몇 페이지 못 넘기고 스르르 잠에 빠져드는 순간 문득 느낍니다. '아, 나는 행복한 사람이다!.'

일상에 '행복'을 마구마구 뿌리는 겁니다. 비전이 별거인가요? 오늘의 행복 씨앗들이 10년, 아니 20년 후 당신이 꿈꾸는 모습 그대로! 비전 나무로 자랄 것입니다.

인생 책 미하일 엔데 -「**끝없는 이야기**」

'모모'의 작가의 또 다른 걸작입니다. 상상력과 모험의 세계를 그렸지만 어른들에게도 추천합니다. 책과 이야기의 힘을 믿으시나요? 아이들과 함께 성장하고 싶은 선생님에게 선물하고 싶은 책입니다.

꾸준한 필라테스
남편과 산책 일상화

혼자 배낭 메고
국내 여행해보기

505 아이들과
1년 매 순간 행복하기

개인책 출간 도전

다시 운전대 잡기

매일 1시간 독서
1년 50권 읽기

VISION BOARD

매일 글쓰기 습관, 브런치,
교단일기, 칼럼 연재 꾸준히

내 공간 만들기

언니랑 단 둘이 놀러가기

불필요한 소비 줄이기

산친구들과 산행(월 1회)

5

꿈을 꾸다

장지혜 초등교사, EBS 초등 영어 집필진, 책과 아이들을 사랑하는 교사이자 엄마

오랜만에 옛꿈을 꾸었다. 온전히 나를 생각하던 새벽녘, 베란다 밖을 바라보며 여러 상념에 사로잡혀 조용히 눈을 뜬 채 잠을 설쳤던 그 시절을.

"여보, 예전에 살던 곳 기억나?"

"사랑이가 유치원 다닐 때 살던 곳?"

"응, 어제 그때 꿈을 꿨어."

"그래? 옛날 생각나네."

"그때는 사랑이가 크면 덜 귀여울지 걱정이었는데, 여전히 너무 사랑스러워."

"그러니까 말이야. 오늘은 저녁 먹고 다 같이 서점에 갔다 올까?"

"좋지~ 우리 책도 잘 있나 보고 오자."

아이가 어렸던 그 시절, 우리는 여러모로 서툴렀다. 서로가 서로에게 상처를 주기도, 의지가 되기도 했다. 그저 눈앞의 할 일에 몰두하다 보면, 미움도, 어려움도, 고마움조차도 어느 순간 잊은 채 하루가 순식간에 지나가 버렸다. 하지만 그 바쁜 와중에 늘 고민을 달고 살았다. 가정 경제가 더 잘 풀리길, 아이를 더 잘 키우길, 교사로서 자부심을 가지고 살아갈 수 있길 바라며.

"인생의 목표가 무엇인가요?"

"가족 모두가 건강하고, 하는 일이 잘되면 좋겠어요."

그 시절에 누군가가 나에게 인생의 목표를 물었다면, 분명 저렇게 말했을 것이다. 그리고 저 말은 누군가에게는 상투적으로 들릴 수도, 흔한 목표처럼 느껴질 수도 있지만, 한 글자 한 글자에 진심이 꾹꾹 담겨있는 소망이다. 하지만 두루뭉술한 것도 사실이다. 진심은 있어도 간절함까지 담아내기에는 구체적이지 않았다.

'내가 바라는 내 인생의 모습은 무엇일까?'

2024년 봄, 그때부터 고민보다 꿈을 꾸기 시작했다. 바쁜 와중에도 무의식을 비집고 들어와 걱정과 불안을 심고 갔던 고민과는 달리, 꿈은 다가올 미래에 대한 기대와 현재를 긍정적으로 바라볼 수 있는 의지를 건네주었다. 그리고 아이의 작은 손에서 느껴지는 온기에 기대어 잠들지 않고, 내가 바라는 꿈이 이루어진 모습을 떠올리며 잠들기 시작했다. 힘겹게 버텨냈던 하루가, 앞으로 나아가기 위한 단계가 되기 시작했다.

"요즘은 어떤 꿈을 꾸시나요?"

작년에 출간한 책과 관련된 강의를 하러 갔던 곳에서 받은 질문이다.

"꿈도 꾸지 않을 만큼 푹 자고 있어요. 다만, 요즘 저의 꿈은 제 책이 많은 사람들에게 위로가 되는 것입니다. 여러분은 어떤 꿈을 꾸시나요?"

조금도 지체하지 않고 대답했다. 예전에는 허황된 상상처럼 보일 것 같아 구체적으로 생각하기도 조심스러웠는데, 지금은 명확히 말할 수 있다. 내가 말한 꿈이 이루어지리라는 것을 알고 있기에.

다시 한번, 2024년 그 시절의 꿈을 꾼다면, 어두운 방 안에 있는 나를 안아주고 싶다. 그리고 잘하고 있다고, 나아가고 있다고 얘기해주고 싶다. 지금 내가 너의 미래라고. 꿈에서 깨면 기억 못 할지라도 응원해주고 싶다.

"엄마, 이번 달 우리 가족 독서 목표 다 했어요?"

"거의 다 했어~."

"아빠도 아직이던데, 이번 달은 내가 1등이다!"

나는 오늘도 꿈을 꾼다. 머지않은 미래에 이루어질 꿈을. 10년 전 나의 비전 보드가 지금 나의 삶을 재현하듯이, 현재 내가 그리는 비전이 나의 앞으로의 모습이 될 것이기에. 그리고 우리 아이와 내가 가르치는 아이들도 마음속에 품고 있던 꿈을 자신만의 비전으로 키워나갈 수 있기를 간절히 바란다.

2034년 봄과 여름 사이

엘라맘의 비전 시크릿

잠들기 전 꿈 꾸는 시간을 가져 보세요.

여러분은 자려고 누웠을 때, 주로 어떤 생각을 하시나요? 주위가 어둡고 조용한 그 시간은 온전히 자신만의 생각에 깊게 빠질 수 있는 순간이죠. 그때 저는 제가 바라던 것들이 이루어진 모습을 상상하곤 해요. 그러다 보면 가끔 번뜩이는 아이디어를 떠올리기도 하고, 또 상상만으로도 즐거워서 가벼운 마음으로 잠들게 되더라고요.

불과 얼마 전까지는 그 시간에 그날 하루를 되돌아보고, 후회하고 반성하며 보내는 날들이 많았어요. 걱정과 고민은 한 번 떠오르기 시작하면 꼬리에 꼬리를 물고 이어지니, 잠도 설칠 때도 많았죠. 그리고 유난히 잠을 설친 날은 다음 날 아침에 눈 뜨는 것도 버겁게 느껴지기도 했고요. 그러다 여러 좋은 인연을 만나고, 또 「더 마인드」를 읽고 느낀 점을 실천하다 보니 자기 전에 저의 미래를 꿈꾸기 시작했어요. 그리고 실제로 상상했던 일들이 벌써 현실이 된 것들도 있고요.

여러분도 잠들기 전 미래를 꿈꾸며 하루를 마무리하고, 또 앞으로 나아가시길 바랄게요. 엉뚱한 생각도, 터무니없는 상상도 좋아요. 그 상상이 가까운 미래가 될 수도 있거든요.

인생 책 야누시 코르차크 -「**야누시 코르차크의 아이들**」

교사로서 아이들을 바라보는 시선을 배우게 된 책으로, 학생들에 대한 이해는 물론 엄마로서 자녀에 대한 생각도, 저의 마음속 어린이도 따뜻하게 돌아보게 되었습니다. 이 책을 읽고, 저의 학급 소개란은 언제나 '현재를 사랑하고, 미래를 꿈꾸는 우리'입니다. 학생들도 저도 현재를 사랑하고 미래를 꿈꾸기를 바라는 마음을 담은 소개 글입니다.

"아이들을 대할 때 나는 두 가지 감정을 느낍니다. 지금의 모습에 대한 사랑과, 앞으로의 모습에 대한 존경."

–야누시 코르차크

기록하는 선생님

- 꾸준히 개인 저서 출간하기
- 따뜻함을 전하는 이야기 쓰기

함께 읽는 가족

- 가족이 함께 읽는 시간 갖기
- 각자 자신만의 분야 찾아 이야기로 남기기

VISION BOARD

전문성 키우기

- 논문 쓰고 대학원 졸업하기
- 영어 교육 콘텐츠 공유하기

표현하는 삶

- 여행하며 일상 추억 쌓기
- 사랑, 고마움 표현하기

6

나는 내 가치를 어디에 뒀지?

황재흠 초등교사, 읽고 쓰는 삶, 어제보다 성장한 오늘

"선생님은 행복교실을 운영하는 정유진 선생님(사람과 교육연구소 대표)을 닮고 싶어요. 꼭 행복교실 1년 과정(사람과 교육연구소의 교사교육프로그램)을 공부해서 우리 지역에 행복교실 모임을 만들고 싶답니다. 기회가 된다면 선생님들 앞에서 강의도 하고 학교를 주제로 책 한 권 써 보고 싶네요."

말로 하면 1분밖에 안 되는 짧은 나의 버킷리스트를 아이들 앞에서 당당하게 말하는 데 6년이 걸렸다. 2011년 교사가 되었지만 2017년이 되어서야 교사로 살아갈 자신감을 얻었기 때문이다.

교사가 되고 언제부턴가 나의 아침은 이렇게 시작되었다. 학교에 가까워질수록 심장 뛰는 소리가 귓가에 더 크게 들리고, 학교에 도착한 순간부터 심장은 더 바쁘게 뛰었다. 교실로 향하는 계단 한 칸, 한 칸 오를 때마다 불안한 심장은 더욱 시끄럽게 요동쳤다. '오늘은 또 어떤 일들이 나를 기다리고 있을까?' 금방이라도 터질 것 같은 심장을 심호흡으로 간신히 진정시키고 교실로 들어갔다.

차라리 아무것도 모르고 하루하루를 보냈던 1~2년차 교사 시절이 더 행복했다. 어설프게나마 학급경영과 수업 방법을 알아가고 조금씩 경험이 쌓이면서 잘해보고 싶은 목표가 생기기 시작한 3년 차 무렵부터인 것 같다. 나의 학교생활이 조금씩 삐걱거리기 시작했다. 아이들과 행복하고 즐거운 학교생활을 꿈꾸던 나의 기대와는 다르게 아이들과의 관계는 점점 틀어졌고, 수업은 자주 산으로 가기 일쑤였다. 우왕좌왕, 엉망진창, 좌충우돌이라는 표현이 적당할까? 어쩜 아이들은 내가 설명하고, 부탁한 것과 반대로 행동하는지 이해할 수 없었다. 늘 아이들에 대한 불평불만으로 가득했던 나의 멘탈은 너덜너덜 만신창이 상태로 퇴근했다. 그렇게 보낸 3~4년차 시절은 나 자신을 '아이들과 잘 지내지 못하는 능력 없는 부적격 교사'로 만들어 버렸다. 노력을 전혀 안 한 것도 아닌데 분명 열심히 했는데 더 나아질 기미가 보이지 않았다. 지금까지 살아온 만큼 학교에서 아이들과 이렇게 보내야 한다고 생각하니 미치고 환장할 노릇이었다. 교직은 내 길이 아니라고 판단하고 탈출을 생각해 봤지만 용기가 나지 않았다.

"지금 당장 꽃을 피우지 못했다고 해서 좌절하지 마세요. 친구와 비교하지도 마세요. 지금은 그저 나의 계절이 아닌 것뿐이에요"

-「모든 꽃이 봄에 피지는 않는다」, 이다지

내가 상황을 바꿀 수 없다면 적응하는 수밖에 없었다. 나는 교사로서 '행복'해지기로 결심했다. 먼저 학급경영과 수업에 관한 책을 읽고 원격연수를 들었다. 책과 연수에서는 앞서 나와 비슷한 고민과 어려움을 지혜롭게 극복한 선생님의 비결을 배울 수 있었다. 그럼에도 뭔가 부족하고 채워지지 않은 부분이 존재했다. 이 빈 공간을 채우려고 무협지에 등장하는 주인공이 성장하기 위해 스승을 찾아다니듯, 분야별 고수 선생님을 찾아 주말과 방학에 여러 지역의 다양한 집합연수에 참여했다. 집합연수는 학생 입장이 되어 활동에 참여하거나, 교사 입장에서 활동을 진행해 보는 등 책과 원격연수를 통한 배움과 비교해 직접 체험하며 배울 수 있는 장점이 있었다. 무엇보다 각자의 빛깔로 교실을 빛내고 있는 선생님들을 만나 이야기 나누며 배울 수 있는 뜻깊은 시간이었다. 그렇게 공부한 것을 교실에 하나씩 적용해 나갔다. 여전히 기대한 결과 보다는 실패에 가까운 결과가 더 많았다. 꿈꾸던 이상과 현실은 큰 차이가 있었지만 낙담하지 않고 포기하지 않았다. 변함없이 내가 할 수 있는 최선의 방법을 찾아 실천했다. 기대한 결과에는 잘 할 수 있다는 용기와 자신감을 얻었고, 실패한 결과에는 다음에 잘 할 수 있다고 스스로 위로하고 격려했다. 그러면서 조금씩 만족스러운 학급경영과 수업을 경험하는 비율이 높아지기 시작했다.

척박한 땅에 심긴 포도나무는 메마른 환경에서 살아남기 위해 지하수를 찾아 깊은 땅까지 뿌리를 내리는데 이 과정에서 땅속의 깨끗한 물과 함께 유익한 미네랄과 미생물을 흡수하여 최고급 포도주의 재료가 된다. 대나무 종류 중 하나인 모죽은 5년 동안 땅속에 뿌리를 내리며 땅 위로 모습을 보이지 않다가 5년이 지나면 엄청난 속도로 자라 견고한 대나무가 된다. 계속되는 시행착오와 실패, 교직에 대한 회의와 방황을 통해 지금까지 몰랐던 진정한 나의 모습을 이해하고, 내가 하고 싶은 것과 잘 할 수 있는 것을 파악하며 나의 교육학, 교육과정을 만들어가고 있었다. 돌아보니 헛된 시간과 경험은 없었다. 더 나은 교사라는 꽃을 피우고, 열매를 맺기 위해 필요한 뿌리를 내리는 과정이었다. 튼튼한 뿌리 덕분에 때로는 비와 바람에 흔들리지만 쓰러지지 않고 오늘도 교사로 걸어가고 있다.

'오랫동안 꿈을 그리는 사람은 마침내 그 꿈을 닮아간다.'라는 앙드레 말로의 말처럼 2017년 아이들 앞에서 공언한 나의 버킷리스트를 하나씩 달성하고 있었다. 2018년 영주와 구미를 오가며 행복교실 10기를 마쳤다. 2019년부터 지금까지 행복교실 영주지역 모임을 운영하고 있다.

어느 늦은 저녁 시간에 걸려 온 전화 한 통. 교육청 장학사님의 전화였다. "선생님, 우리 지역에 교사 연구회를 하나 만들면 좋겠습니다. 1~2년이 아니라 장기적으로 운영되는 그런 연구회 말입니다." 또 하나의 버킷리스트가 실현되는 순간이었다. 지역교육청 공모 사업에 신청자가 부족하여 걸려온 전화이지만 한 지역에서 꾸준히 교사동아리를 운영한 수고를 인정받는 것 같아서 행복했다. 매년 우리 지역에는 20~30여 명의 신규교사가 발령받지만 도교육청이 아닌 지역교육청 차원에서 체계적으로 신규교사를 지원하는 연수 프로그램이 부족했다. 평소에 업무와 관련된 연수가 아니라 실제로 지역 선생님에게 도움이 되는 학급경영이나 수업에 대한 연수가 있으면 좋겠다고 생각했다. 드디어 지역교육청의 지원을 받아 우리 지역 선생님을 위한 연수를 계획할 수 있게 되었다.

나는 2013년에 결혼을 했다. 2014년 여름에 1급 정교사 연수를 한 달 동안 받았다. 2015년부터 주말이나 방학에 여러 집합연수에 참여했고,

대학원에 입학했다. 2016년에는 근무지를 강원도에서 경상북도로 이동하기 위해 두 번째 임용 시험을 보았다. 그 사이 아내는 첫째와 둘째를 출산하고 3년 6개월 동안 육아휴직을 하며 홀로 육아와 가정을 책임졌다. 아내 눈에 비친 나는 학교(학급, 수업, 업무 등)와 연수에 몰두한(아내는 종종 "나는 지금까지 학교에서 당신처럼 하는 교사는 본 적이 없어."라고 했다.), 가정에 소홀한 남편이었다. 지금까지 교사로서 행복해지기 위해 아내에게 가정의 모든 것을 맡긴 이기적인 남편이었다. 워라밸(work-life balance, 일과 삶의 균형)처럼 나에게 필요한건 바로 가정과 학교의 '균형'이었다.

"누가 저한테 와서 이 문제 때문에 고민이야 하고 서두를 꺼내잖아요?
그때 제 물음은 쏜살같이 튀어 나갈 거라고요.
그래서 너는 네 가치를 어디에 두었는데?"

- 「나는 읽고 쓰고 버린다」 중에서, 손웅정

주변 선생님들이 행복교실과 자기경영노트와 같은 교사 모임을 왜 하는지, 그리고 언제까지 계속 할 것인지 물어볼 때가 있다. 그 질문을 곰곰이 들여다보면 경제적인 이득이 있는 것도 아니고, 그렇다고 승진에 도움도 안 되는 일에 시간과 에너지를 너무 많이 쓰고 있다는 말이다. 40대에 가까워지니 진로에 대한 조언과 질문을 더 자주 듣게 된다. 정답이 존재하지 않은 삶에 대한 해답을 찾기 위해 나 스스로에게 물어보았다.

"나는 내 가치를 어디에 뒀지?"

'가족', '교사', '성장과 나눔'

인기리에 방영된 <낭만닥터 김사부 시즌1>에서 후배 의사가 주인공인 김사부에게 “어느 쪽입니까? 선생님은 좋은 의사입니까? 최고의 의사입니까?”라고 질문한다. 김사부는 “지금 여기 누워 있는 환자에게 물어보면 어떤 의사를 원한다고 할 것 같나? 최고의 의사? 아니, ‘필요한 의사’이다. 그래서 나는 이 환자에게 필요한 의사가 되려고 노력 중이다.”라고 답한다. 나도 우리 가족에게, 나를 만난 학생에게, 동료 선생님에게 도움이 되는 필요한 사람이 되고 싶다. ‘좋은 남편과 아빠’가 되어 가화만사성을 이루기 위해 애쓸 것이다. 존경하는 이영근 선생님처럼 ‘아이들을 사랑하고, 아이들이 사랑하는 선생님’이 되고 싶다. 끊임없는 배움과 성찰로 연차만 쌓여가는 교사가 아닌 ‘성장하는 교사’ 나아가 성장을 ‘나누는 교사’가 되고 싶다. 너무 막연한 목표로 보일 수 있다. 그러나 이 세 가지 가치를 삶의 최종 목적지로 두고 하루하루 주어진 삶에 최선을 다하고, 어떤 결과가 나오더라도 감사하며, 새로운 도전과 시도를 멈추지 않을 것이다.

황사장의 비전 시크릿

나만의 롤모델을 찾아서 따라하세요.

물건을 구입하면 함께 오는 설명서. 설명서를 참고하면 제품을 더 잘 사용할 수 있습니다. 하지만 우리 삶에는 정해진 설명서나 지침서가 없습니다. 우리가 직접 몸으로 부딪혀 경험으로 배우거나, 성찰하고 깨달으며 스스로 해답을 찾아야 합니다. 2011년 군 복무를 마치고 바로 다음날 어떤 준비도 하지 못한 채 아이들을 만났습니다. 하루 이틀을 사이에 두고 군인에서 교사가 된 것이지요. '뿌리 깊은 나무는 바람에 흔들리지 않는다.'는 말처럼 어느 상황에도 흔들리지 않는 교육철학과 기준이 필요했습니다. 옆 교실의 선배 선생님을 관찰하고, 우리 학교를 벗어나 책과 연수로 다양한 선생님의 교실 속 모습을 살펴보았습니다. 나의 롤모델 선생님을 설정하여 그 선생님의 교실을 그대로 따라해 보았습니다. 모든 것이 계획대로 된 것은 아니지만 다양한 시도를 하면서 나와 어울리는 것과 아닌 것을, 잘 할 수 있는 것과 아닌 것을 알게 되면서 희미하던 나의 철학과 기준이 점점 선명해졌고, 조금씩 성장하는 나를 발견할 수 있었습니다. 단, 롤모델의 설명서가 곧바로 성공과 성장으로 연결되지 않을 수 있습니다. '가치가 있는 일은 무엇이든 항상 시간이 필요하다.'는 미국의 가수 밥 딜런의 말을 떠올리며 긴 호흡으로 천천히 함께 성장해 봅시다.

인생 책 손웅정 - 「**모든 것은 기본에서 시작한다**」

아이들의 행복한 삶을 위해 부모와 교육자로서 역할과 마음가짐을 돌아볼 수 있습니다. 그리고 스스로 성장하기 위해 필요한 중요한 가치(꾸준함, 감사, 겸손, 독서 등)를 고민할 수 있습니다.

가족

- 함께 시간 보내기(여행, 보드게임 등)
- 가족 독서 시간
- 함께 집안일 하기

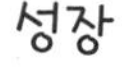

성장

- 독서, 필사, 글쓰기
- 악기 연주
- 개인 저서

VISION BOARD

학교

- 행복한 교실, 즐거운 수업
- 전문적 학습공동체
- 지역 연수 운영

건강

- 소식, 금주
- 자주 웃기
- 만보 걷기

사랑한다면, 순간순간 충실해야 하고 책임을 질 수 있어야 한다.

-모든 것은 기본에서 시작한다, 손웅정-

7

나비가 되고 싶다

정무경 초등교사, 여유를 꿈꾸며 꾸준함을 무기로 하는 교사. 입양가족

다가올 수천 단계에 대해 걱정하기보다 눈앞의 다음 단계로 내딛는 사람이 되고 싶습니다.

-테오도르 루즈벨트

올해 교무 4년 차 교사이다. 승진하겠다는 목표를 가지고 2021.9.1. 일자 신설 학교에 교무부장을 지원했다.

'힘들겠지만, 까짓것 한번 해보자.'라는 마음으로 도전했는데 역시나 만만치 않았다.

'이래서 다들 신설 학교 발령을 피하는구나!'

현재 근무하는 학교는 개교 당시 9학급으로 시작해서 매년 학급증설이 되면서 현재 52학급 규모로 성장했다. 업무에 적응되었다 싶으면 새로운 근무환경이 펼쳐져서 항상 일에 쫓기는 학교생활이었다.

작년에는 학교폭력문제로 한 학급에서 담임교사가 두 번이나 바뀌었고 더 이상 담임 교체가 이루어져서 안 된다는 학교 판단에 따라 1학기 말부터 해당반 담임교사로 들어가게 되었다.

최대한 피하고 싶었지만 어쩔 수 없었다. 학교 업무와 담임 업무를

병행하며 한마디로 '전전긍긍한 1년'을 보냈다. 내 처지도 처지지만, 학부모 민원에 시달리는 관리자님들을 보면서 지금 가고 있는 길이 맞나 싶어서 스스로 자주 묻는 질문이 있다.

'승진하여 관리자가 된다고 한들 행복할까?'

'나를 행복하게 하는 것이 무엇일까?'

'무엇을 위해 난 이런 인고의 세월을 보내고 있는 걸까?'

교사 초임 시절에 읽었지만, 오랫동안 거실 책장에 방치되었던 책, 「꽃들에게 희망을」이 눈에 띄었고 단숨에 다시 읽었다. 나이가 들어가면서 읽히는 것이 있다고 하는데 이런 거였구나.

줄무늬 애벌레 처지가 어찌 내 처지와 비슷한지 내 이야기를 써 놓은 듯했다. 기둥 꼭대기에 가기 위해 오르기만을 목적으로 삼았던 줄무늬 애벌레와 '승진'이라는 기둥을 그냥 오르고 있는 내 모습이 별반 다르지 않았다.

원래 승진이 교직 생활의 목표가 아니었다. 물론 덤으로 승진을 하면 좋겠다는 생각도 있었지만, 누구보다도 아이들과 소통하며 함께 성장하는 참 교사의 길을 걷고 싶었다.

함께 학교문화를 변화시켜 보자는 뜻을 가지고 작은 학교를 찾아가기도 했고, 혁신부장을 맡아 학교는 이래야 한다고 선생님들을 설득하기도 해 본 나름대로 혁신교사라고 자부하며 살기도 했다.

2017년, 학교생활에 적응하지 못한 아이를 너무 감싼다는 이유로 다른 학부모님들에게 차가운 시선과 민원을 받는 일이 있었고, 심지어 자기 화를 못 참고 날뛰는 반 아이에게 맞는 사건을 겪은 후엔 교사에 대한 수치감과 우울증에 시달렸다. 정말 내 인생의 깊은 웅덩이가 여긴가 싶은 생각에 자주 빠졌다.

교직을 여기서 그만둘 수도 없는 신세를 한탄했다. '피투성이라도 살아있으라'라는 성경말씀(에스겔 16:6)을 되뇌며 학교에 출근했고 그렇게 버텼다.

마냥 버틸 수 없으니 승진해서 벗어나고 싶었다. 승진 문턱에 가까이 와보니 승진이 그 답이 될 수 없다는 것을 깨닫게 되었다.

승진했는데 그 과정에서 얻은 과로와 스트레스로 큰 병을 얻은 지인의 안타까운 소식도 들렸고, 승진해도 별반 다르지 않을 것인데 여기에 모든 체력을 다 쓰지 말고 더 늦기 전에 새로운 나의 꿈을 꾸고 싶었다.

'애벌레처럼 버티는 교직 생활에서 나비처럼 꿈꾸고 춤추는 교직 생활로의 전환'

이게 나의 목표이다. 무엇이 된다는 것은 중요하지 않다. 꿈꾸고 춤추는 인생을 사는 게 중요하다. 꿈꾸고 춤춘다는 것은 '여유'이다. 이 여유는 시간적 금전적 여유만을 의미하지 않는다. 주위 환경에 영향을 덜 받고 옳다는 길을 묵묵히 걸을 수 있는 여유를 의미한다.

남과 비교하지 않고 나의 길을 걸을 수 있는 여유, 옆을 보며 토닥여 주는 여유, 사색하며 표현할 수 있는 여유, 물론 경제적 여유도 포함된다.

'꿈꾸고 춤추는 나비가 되기 위해 난 무엇을 해야 할까?'

나비가 되어야 하는데 어떻게 나비가 될까? 책을 쓰자.

오래전부터 간직하고 있던 꿈인 책의 저자가 되는 것이다. 더 나이 먹기 전에 내 이름 석 자가 들어간 책을 발간해 보는 것이다. 이왕이면 그 책이 잘 팔리는 베스트셀러이면 더할 나위가 없겠다.

아픔을 겪어 본 사람은 아픔을 겪는 또 다른 누군가에게 위로를 줄 수 있는 재능을 가진 자이다. 나와 같이 힘든 시기를 보내고 있는 누군가에게 위로의 말을 건네는 나비가 되고 싶다.

나비가 되려면 번데기 과정이 필요하듯이 지금 나는 작가가 되기 위한 번데기 과정에 있다. 남을 의식하지 않고 내면의 힘을 키우는 과정, 많이 읽고 생각하고 쓰는 습관을 들이는 중이다.

'조금 늦게 시작했다고?'

괜찮다. 대기만성의 진수를 내 삶에 펼칠 기회로 생각하면 된다.

이렇게 선언을 하지만 글 쓰는 일이 그리 만만치 않다는 것도 안다.

8년을 매일 일기를 쓰고, 꾸준하게 책을 읽는 습관을 들였지만, 여전히 글쓰기에 자신이 없다. 특히, 블로그에 글을 올릴 때는 더 그렇다. 글을 써 저장해 놓고도 '발행' 버튼을 누르지 않은 게 여러 개 있다.

글 쓰는 게 힘들다고 불평하지만, 글을 쓰면 생각이 정리된다. 독자에게 내 이야기를 쉽고 진실하게 전달하려고 글을 고치면서 글쓰기 전과 후가 달라진 내 모습을 발견한다.

「꽃들에게 희망을」 중에서 "애벌레이기를 포기할 만큼 날기를 원하는 마음이 간절해야 해."라고 번데기가 노랑 애벌레에게 충고한다. 번데기를 만나 애벌레가 나비의 길로 들어설 수 있었던 것처럼 나에겐 자기경영노트 선배 선생님들이 들려주는 다른 시각으로 사물을 보게 하는 조언들은 글을 쓰게 하는 원동력이 되고 있다. 책을 쓰고 싶다면 책 쓰는 동아리에 가입해서 활동하면 도움이 많이 된다.

나를 나답게 잘 표현해 주는 글을 쓰고 싶다. 트리나 포올러스처럼 성인들도 함께 읽을 수 있는 그림책을 쓰고 싶다.

또 다른 꿈 하나는, 남들을 대접할 때 돈 걱정 없이 대접할 수 있는 부가 있으면 좋겠다.

우리 가족은 입양 가족이다. 결혼 후 10년이 지나도 자녀가 생기지 않게 되자 가슴으로 자녀를 낳는 입양을 선택했다. 입양을 통해 두 딸을 얻었고 지금도 우리 부부는 인생에서 가장 잘한 선택이라고 확신하며 살아가고 있다. 우리 가정 입양 이야기는 <KBS 시사의 창>에 소개되기도 했다.

입양에 빚진 가정으로 입양 문화개선에 앞장서고 싶다. 가능하다면 한 명 더 입양해서 다섯 명의 식구를 꿈꿨으나 여러 가지 면에서 여건이 허락되지 않아 포기했다. 그 대신 보육 시설에서 자란 아이들이 사회에 잘 적응할 수 있도록 후견인 역할을 할 방법을 모색하고 있다. 3~4년 후에는 둘째 아이의 사춘기도 지나갈 것이고 온 가족이 보육원 봉사를 같이해보려고 한다. 봉사하면서 피후견인을 찾아볼 생각이다.

쉰 살이 넘은 나이에 여태까지 살아온 삶의 태도를 바꾼다는 것은 그리 녹록지 않은 일이다. 자꾸 현실에 안주하고 싶고 이룬 것을 토대로 남과 비교하며 낙담하기도 한다.

그렇지만 꿈꾸고 싶다. 지금까지 잘 버텼던 것처럼 그 힘으로 한 걸음씩 내디디면 춤추고 있는 나를 만나리라.

이젠 잠자기 전에 '한 발짝!! 느리게 가더라도 반드시 가게 될 길이다.'라고 주문을 외우고 잔다.

정반장샘의 비전 시크릿

종례 시간을 보다 의미 있게 만들어 보세요.

'잠자기 전 시간'을 잘 활용하면 편안한 잠을 잘 수 있듯이 종례 시간은 잘 활용하면 민원이 적고 편안한 학급이 만들 수 있습니다.

시간에 쫓겨 안전사고 예방과 관련하여 전달 사항과 알림장 내용을 전달하는 데만 할애하지 말고, 학교생활이 의미 있고 행복한 시간이었다는 느낌이 들게 기획해 보세요. 매일 기획하고 화려하게 하라는 것이 아닙니다. 간단하게 실천할 수 있는 일을 자주 해보는 것입니다.

오늘 하루 동안 고마웠던 친구에게 선생님이 준비한 건빵 건네주기, 친구들끼리 감사 릴레이 임무 수행하고 확인받기 등과 같이 선생님이 조금만 고민하시면 소소하지만, 아이들이 즐겁게 참여하는 활동들이 있습니다.

내가 야단쳤던 아이들이나 서로 싸웠던 친구들끼리 그 감정을 풀 수 기회를 주시는 발문을 하고 머리 한번 쓰다듬어 주는 것도 아주 중요합니다.

"00야, 아까 속상했지?", "00와 싸웠는데 지금은 기분이 조금 풀렸어?"

기분을 풀고 간 아이들은 집에서 학교에 대한 불만을 스스로 얘기하지 않을 것이고, 그만큼 민원이 없어지고 선생님의 소신 있는 학급경영에 방해가 되지 않을 것입니다.

인생 책 존 크롬볼츠, 라이언 바비노 - 「**빠르게 실패하기**」

꿈을 향해 시작할 수 있는 용기를 주는 책입니다. 특히, '원대한 성취를 하겠다고 애쓸 필요가 없다. 작고 쉬운 행동일수록 좋다.'는 조언은 낙담하지 않고 '나도 할 수 있다.'라는 마음가짐을 갖게 해 주었습니다.

책쓰기

- 그림책 출간(25년)
- 다양한 주제로 블로그 쓰기

보육원 봉사

- 후원할 보육원 찾기
- 후견인 되기

꾸준한 운동을 통한 건강

매일 만보 걷기
걸으며 사색하기
마라톤(10km) 완주 도전해보기

VISION
BOARD

집마련(경제적 여유)

OO시 OO동에 집 마련하기

꿈꾸고 춤추는 학교경영자

26년- 교감 승진
유머와 여유가 있는 학교경영자

8

어느 노 비전 교사의 중간자적 학교 이야기

나지연 중등영어교사, 가정과 일과 배움을 사랑하는 소심한 혁신가

학교 조직의 구성원 중에 교감이라는 유일한 '중간 관리자'에 관하여 관심이 생기게 된 것은 10여 년 전부터이다.

둘째 아이로 육아 휴직을 하던 중 그 해에 셋째 아이를 출산하게 되었고 한 달 반 동안 학교에 연락하는 것을 잊고 있었다. 함께 근무해 본 적이 없는 얼굴도 모르는 교감 선생님으로부터 아이는 출산했는지 물어보는 전화를 받았다. 출산하면 자동 복직이 되는데 왜 연락하지 않았느냐고 하셨다. 그 당시 교감 업무에 관심이 영 없었던 나는 교감이 하는 일이 이런 시시콜콜한 것이라고 인식하게 되었다.

반복되는 집안일과 육아에 염증을 느끼던 나는 그다음 다음 해 봄에 학교로 복직했다. 2월 업무 분장 시기에 학교에 방문했더니 내가 부장 업무를 맡을 나이가 되었는지 처음 뵙는 작고 단단한 체구의 교감 선생님이 부장 자리에 관한 언급을 하셨다. 막상 복직하고 나니 3학년 담임으로 업무가 결정되어 있었고 다행히 마음이 너그러운 국어과 학년 부장님을 만나 3학년 담임을 잘 마무리할 수 있었다. 소문으로 이 A 교감 선생님은 교장으로 승진할 수 없다고 했다. 평교사 시절에 어떤 불미스러운 일로 인해 교육청으로부터 무슨 징계를 받았는데 곧 다른 곳으로

발령이 날 것이라 했고 실제로 이 교감 선생님은 6개월 후 인근의 시골 작은 학교로 갑자기 발령이 났다.

교직 생에 처음으로 맡은 중학교 3학년 담임으로 일 년을 정신없이 보내고 새 학기를 앞둔 겨울방학 어느 날이었다. 학교 분위기가 뭔가 꺼림칙하다 했는데 아닌 게 아니라 얼마 전에 바뀐 교감 선생님으로부터 수업 시간을 조금 줄여 줄 테니 교무부장을 맡아 일하면 어떻겠냐고 연락이 왔다. 처음이지만 배워가면서 하면 된다는 말에 교무부장 업무가 어떤 것인지도 잘 모르고 덥석 업무를 맡았고 아직 손이 많이 가는 아이들은 친정 고모님께 맡겨 놓은 채 학교 일에 몰두했다.

나중에 알게 된 것이지만 이 교감 선생님은 허수아비로 불렸다. 책상 앞에 앉아서 허수아비처럼 아무것도 하지 않는다고 사람들은 그렇게 불렀고 나는 참으로 적절한 별명이라고 감탄했었다. 정말 말 그대로 학교 일에 어떠한 신경도 쓰지 않았고 지푸라기라도 잡는 심정으로 이리저리 물어가면서 일 처리하는 내게 교무부장은 그렇게 자꾸 물어보면 너무 가벼워 보여서 안 된다고 혼을 내셨다. 이상하게도 학교 일은 무리 없이 잘 진행되었고 사람들은 이 허수아비 중간 관리자에게 다소 만족하는 듯해 보이기도 했다.

그다음 해 인원 증으로 배정되었던 나의 교과목이 다시 정원 감축되었고 나는 신임 교무부장 1년 만에 다른 학교로 전근하게 되었다. 같은 교과의 후배 교사가 정원 감축 대상이 될 수도 있었지만 지난 1년 혹독한 일의 대가로 허리 디스크를 앓았던 나는 내심 학교를 옮기고 싶은 마음이 들었다. 마침 이전에 갑자기 강제 전근 가신 A 교감 선생님 학교의 교무부장 자리가 학교 만기로 인하여 빌 예정이었다. 나는 학교장 요청제를 적극 활용하여 이 학교로 이동했고, 작은 시골 학교에서 교무부장으로서의 경력을 계속 이어 나갈 수 있게 되었다.

전교생 30명 정도의 작은 학교로 옮겨 온 나는 교직 생활의 좋은 점은 모두 다 누리는 듯했다. 성격이 순한 학생들, 오래되었지만 작고 아담한 건물에 아름드리나무로 둘러싸인 넓은 운동장, 온갖 종류의 야생화 화단에 넓은 학교 텃밭을 가진 시골 작은 학교에서의 파라다이스적인 학교생활은 입소문을 탄 지 이미 오래였다. 이 시절 나는 이 작고 단단한 체구의 교감 선생님을 '작은 거인'이라 생각했다. 작은 일은 작은 일대로, 큰일은 큰일대로 능수능란하게 처리하시는 교감 선생님의 모습이 얼마나 시원하던지 징계 때문에 교장으로 승진하지 못하고 만년 교감으로만 지내야 한다는 사실이 무척 안타까웠다. 소문으로 이 교감 선생님은 과거 전교조 지부장으로도 활약하면서 영웅적인 행동으로 인기를 많이 얻었다고도 했다. 지금 생각해 보면 무능력의 절정을 이루었던 이전 학교의 허수아비 교감 선생님에 대한 반사 효과가 아니었을까 싶기도 하다.

정년이 얼마 남지 않은 이 '작은 거인' 교감 선생님은 본교에서 1년 반 만에 정년 퇴임을 하셨고, 나는 교직 평생 처음으로 여자 교감 선생님을 모시게 되었다. 흔히 한 집안의 살림살이를 가릴 때 '하나의 부엌에 두 여자는 안 된다.'라는 말이 있다. 시어머니와 며느리 사이의 갈등과 알력을 빗대어서 하는 말인데 새로 부임하신 여자 교감 선생님은 전형적인 시어머니 스타일은 분명히 아니었다. 평소 그분이 말씀하시는 것처럼 차라리 '무수리'(고려 및 조선 시대 궁중에서 청소 등을 비롯하여 세숫물 떠다 드리기 등 허드렛일을 맡았었던 여자 종)에 가까웠다. 외모에서 풍기는 것처럼 '무수리' 정신으로 무장하신 이 교감 선생님은 학교 일을 하나하나 얼마나 알뜰하게 챙기시는지 흡사 학교의 중간 관리자가 아니라 주사님처럼 일하시는 것이었다. 그동안 학교와 집을 오가면서 허울 좋은 교무부장의 모습으로 명맥을 이어가고 있던 나는 말 그대로 소위 현타가 왔다. 얼마나 영민하고 부지런하신지 온갖 사소한 민원에도 직접 응대하시고 학교 일 하나하나 손수 일일이 챙기시며 잠시도 쉬지 않는 교감 선생님의 모습은 내가 따라갈 수 있는 수준이 아니었다. 그 당시 초빙으로 계시던 교장 선생님의 중간평가를 대비해서 이 무수리 교감 선생님이 직접 챙긴 평가 자료는 학교의 그 넓은 도서관을 가득 채우고도 남을 정도였다.

교감 선생님은 딱히 나에게 눈치를 주지는 않았지만, 학교라는 살림에 능한 시어머니에게 늘 패배하는 무능력한 며느리 같은 나는 어디론가 숨고 싶은 마음이 굴뚝 같았다. 그 탈출구로 나는 그다음 해 학습연구년을 신청했고, 교육감이 새로 선출되면서 선발인원이 두 배로 느는 바람에 덥석 대상자로 선정되었다. 이리저리 언제나 눈치 살피며 전전긍긍하던 그 자리를 박차고 나올 때의 그 기분이란 해 본 사람만이 알 수 있을 것이다.

일 년 동안 복불복 행운을 즐긴 나는 다시 학교로 복직했고 아무도 할 사람이 없다는 이유로 교무부장 업무를 다시 맡았다. 그다음 해에는 교감 선생님의 만류에도 불구하고 승진을 포기하고 담임을 맡았다. 무수리 교감 선생님은 교장으로 승진하여 다른 학교로 가셨고 나는 우리 도에서 5년 만에 처음으로 실시하는 수석교사 선발 공고에 계획서를 써서 응모했다. 알려진 바와 같이 수석교사는 승진 규정의 적용을 받지 않으며 임기 중에 교장 또는 교감의 자격을 취득할 수 없다. 서류로 지원하는 1차에서는 붙었으나 2차 면접 후에는 떨어지면서 운신에 대한 나의 염

원은 멀어지는 듯했다.

그다음 해 나는 학교 만기로 관내 중고병설고의 다른 작은 중학교로 이동했고 여기에서 또 다른 스타일의 여자 교감 선생님을 만났다. 성격이 괴팍하기로 소문난 이 교감 선생님을 피해 선생님 대부분이 어떻게든 이 학교를 벗어난 상황인지도 모르고 나는 또 덥석 교무부장을 맡았다. 경제적으로나 법적으로도 대단한 위력의 소유자였던 이 교감 선생님은 불통과 불신의 화신이었다. 대화를 통해 문제를 합리적으로 해결한다는 것은 애초에 불가능하다는 것을 교무부장인 나 말고 다른 사람들은 익히 알고들 있었다. 인사나 복무 등 교감 고유의 업무도 제대로 처리되지 않았으며, 들리는 말로는 교감 선생님이 전에 근무하던 학교에서 갑질로 신고를 당하기도 했다고 했다. 학기 초 단 하루도 잠잠할 날이 없던 교무실이 얼마 지나지 않아 정말 개미 새끼 한 마리 얼씬거리지 않을 정도로 사람들이 방문을 꺼리는 장소가 되어 있었다. '학습된 무기력'에 의해 반쯤 정신이 나간 사람처럼 축 늘어져서 학교로 출퇴근하고 있을 때쯤 교감 선생님은 다른 큰 학교로 발령이 나서 우리 학교를 떠나게 되었다. 우리 학교는 이젠 살았다며 안도의 한숨을 쉬었고 교감 선생님이 가신 다른 학교를 진정으로 걱정해 주었다.

새로 오신 능력 있는 교감 선생님은 오랜 고등학교 교감 경력을 바탕으로 교감 업무에 능통하시면서도 바리스타 자격증이 있는 마음이 따뜻한 분이셨다. 오시자마자 기존에 잘못된 관행도 바로잡아 주시고, 직접 내린 커피로 교무실을 훈훈하게 만드는 데 일조하시곤 했다.

한번은 교감 선생님이 올해 승진대상자 기준 점수가 내려갈 것 같으니 나 보고 서류를 준비해 한번 지원해 보자고 하셨다. 요즘 중간 관리자는 옛날만큼 인기가 없다고 하시며 작년 공문을 찾아보시더니 나의 전공과목에 5명이 지원했는데 5명 모두 다 승진대상자로 지정되었다고 하셨다. 말씀대로 기준점은 하향되어 공문이 내려왔고 교감 선생님과 함께 있는 점수 없는 점수 다 끌어모아 보니 기준점에서 0.02점이 부족했다. 이전 학교에서 담임 말고 부장을 계속했더라면, 필요 없다고 버린 학교폭력 유공 대상자 점수를 챙겼다면 통과하고도 남았을 점수였다. 승진 따위 마음 접고 있다가 지원이라도 가능한 것이 어딘가 싶어 조금 더 준비해서 올해 지원해 보아야겠다고 생각하고 지역 만기로 인한 학교 이동을 다시 했다.

2024년 올해 인근 도시의 28학급 규모의 큰 학교로 발령이 났다. 교직 생활 중 제일 큰 학교에 난생처음으로 1학년 새내기의 담임으로 근무하게 되었다. 경력에 따라 쌓이는 점수로 기준점을 넘긴 나는 3월 학교를 옮기자마자 승진대상자 관련 서류를 챙겨 교감 자격연수 대상자로 지원했다.

졸이는 마음으로 지원 결과를 기다리고 있던 4월 초 학교 야영장에서 아이들의 활동 모습을 지켜보고 있는데 인근 고등학교에서 교감으로 근무하고 있는 동갑의 고등학교 동기 친구가 전화가 왔다. 전화를 받자마자 대뜸 "5명 중에 떨어진 사람이 너야?"라고 물어보는 것이다. 전화를 끊고 부랴부랴 알아보니 올해 승진대상자로 전공 교과에 배정된 인원이 4명이었으며 5명이 서류를 제출하였고 떨어진 바로 그 한 명이 나였다. 나의 승진 점수가 제일 낮았다.

1995년 사범대학을 졸업하던 해 교직에 첫발을 디딘 이후로 30년이 다 되어간다. 그동안 나는 그럴듯한 비전 하나 없이 나름 최선을 다하는 생계유지형 교사로서 여러 명의 교감 선생님을 경험했다. 교사도 직업인이라는 의식이 강해지고 있는 요즘 학교의 유일한 중간관리자인 이들에게 특별한 소명 의식이라든지 앞으로의 비전을 기대하는 것이 어쩌면 무리일 수도 있겠다라는 생각이 들었다. 좋든 싫든 언젠가는 나도 그 흔한 중간자적인 모습으로 비쳐질 것이다.

교사로서의 제대로 된 비전의 필요성을 느끼게 해 준 책이 있다.

김진수 선생님의 「교사가 성장하면 수업도 성장한다」에 보면 선생님이 공개한 특별한 승진 제도가 나온다. 새벽 4시 30분 기상(1점), 미라클 모닝 필사(1점), 글쓰기(1점), 하루 10분 성경 읽기(1점), 하루 10분 고전 읽기(1점), 하루 10분 이상 독서하기(1점), 감사일지 쓰기(1점), 집에서 아이들과 놀기(1점), 아내에게 무한한 사랑 주기(1점), 개인 이름이 들어간 책 내기(1점), 아이들 꼬마 작가 만들기(1점), 부모님 독서 모임 만들기(1점), 교사 독서 네트워크 조직하기(1점) 등등 이 중에 이미 상당수는 이미 완수되었고 현재도 이를 실현하기 위한 노력을 실천하고 계신다.

어떻게 이런 가치 있는 일들로 점수 쌓는 것을 생각해 낼 수 있을까?

제대로 된 비전 없이 그때그때 상황을 모면하기에 급급한 나 같은 사람과는 소위 '결'이 다른 사고방식이다.

'더 마인드'에서 제시한 것처럼 10년, 20년 후의 나의 모습을 생생하게 상상해 본다.

무엇이 나를 여기까지 이끌고 왔으며 앞으로는 어디로 나아갈 것인가?

미래의 나는 어디에서 무엇을 하며 어떻게 살게 될지 자못 궁금해지는 요즘이다.

내내샘의 비전 시크릿

소소한 일상을 즐기세요.

제 인생 책에서 처음으로 접한 "일상이 우리가 가진 인생의 전부다"라는 말을 좋아합니다. 아침에 눈 떠서 마시는 물 한 잔부터 시작해 집안일, 학교, 육아, 휴식, 식사, 잠자기 등 의식적으로 또는 무의식적으로 일상을 살아가다 보면 소소한 작은 행동들이 우리에게 끼치는 영향을 과소평가하기 쉽습니다.

세상 모든 일이 그러하듯 모든 일은 서로 유기적으로 연결되어 있습니다.

매일 가족이랑 함께 하는 대화가 훗날 아이의 미래를 결정합니다.

매일 출퇴근하면서 듣는 어학 프로그램이 전문성을 키웁니다.

매일 만나는 사람들과의 상호작용이 내 삶의 질을 결정합니다.

매일하는 걷기 운동이, 매일 준비하는 식사가 평생 건강을 보장합니다.

매일하는 정리정돈이 앞으로의 성공을 가져다 줍니다.

작은 일상이 주는 즐거움을 누리세요.

행복한 삶이 기다리고 있습니다.

인생 책 김진수 - 「**교사가 성장하면 수업도 성장한다**」

제 평생 처음으로 원고로 접하게 된 책으로 교사로서의 제대로 된 역할과 소명 의식을 일깨워 준 책입니다. 독서와 글쓰기를 통한 사색과 성찰, 교사로서의 성장과 나눔을 위한 노력, 좋은 교사를 넘어 위대한 교사로 나아가기 위한 열정과 실행 능력이 돋보입니다. 앞으로의 10년은 이 책에서 언급된 책들과 함께 '가슴 뛰는 삶'을 살고 싶다는 소망을 품게 되었습니다.

프랑스 스페인 여행

완벽한 골프 스윙

건강하고 행복한 가정

VISION
BOARD

나라와 교육의 발전에
힘쓰는 관리자

매끈한 복근과 바른 자세

월 천만원 가능하다.
'공급자'로서의 삶을 산다면

부수입 월 천만원

판교 전원주택

9

아무튼, 폴 댄스

손혜정 중등교사, 독서 모임, 글쓰기 모임으로 사람을 돕는 커뮤니티 크리에이터, 교사작가

"선생님, 선생님! 인스타 공유해요!"

"이... 인스타?"

"선생님 인스타 안 해요?"

"아니, 하는데. 아니, 안 하나 보다."

"에이, 뭐예요! 선생님 인스타 교환하기 싫어서 그러시는 거죠?"

아니다. 교환하고 싶다. 나도 아이들과 삶을 나누는 교사이고 싶다. 하지만 안된다. 내 계정엔 온통 벗은 사진뿐이기 때문이다. 노출증이냐고? 절대 아니다. 노출 부위가 있어야 안전하게 운동할 수 있는 폴 댄스를 좋아하는 교사일 뿐이다. 폴 댄스를 시작한 건 관종 정신 때문이었다. 운동 좀 즐기는데, 이왕이면 남들이 안 하는 걸 하고 싶었다. 결과는 성공적. "취미가 뭐예요?"라고 묻는 사람들에게 "폴 댄스요."라고 말하면 이목 집중이다. 더구나 나는 유교 국가의 도덕 선생 아닌가. 진지하고 차분한 이미지에 폴 댄스라니! 반전 매력에 관심받기 딱이다. 아쉬운 점이라면 아이들에게도 관심받는 걸 좋아하는 내가, 차마 "선생님 취미는 폴 댄스란다."라고 말할 수 없다는 거다. 안타까운 노릇이다.

폴 댄스는 재밌다. 놀이동산 가기도 힘든데, 폴에 매달려 돌고 있노라면 매일 놀이동산에 간 기분이다. 팔다리를 이렇게 저렇게 움직여 생전 처음 보는 동작을 완성하는 것도 성취감 있다. 무엇보다 좋은 건 폴 댄스 학원에 가는 그 자체다. 처음부터 학원 가는 날을 기다렸던 건 아니다. 성격 테스트를 하면 매번 외향형이 나오지만, 내향형 기질이 다분한 나는 입 한번 열지 않고 폴만 타다 오는 날이 많았다. 게다가 20~30대가 주를 이루는 폴 댄스 학원에서 40대는 나를 포함해 둘뿐이었다(다행히 40대 중엔 내가 막내다). 어리고 활기찬 그녀들 사이에 끼는 건 어려운 일이라 생각했다. 그런데 어느 날 엘라스틴을 쓸 것만 같은 찰랑이는 머릿결의 그녀가 말을 걸었다. 피부가 하얀 파스텔톤 폴 웨어가 찰떡인 또 다른 그녀도 "같이 나머지 공부하고 가실래요?"라고 나를 꼬셨다. 그렇게 나에게도 친구가 생겼다. 폴러(폴 댄스 하는 사람)들의 언어로 '폴 메이트'가 생긴 것이다. 우리는 함께 수업을 듣고 서로의 동작에 피드백해 주며, 힘들 때는 응원해 주는 사이가 되었다.

'아, 이래서 아이들이 학교 가는 걸 기다리는구나.' 학원에 가기 위해 폴 웨어를 고르다 작년 우리 반 아이들이 생각났다. 1반이라 제일 구석진 곳에 있지만, 쉬는 시간이면 우리 반 아이들을 만나러 온 학생들로 가득 찼던 복도. 종례가 끝나면 복도에서 틱톡 영상을 찍으며 꺄르르 웃던 아이들. 반 단합 끝나고 깜깜한 구령대에서 찍은 단체 사진이 심령사진 같다며 큭큭 웃던 우리 반. 그러다 '역시 나는 참교사인가. 휴직하고도 학교 생각이라니.' 피식 웃고 집을 나섰다.

학원에 도착하니 선생님이 반갑게 맞아 주었다. 선생님 이름은 '킬미'. 이름만큼 죽여주는 기술을 구사하는 선생님이다. 그리고 40대다. 그래서인지 나는 킬미 선생님이 좋다. 40대라는 묘한 동지애랄까? 아니다. 사실 그녀의 교육자로서의 태도와 전문성에 반했다. 킬미 선생님은 수업에 진심이다. 학생들이 오기 전 스트레칭을 하고 그날 진도를 시뮬레이션한다. 그리고 미리 작성해 놓은 수업 일지를 확인해 학생 수만큼 매트를 깔아 놓는다. 학생별 자리도 정해 놓는다. 학생별로 진도가 모두 다른데, 진도가 비슷한 학생들끼리 가까이에 두기 위해서다. 함께 연습하면서 문제를 해결해 나가라는 의도다. 선생님은 각자의 수준보다 살짝 높은, 그래서 도전할 만한 안무를 짜온다. 그래서 배우는 재미가 있다. 해냈다는 느낌이 든달까? 간혹 안무를 완성하지 못할 때도 있지만 걱정하지 않아도 된다. 선생님은 수업 시간이 끝나도 무엇이 문제였을지 함께 고민하고 조언해 주기 때문이다. 그래서 결국 해내도록 만든다. 오늘도 정갈하게 놓인 매트가 보였다. '역시 킬미 선생님은 참교사다!'라며 속으로 엄지척!을 했다.

킬미 선생님을 좋아하는 또 다른 이유는 섬세함이다. 폴 댄스를 시작한 지 얼마 되지 않았을 때 일이다. 그때는 다른 선생님 수업을 들을 때였는데, 학교에서 일하느라 학원에 늦게 도착했다. 준비 운동을 충분히 하지 못했고, 결국 왼쪽 어깨를 삐끗해 한 달간 쉬어야 했다. 학원에 복귀하면서 일정상 수업 요일을 바꿨는데 킬미 선생님 수업이었다. "혜정님, 왼쪽 어깨가 아프다고 들었어요. 그래서 왼쪽 어깨를 쓰지 않는 동작과 하체 중심 동작으로 안무를 나갈 거예요." 나는 킬미 선생님의 배려 덕에 왼쪽 어깨를 회복하면서 폴 댄스를 계속할 수 있었다. 아니다. 가만 생각하니 이전 선생님과 킬미 선생님의 협업 덕분이었다. 나의 특성을 잘 파악하고 인수인계해 준 이전 선생님과, 인수인계 받은 내용을 토대로 섬세한 배려를 해준 킬미 선생님의 환상적 콜라보! 그런데 이 익숙한 느낌은 뭘까. 이건 마치 '선생님, OO이는 마음이 좀 아픈 아이예요. 그래도 그림 그리는 걸 좋아하니, 관련된 역할 맡기면 1년 잘 보낼 거예요.' 그렇다. 나는 선생님들의 관심과 배려 덕에 아픔을 극복하고 배움을 이어 나간 학생인 것이다! '그래, 가르치는 사람들은 저래야지.' 속으로 경탄했다. 그리고 경탄하는 나를 보며 생각했다. '뭐 눈에는 뭐만 보인다더니, 기승전 교육이군. 고질병이구먼!'

스트레칭이 끝나고 선생님이 겉옷을 벗는데 못 보던 폴 웨어다. "선생님, 폴 웨어 새로 사셨어요? 검은색 너무 잘 어울리세요." 선생님께 말을 건넸다. 대화의 물꼬가 터지고 화기애애한 분위기 속에 수업이 시작됐다. 외향형의 탈을 쓴 내향형인 내가 어느새 선생님께 말도 거는 학생이 됐다. 뿌듯해하며 또 생각했다. "선생님 염색했어요?", "선생님 앞머리 잘랐죠?", "선생님 오늘 옷 진짜 이뻐요!" 말을 걸던 아이들. 그 말 한마디, 작은 관심이 좋아서 거울 앞을 서성이던 때가 있었는데. 어느 날부터인지 학교 가는 발걸음이 무거워졌다. 어디부터 잘못된 것일까?

2009년에 교직에 발을 들이고, 곧장 교사 연구 모임에 찾아갔다. 신규 교사가 갖는 통통 튀는 아이디어와 열정으로 주목받았고, 연구 모임에서 배운 것들을 적용하며 성장하는 내 모습이 좋았다. 방과후는 수업

연구, 주말은 연구 모임으로 가득 채운 시간을 보냈다. 그것이 당연하게 생각됐다. 주위를 둘러보면 전문성과 열정이 뛰어난 선생님들이 가득하니까. 나는 갈 길이 멀다고 생각했다. 학교-모임을 오가는 삶이 반복됐고 모임 개수도 늘었다. 찾는 곳이 많아졌고, 어느새 모임을 이끄는 입장이 됐다. 모임들 덕에 버킷리스트에 적었던 '교사를 가르치는 교사, 교과서 집필, 책 집필' 같은 목표도 이뤘다. 그래서 잘하고 있는 줄 알았다.

"외로워." 어느 날 신랑이 말했다. 어떤 슬픈 이야기에도 반응 없는 그가 눈물을 뚝뚝 흘리며 말했다. 집에 오면 컴퓨터 앞에 앉아 있는 내 뒷모습만 보느라, 주말이면 연구 모임에 데려다주고 차에서 한없이 기다리느라 지친다고 했다. 소파 모퉁이에 힘없이 앉아 있는 그를 안아주었다. 코끝에 닿은 그의 머리에서 따뜻하고 고소한 향기가 났다. 심장 박동이 느려지며 긴장이 풀리자, 놓치고 있던 것들이 떠올랐다. 사랑하는 사람과 밀도 있는 시간을 보내는 삶, 다채로운 경험을 자산으로 갖는 삶. 꿈꾸던 삶을 살고 있다고 생각했는데, 빡빡한 일정 속에 겨우 한 틈 밀어 넣어 흉내만 내고 있었구나 깨달았다. 사실은 나도 버거웠음을 인정했다. 내 능력 때문이 아니라, 사람들 덕분에 겨우 해내고 있었음을 인정했다. 그래서 학교 가는 발걸음도, 모임을 운영하는 모습도 소극적으로 변해갔음을 이해했다.

이후 몇 년에 걸쳐 시간, 공간, 모임을 정리해 갔다. 해야 하는 일로 둘러싸인 삶이 아닌, 하고 싶은 일을 하며 살고 싶었다. 오랜 고민 끝에 올해 자율연수휴직을 했다. 하루 종일 책만 읽고 싶다고 노래를 불렀는

데 북스타그램을 시작하고, 책을 읽다 보니 글이 쓰고 싶어 브런치 작가가 됐다. 글 쓰는 교사라는 정체성을 만들고 싶어 교사 성장 모임에 가입해 글쓰기를 시작했다. 부부가 함께하는 시간을 늘리고 싶어 부부 요가를 시작했고, 미래에 웰니스 센터를 차려 함께 일하자며 의기투합했다. 미뤘던 부부 달리기도 다시 시작해 풀코스 완주를 목표로 세웠다. 물론 내 사랑 폴 댄스도 꾸준히 하고 있다.

요즘 내 삶은 차안대를 벗어던진 경주마 같다. 앞만 보며 달리느라 보이지 않던 것들이 보이기 시작했다. 일에서 느끼는 성취감이 전부가 아니라, 삶의 균형을 찾는 것이 필요함을 알게 된 것이다. 그래서 다양한 경험을 하고 내면을 들여다보느라 속도가 조금 느려졌다. 이렇게 천천히 가는 것은 처음이라, 이대로 멈춰 버리는 건 아닌지 걱정도 된다. 하지만 인생 전체를 보았을 때, 속도 조절은 필수다. 적절한 속도로 갈 때 삶을 충분히 누릴 수 있기 때문이다.

폴 댄스도 마찬가지다. 폴 댄스는 몸이 폴에서 가까울수록 회전속도가 빨라진다. 그래서 어지럽다. 잘못하면 다음 동작을 이어가기 어려울 정도로 속이 매스꺼워지기도 한다. 폴에 몸을 가까이 가져갔다 멀어졌다 하며 속도를 조절해야 멋진 안무를 이어갈 수 있다. 나도 학교에서 멀어진 후에야 알았다. 그동안 너무 학교에 가까워져 있었다는 걸. 학교와 내가 적절히 밀고 당길 때 춤을 추듯 즐거운 삶이 된다는 것을. '폴 댄스에서 삶의 진리를 깨닫다니 철학자가 될 상인가!' 슬며시 웃으며, 폴과 밀당하듯 균형 잡힌 삶을 살아가는 10년 후 나를 상상해 봤다.

'나는 유교 국가의 도덕 교사이자 50대 폴댄서다. 수업으로 아이들의 삶을 변화시키는 교사이며, 글로 내 삶을 변화시키는 작가다. 학교에서는 아이들을 돌보고, 학교 밖에서는 나를 돌보는 균형 잡힌 삶을 살아간다.'

적절한 균형 속에서 행복한 삶을 살아갈 나를 생각하니 저절로 미소가 지어진다. 교사의 삶 자체가 흥미로운 이야깃거리이자 교육적 본보기가 되길 바라는 나에게 딱 맞는 모습이다. 그나저나 폴 댄스, 아니 삶마저 교육으로 승화시키다니! 고질병, 아니, 아무튼, 교사다.

아풋의 비전 시크릿

몸과 마음, 일과 삶이 균형잡힐 때 더 멀리 갈 수 있습니다

아리스토텔레스는 행복은 노력을 통해 누구나 얻을 수 있고, 모두에게 공평하게 주어진 선물이라고 했습니다. 그리고 이 선물을 얻기 위해서는 '중용'의 태도가 필요하다고 했지요. 여기서 중용은 산술적 중간을 말하는 것이 아니라, 지나치지도 모자라지도 않은 '적절한 상태'를 말해요. 저는 한때 '성장'에 치우쳐 행복을 잃었던 적이 있어요. 그래서 지금은 삶의 우선순위를 정해 균형 잡힌 삶을 살려고 노력한답니다.

균형 잡힌 삶을 위한 첫 번째 시크릿은 사랑하는 사람과의 시간을 의무적으로 확보하는 거예요. 저는 평일 저녁 식사 시간부터 잠들기 2시간 전까지, 토요일에서 일요일 저녁 5시까지는 온전히 부부의 시간을 보내요. 이때 시간의 밀도를 높이기 위해 함께 운동하고, 충분히 대화를 나눕니다. 남은 시간은 온전히 저의 성장을 위해 써요. 두 번째 시크릿은 나에게 꼭 맞는 운동 찾기에요. 저는 걷기, 등산, 폴 댄스, 프리다이빙, 스노보드 등 저에게 안성맞춤인 운동을 계절마다 즐기고 있는데요. 머리 중심의 삶에서 몸과 마음도 돌보는 삶으로 갈 수 있었답니다. 여러분도 일과 삶, 몸과 마음의 균형을 찾으며 나다운 성장을 하시기를 바랍니다.

인생 책 윤선현 - 「**하루 15분 정리의 힘**」

지나치거나 모자람이 없는 중용의 삶을 한마디로 정의하면, 정리된 삶이겠죠. 불필요한 시간, 공간, 관계를 정리하고, 꼭 필요한 것들로만 가득 채운 삶을 만드는 데 도움을 주는 책입니다.

아풋

73 게시물 | 1만 팔로워 | 574 팔로잉

아풋 | 북스타그램 | 글쓰기 | 자기계발

out_put_writer

디지털 크리에이터
세상에서 제일 재밌는 건 나, 나 연구 학자
책을 매개로 내 이야기를 씁니다.
글쓰기 모임 <오글오글> 운영합니다.
kemi.io/out_put_writer

2024 인스타그램 1만 팔로워
타인에게 기여하는 북스타그래머

좋아하는 일을 하며 함께
시간을 보내는 행복한 가족

학생, 일반인 글쓰기 모임 운영
독서와 글쓰기로 타인을 돕는 사람

2024부터 요가, 명상 공부
2030년 폴인마인드 센터 오픈
심신의 균형을 찾는 곳

나답게 행복한 교사 작가
평생 배우고 성장하는 사람

2024-2025 폴댄스 전문가
과정 수료, 폴프로필 촬영

2024 오글오글 공저 출판 계약
2025 단독 저서 출판 계약

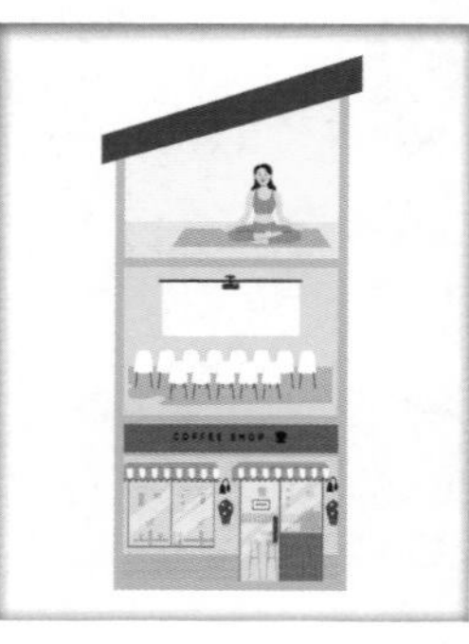

폴인마인드 센터
1층 북카페, 비건디저트
2층 강의실, 커뮤니티
3층 명상, 요가, 폴댄스

10

띵동! 성공 하나 예약이요!

김아륜 초등교사, 영어 전문가, 꾸준함이 무기인 교사

'5년 뒤에 나는 어떤 모습으로 살아가고 있을까?'

이 문장을 생각하며 마음이 다시 설레었다. 이러한 주제를 떠올리는 것은 어쩌면 나에게는 익숙한 일일지도 모르겠다. 고등학교 때 이지성 작가의 「꿈꾸는 다락방」책을 읽고 'R=VD(생생하게 꿈꾸면 이루어진다)'공식에 매료된 나는 목표가 생길 때마다 꿈꾸는 연습을 했다. 방법은 간단하다. 핸드폰 녹음기를 켜고 이미 그 꿈을 이룬 사람처럼 이야기하면 된다. "저도 힘든 순간이 있었는데 이런저런 방법들을 시도했더니 결국엔 이 자리에 올 수 있었어요." 이런 식으로 말이다. 그 공식에 대한 믿음이 얼마나 컸던지 매 순간 정말 진심을 담아서 녹음했던 것 같다. 처음엔 막막했지만 계속 상상하고 말하는 연습을 했더니 확신이 생겼고 그 확신은 나에게 커다란 열정을 부어주었다. 그렇게 교육자를 꿈꾸며 열심히 상상하던 나는 어느새 꿈꾸던 초등학교 교사가 되어 있었다.

그런데 막상 초등교사라는 꿈을 이루었더니 생각했던 것만큼 온전히 행복하지 않았다. 교사로서 아이들을 가르치는 것은 정말 즐거웠다. 하지

만 어딘가 모르게 갈급함이 느껴졌다. 결국, 무언가 하나 특기가 있으면 좋겠다 싶어서 영상편집, 경제, 그림 등 다양한 것들을 공부했지만 3개월이 지나자 모두 흥미를 잃고 말았다. 그런 나에게 선물처럼 다가온 것이 있으니 바로 '영어'였다. 영어는 3개월의 징크스를 넘긴 유일한 분야이자 공부하면 할수록 더 하고 싶어지는 신비한 매력을 가지고 있었다. 요즘 나는 퇴근을 하고 집에 가면 '영어 회화 공부로 성공한 사람'이 되어 혼잣말로 강연을 한다. 혼잣말은 나의 습관이자 루틴이고 퇴근 후 영어 공부를 하게 하는 커다란 원동력이다. 지금부터는 내가 매일 혼잣말로 꿈꾸고 있는 나의 이야기들을 풀어보고자 한다.

첫 번째로 나는 개인 저서 2권을 가지고 있는 작가가 되어 있을 것이다. 한 권은 내가 영어 회화 공부를 처음 시작한 초급 수준에서 중급 수준까지 오르기까지의 1년 공부 과정을 담으려 한다. 2022년 4월, 출근하는 길에 학교 원어민 선생님을 만나 영어 한마디 하지 못해 좌절했던 나는 그 뒤로 영어 공부를 꾸준히 하고 있다. 영어를 너무 잘하고 싶어서 여러 방법을 시도했고 1년이 지난 지금 나는 학교에서 원어민 선생님과 함께 5, 6학년 영어를 가르치고 있다. 아직도 많이 부족함을 느끼지만 이제 영어 말하기에 큰 두려움은 없어진 것 같다. 공부를 해오면서 내 확실한 동기부여는 '언젠가 내 노하우를 담아 책을 쓰는 것'이었다. 전화 영어, 언어교환, 미국 드라마 섀도잉, 외국인 친구 만들기 등 내가 시도했던 여러 방법, 그리고 직접 쓰며 배웠던 표현들로 나는 첫 번째 책을 쓰려고 한다. 다른 한 권은 중급 수준에서 고급 수준까지 오르기까지의 과정을 담으려 한다. 올해 학교에서 영어 전담 교사가 되었지만 나는 또 다른 벽에 부딪혔다. 일상 대화를 주고받는 것은 익숙해졌지만 원어민 선생님과 어려운 주제에 관해 이야기를 나눌 때면 마치 영어를 처음 시작했을 때처럼 다시 머뭇거리는 것이었다. 어려운 영어 표현을 모르는 것도 문제지만 내가 평소에 내 생각을 논리적으로 표현할 기회가 많이 없었다는 것도 문제였다. 일상 표현을 넘어 내 생각을 자유롭게 표현할 수 있는 단계가 되기 위해서는 보다 더 깊이 있는 공부가 필요하겠다는 것을 절실히 느꼈다. 그래서 이 과정을 담아 두 번째 책을 낼 것이다.

두 번째로 나는 영어 개인 채널을 개설할 것이다. 나만의 유튜브 채널을 개설하고 꾸준히 영상을 올리며 구독자를 모을 계획이다. 나는 수능과 같은 영어 시험에서는 좋은 성과를 거두었지만, 영어 말하기에는 자신이 없는 전형적인 한국인이었다. 외국인을 만나면 머릿속에는 할 말이 가득하지만 정작 한마디도 입 밖으로 뱉지 못하는 사람이기도 했다. 이런 나에게 영어 공부에 대한 희망과 용기를 지속해서 불어넣어 준 것은 다름 아닌 영어 유튜브 영상들이었다. 유튜브에 '영어 회화'를 검색하면 유학을 가지 않고도 자신만의 공부법으로 원어민 수준까지 회화 실력을 끌어올린 유튜버들이 참 많다. 나는 지금껏 영어 공부를 해오면서 실력이 빨리 늘지 않는 것 같아 포기하고 싶을 때가 정말 많았다. 그럴 때마다 영어 채널 유튜버들의 이야기를 듣는 것은 나에게 큰 자극이 되었다. 유튜브 댓글 창을 보니 나 외에도 수많은 사람들이 그들을 롤모델로 삼고 영어 공부에 대한 의지를 불태우고 있었다. 자신의 분야를 열심히 갈고 닦으며 다른 이들에게도 선한 영향력을 끼치는 삶이 참 아름답게 느껴졌다. 그리고 그들을 보며 나도 그러한 삶을 살고 싶다는 생각이 강해졌다. 나는 내 관심 분야를 영어로 정했기에 이 분야에서 나만의 길을 닦아 보려고 한다. 영어 채널을 통해 구독자를 열심히 모으고 이후에는 클래스 강좌를 개설하거나 강연을 다니며 더 많은 이들에게 나의 공부 방법을 전할 것이다.

세 번째로 나는 공동체 안에서 활발히 활동하고 있을 것이다. 나는 자기 계발을 참 좋아하는 사람이다. 퇴근 후에도, 방학 중에도 나는 온전히 쉬는 것을 하지 못하고 항상 무언가를 배우러 다니거나 어떤 분야를 공부했다. 이런 나를 보며 주변 사람들은 그렇게 사는 것이 피곤하지 않냐고, 좀 쉬라고 했지만 나는 그 과정이 너무 즐거웠다. 나는 목표가 생기면 눈이 반짝이고 스스로 발전하고 있다고 느낄 때 살아있음을 느끼는 사람이었다. 그리고 올해 감사하게도 성장 공동체에 들어와 멋진 선생님들 옆에 있으면서 정말 큰 동기부여를 받고 있다. 나보다 앞서 자기 계발을 하시고 각자의 분야에서 꾸준히 과정을 공유해주시는 선생님들을 보면 정말 든든하다. 같은 목표를 가진 사람들이 옆에 있다는 것은 정말 큰 원동력이 되는 것 같다. 여태껏 항상 노력하며 열심히 살아왔지만 가끔은 외롭기도 했는데 선생님들의 이야기들이 '성장하며 살아가는 삶'이 틀리지 않았다 말해주는 것 같아 참 기쁘다. 언젠가 나도 전문 분야를 가지고 나의 이야기를 나누며 다른 누군가에게 힘이 될 수 있기를 바란다.

꿈꾸면 이루어진다고 했다. 나는 이미 그것을 경험했기에 여기 선포한 나의 꿈들이 언젠가 현실이 될 것이라 확신한다. 그날이 오기까지 매 순간 감사하며 기쁘게 나아갈 수 있기를!

아뚜기쌤의 비전 시크릿

영어, 이제는 자신 있는 분야로 만들어 보세요.

혹시 선생님께서도 영어를 잘하고 싶으신가요? 그렇다면 우선 목표를 아주 명확하게 설정해보세요. 영어 공부를 하는 이유가 단순히 '영어를 잘하고 싶어서'라면 공부를 지속하기 어려울 수 있습니다. 저는 영어를 본격적으로 공부하기 전에 언젠가 나만의 노하우를 전하는 사람이 되어야겠다는 목표를 확실히 정하고 시작했습니다. 1년 가까이 영어를 공부해오고 있는 지금, 중간중간 수많은 슬럼프가 있었지만 아예 놓아버리지 않았던 이유는 목표를 선명히 그렸기 때문이었습니다.

미라클모닝을 실천하세요. 저는 매일 아침 미라클모닝을 하며 출근하기 전 1시간은 항상 영어 공부를 합니다. 아침부터 영어를 공부하고 출근하면 시간을 버는 느낌이 들기도 하고 공부량도 많아지니 일석이조랍니다. 아침에 일단 무언가를 성취하는 경험을 한번 해보시면 그 매력에 금방 빠져들게 되실 거예요.

다른 사람들과 함께 공부하세요. 저는 혼자 있는 시간을 참 좋아하는 사람이지만 영어 공부는 무조건 다른 사람들과 함께 한답니다. 영어를 잘하고 싶어 하는 사람들이 생각보다 주변에 많습니다. 어떤 모임이든 좋으니 모임에 참여해서 사람들과 즐겁게 소통하며 배워보세요.

인생 책 이지성 - 「**꿈꾸는 다락방**」

꿈을 이루기 위해서는 그 꿈을 먼저 선명히 그릴 줄 알아야 합니다. 책을 읽고 난 후 저는 목표가 생길 때마다 항상 그 꿈을 이미 이룬 것처럼 상상하고 행동하는 습관을 갖게 되었습니다.

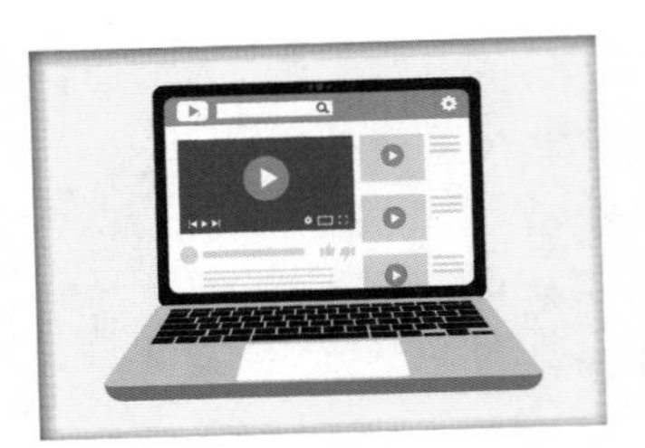

영어 유튜브 개설

단기 유학

개인저서 2권

유튜브 출연

영어 강연

11

오늘도 확실히 행복한 하루

임수현 초등교사, 그림책을 사랑하며 소확행을 찾기 위해 노력하는 교사

어느 3월의 월요일 아침 눈이 떠지자 심장이 두근거렸다. 또 학교에 가야 한다는 생각에 몸이 무거워 침대에서 한 발짝도 나갈 수 없었다. 어렸을 적 가장 좋아했던 곳, 그래서 평생직장으로 삼고자 결정했던 이곳이 언제든지 탈출하고 싶은 장소가 되어 있었다.

그날 아침 나는 평소보다 학교에 늦게 갔다. 마음속으로 겨우 삼킨 불안함이 드러날까 봐 마스크는 눈 밑까지 바짝 올려 썼다. 머릿속에는 '나는 왜 교사가 되었을까?'라는 원망만이 뭉게뭉게 떠다닐 뿐이었다.

교대에 입학할 무렵 나는 수업과 학급 경영으로 여러 후배에게 존경받는 멋진 선배 교사가 되고 싶다고 생각했다. 하지만 현실은 처음 들어보는 업무와 학부모 민원, 천방지축 아이들에게 시달리며 하루하루를 허덕일 뿐이었다. 주변 동기들은 적응도 빠르고 일머리도 좋으며 수업, 학급 경영까지 다 잘하는 만능일꾼들이었다. 허덕이는 병아리는 나밖에 없는 것 같았다. 주변과 매번 비교하다 보니 마음속 고민과 생각이 좀처럼 줄지 않았고 일에 집중하는 것이 어려워 업무 실수가 잦아졌다.

집으로 돌아와 답답한 마음으로 유튜브를 뒤적거렸다. '실수하지 않는 법', '마음을 다스리는 법' 등을 검색하면서 나와 같은 사람들이 정말

많다는 것을 느꼈다. 누구보다 잘 해내고 싶었던 마음들이 상처를 입고 마음 구석에서 웅크리고 있었다. 이렇게 실수는 불안함을 키워 내가 무엇을 보고 해내더라도 아무것도 느낄 수 없게 만들었다.

그런 나에게 한 그림책이 말을 건넸다. '내 실패 상자에 실패가 하나 늘었어. 아니, 도전이 하나 늘었지!' 「실패 가족」(신순재, 2023)의 한 마디가 그간 나의 실패를 되돌아보게 했다. 내가 했던 실수들은 지금의 나를 만들었다. 내가 두려워했던 실패들은 용기를 내 도전했기에 얻을 수 있었던 성과였다.

그렇게 생긴 나의 습관은 '하루에 한 번씩 블로그에 글쓰기'였다. 내 생각들을 긍정적으로 풀어내는 연습이었다. 다른 선생님과 나를 비교하기보다 '내가 좋아하는 책, 나의 수업 기록, 나의 고민'을 공유하며 나만의 블로그가 만들어지는 모습이 참 좋았다. 이웃들의 하트와 따뜻한 댓글은 내 마음을 춤추게 했고 점점 쌓이는 글들을 보며 뿌듯한 마음도 생겼다. 덕분에 목표를 정해 꾸준히 실천하는 과정의 즐거움을 깨달았다.

기록한 것을 되돌아보며 힘들 때마다 꾸준히 노력했던 내 모습도 발견할 수 있었다. 그중 가장 뿌듯했던 도전은 한자자격증이다. 한자로 된 비석을 멋지게 해석하고 싶다는 마음으로 한자를 공부하기 시작했다. 아침 6시에 일어나 조금씩 단어와 사자성어를 외우고 퇴근하면 외운 한자를 복습하며 시간을 보냈다. 그렇게 한국어문회 3급과 2급 자격증을 따게 되었고 아이들에게 직접 비석의 글귀를 읽어 줄 때는 성취감에 마음이 들떴다. 나의 하루가 목표들로부터 채워지면서 내가 얻은 성취감과 즐거움이 바로 '**소소하지만 확실한 행복이 아닐까?**'라는 생각이 들었다.

나의 실패 상자에 도전을 쌓으며 이렇게 한 걸음씩 더 나은 나를 향해 발을 내딛었다. 자책과 불안을 적립하는 대신 스스로 만족하는 삶을 살기 위해 비전보드를 만들었고 꾸준히 실천하고 있다.

내가 원하는 가치 있는 다섯 가지 삶이다.

- 균형 있는 삶- 가정과 직장, 취미생활 중 무엇 하나 놓치고 싶지 않다.
- 도전하는 삶- 내가 좋아하고 잘하는 것들을 개발하고 싶다.
- 체험하는 삶- 집에서 나가 여러 사람을 만나며 색다른 것들을 체험하고 싶다.
- 긍정적인 삶- 소소하지만 확실한 행복들을 찾고 싶다.
- 나누는 삶- 주변 사람들에게 내가 가진 것들을 나누는 따뜻한 사람이 되고 싶다.

내가 살고 싶은 다섯 가지 삶을 적어보고 난 뒤 이를 구체적으로 실천할 방법들을 적어보았다.

- 균형 있는 삶- 매일 정리 인증하기, 블로그 교단 일기 쓰기, 영어 회화 10분 공부 및 필사
- 도전하는 삶- 자·경·노 모임 참여, 저자 되기 프로젝트 도전, 공부하고 싶은 분야의 연수 꾸준히 듣기(그림책 수업 등), 열심히 하는 사람들 틈에 나를 밀어 넣어보기
- 체험하는 삶- 배구 모임 참여 도전, 여행을 두려워하지 않기, 다양한 분야 독서(1년 50권 이상), 자격증 도전(한자, 컴퓨터 등)
- 긍정적인 삶- 명상하기, 필사하기, 스트레스는 바로 해소하기, 하루에 운동 10분씩 하기
- 나누는 삶- 하루에 1번씩 주변 사람 돕기, 따뜻한 말 건네기, 고마움 표현하기, 사람들 마음을 다독이는 책 쓰기

나의 현재 목표는 '위로가 되는 책'을 쓰는 것이다. 나와 같은 고민을 한 사람들에게 힘이 되는 책을 쓰고 싶다는 마음으로 이번 프로젝트에 참여했다. 예전의 나라면 파워 'I'형인 내가 작가에 도전하는 지금의 모습을 상상도 못 했을 것이다. 애초에 새로운 사람을 만나 여러 도전을 해 보고 싶다는 용기를 갖지 않았을 것이다. 그러나 지금의 나는 전국 계시는 새로운 선생님들과 이 프로젝트에 도전했다. 또 정리 모임인 정오의 희망, 빨간 머리 앤 영어 필사 100일 도전 모임 등을 참석하며 스스로를 개발하고 새로운 목표들을 세워나가고 있다. 이렇듯 비전 보드가 나의 삶에 조금씩 물들어 나의 '걱정 주머니'를 줄여주고 나로서 확실하게 행복한 하루를 보내는 방법을 알려주었다.

마지막으로 나에게 힘이 되어 주었던 시를 함께 공유하고 싶다.

일어나야 할 모든 일은 일어날 것이고
그 일로부터 우리를 지켜주는 사람은 아무도 없다.
흐르는 물 위에 가만히 몸을 맡겨 보라.
그리고 아침에는 빵 대신 시를 먹어라.
완벽주의자가 되려 하지 말고
경험주의자가 돼라.

-「초보자에게 주는 조언」, 엘렌 코트

3월에 느낀 나의 좌절감이 지금 컴퓨터 앞에 앉아 누군가를 위해 이 글을 쓰게 만든 것처럼 오늘의 실패는 언젠가 나의 자양분이 된다. 뭐든지 잘하고 싶다가도 쉽게 지치기도 하고, 웃고 있지만 울고 싶은 날들이 또 다가오겠지만, 그럴 때마다 완벽하게 해낸다는 다짐이 아닌 경험해본다는 마음을 갖고 싶다. 잠시 쉬어가고 싶은 날에는 멈춰서 푹 쉬고 앉았던 엉덩이를 한 번 털고 힘차게 다시 일어서 보자. 도전하는 과정 그 끝에는 더욱 성장한 여러분이 있을 것이라 믿는다.

은방울 샘의 비전 시크릿

나만의 블로그를 만들어 보세요!

나만의 것이 있다는 것은 나의 비밀 무기가 있다는 것과 같습니다. 그래서 저는 블로그 쓰기를 추천합니다. 나의 글들이 쌓여가는 블로그를 본다면 '성취감'이라는 소·확·행이 함께 쌓입니다. 블로그에 글을 쓸 때는 '나의 꿈', '내가 좋아하는 것' 등 나에 대해 써보기 바랍니다. "아침에 꿈을 적고 저녁에는 과거를 적어라"(거인의 노트, 김익한) 라는 말처럼 아침에는 과거에 대한 자책보다 나의 목표를 기록하면 더 의미 있는 하루를 보낼 수 있습니다. 나의 하루가 좋아하는 것과 감사한 것들로 가득 채워질 때 나로서 즐거운 일들이 무엇이 있는지 잘 찾을 수 있었습니다.

인생 책 김익한 -「**거인의 노트**」

삶을 바꾸는 힘을 알게 해준 책입니다. 저는 힘든 일이 있을 때 짧은 메모를 적어봅니다. '내가 느낀 기분', '그 기분을 느낀 이유', '내가 할 수 있는 합리적인 생각'을 적고 생각합니다. 그러면 복잡한 머릿속이 한결 가벼워진다는 느낌이 듭니다. 마음을 다스리고 싶을 때 추천합니다.

균형

정리 인증, 블로그 교단 일기
영어 회화 10분, 필사 도전

도전

자경노, 다양한 프로젝트
도전, 연수 꾸준히 듣기
(티처빌, 아이스크림)

VISION BOARD

나눔

따뜻한 말, 고마움 표현
위로하는 책 쓰기(에세이, 시집)

긍정

명상, 필사, 스트레스
해소, 하루에 운동 10분

체험

운동 모임, 해외&국내 여행
독서(연50권), 자격증

12

멀리 가려면 함께 가세요

이지혜 보건교사. 뒤따라오는 사람을 위해 눈길에 발자국을 내는 사람.
혼자 빨리 가는 것보다 함께 멀리 가는 것을 원하는 사람

2012년 2월, 병원에서 일하면서 틈틈이 강원도교육청 홈페이지를 확인하고 있었다. 내시경실에서 함께 일하던 교수님과 간호사들이 "결과 나왔어?", "합격했어?"5분에 한 번씩 물어보신다. 최종합격자 발표 결과를 나보다 더 궁금해하는 것처럼 느껴졌다. 합격자 발표 공고 시간인 약속의 오전 10시가 지났다. '지금 인터넷 사이트에 들어가 봐야 트래픽이 걸려서 어차피 못 볼 거야. 그러면 나는 더 초조해지겠지. 차라리 한참 이따가 들어가 보자.'라는 생각으로 마음을 비우고, 내시경 검사를 받는 환자에게 집중했다. 장장 60여 분에 걸친 대장 내시경 검사가 끝난 후 다음 환자가 들어오기까지 잠깐의 시간이 생겼다. 혹시나 최종 탈락이면 어쩌나 하는 불안감이 마음 한 켠에 자리 잡고 있었지만, 빨리 확인해 보라는 교수님의 재촉에 더 이상 미룰 수는 없어서 다시 컴퓨터 앞에 앉았다.

두근두근. 심장 소리가 옆에 있는 간호사 귀에까지 들릴 것 같았다. 떨리는 마음을 부여잡고, 최종합격자 공지를 클릭했다. 결과는 최종 합격이었다. 내시경실 교수님과 함께 일하는 간호사 선생님, 간호조무사님

들의 무한한 축하를 받았다. 그날은 아무리 시간이 지나도 잊을 수 없을 것 같다. 나는 임용 전 연수가 시작되는 전날까지 내시경실에서 정상 근무를 하고, 병원 식구들 모두에게 축하와 격려를 받으며 기쁜 마음으로 사직서를 썼다.

보건교사가 되겠다고 마음을 먹고 병원 생활을 하면서 세 번의 시험 끝에 교직에 들어왔다. 부푼 마음을 안고 강원도 인제교육지원청에 순회 보건교사로 첫 발령을 받았다. 오전에는 보건교사가 배치되지 않은 초·중·고 12개 학교를 학교 일정에 따라 순회하면서 보건교육을 하고, 오후에는 청으로 복귀하여 보건교육과 관련된 행정업무를 했다. 강원도에서 즐겁게 교직 생활을 했지만, 본가가 있는 서울을 오가며 생활하기가 쉽지 않았다. 결국 강원도에서의 보건교사 생활을 4년 만에 정리하고 재임용을 통해 집이 있는 서울로 돌아왔다.

그리고 다시 9년이 지났다.

학교생활을 하면서 보건교사로서 느낀 것은 내가 할 수 있는 것이 매우 적다는 것이었다. 심지어 보건교사에게 기대하는 것도 별로 없다고 느껴질 때도 있었다. 의료인이자 교사라는 정체성에 자부심을 가지고 학교에 왔지만, 내가 생각하는 보건교사와 타인이 생각하는 보건교사는 매우 다른 것 같았다. 나는 그다지 중요한 사람이 아닌 것처럼 느껴졌고, 심지어 보건교사를 바라보는 언론이나 외부의 시선은 그다지 호의적이지 않았다. 이곳에서 내가 더이상 할 수 있는 게 없다고 느껴졌다.

교직에서 비전을 찾을 수 없다는 생각이 들자, 보건교사가 되기 위해 노력했던 시간이 허무하게 느껴졌다. 마치 「꽃들에게 희망을」에 나오는 애벌레가 된 것 같았다. (병원과 비교했을 때) 급여도 적고, 명예도 없(는 것 같)고. 교직사회 내부에서 비교과 교사는 이도 저도 아닌 존재처럼 여겨졌다.

그래도 여기서 멈출 수는 없었다. 허무주의에 빠져서 인생을 허투루 보내기에는 해맑은 웃음으로 나를 바라보는 학생들이 너무 사랑스러웠다. 보건실 바깥으로 보이는 하늘과 구름도 너무 예뻤다. 보건실 창문으로 들어오는 따듯한 햇살이 차갑게 얼어붙었던 내 마음을 녹이고 있었다.

마음을 다잡고 나의 열정과 에너지를 쏟을만한 곳을 찾기로 했다. 밑 빠진 독에 물 붓는 느낌 말고, 물을 부으면 붓는 대로 채워지는, 만족감과 성취감을 줄 수 있는 그런 것이 필요했다. 내가 할 수 있는 일을 하자. 나 자신을 긍정적인 에너지로 채우기 시작하자. 긍정적인 에너지로 가득 찬 선생님들을 만나기 시작했다.

보건선생님은 물론이고 초등 선생님, 중등 선생님들이 모여 관심 있는 주제에 대해 함께 공부하고 연구하다 보니 스스로 성장하는 느낌에 엄청난 자부심이 꿈틀거리기 시작했다. 이제 막 교직에 들어온 신규 선생님들이나 저경력 보건 교사들에게 '함께하는 기쁨과 연대의 힘'을 알려주고 싶다.

지금은 자기경영노트, 보아웨이, XR Teachers 등의 모임에서 서로 연대하고 성장하기 위해 모인 선생님들과 함께하고 있다. 조금 늦어도 서로 격려하고 지지하기 때문에 힘들지 않다. 방송대에 편입하여 공부하면서 학사학위도 한 개 더 만들고, 대학원에 진학해서 역량을 더 높이기 위해 공부도 하고 있다. 좋은 에너지가 생기니 학교 업무도 더 즐거워졌다.

그러면서 어느덧 보직교사(생활안전부장)를 5년째 맡고 있다. 비교과 교사의 역할을 확장한다는 의미를 부여하며, 학교에 단 한 명뿐인 내가 보건교사를 대표한다는 마음으로 맡은 일에 충실히 임하고 있다.

"보건 선생님이 어떻게 부장을 해요?"

보직을 맡고 있다는 것을 알게 된 선생님들이 가장 많이 했던 말이다. 보건교사가 보직을 맡는다는 것이 생경하게 느껴질 수도 있지만, 그렇게 여겨졌던 관행을 하나씩 깨뜨리면서 보건교사의 입지를 다져가고 싶다.

"선생님, 학교에서 부장을 맡아달라고 하는데요. 어때요? 할 만한가요? 많이 힘들지 않아요?"

최근에는 보건 교사에게 보직을 요청하는 학교가 많아지고 있는 것 같다. 나에게 이렇게 물어오는 선후배 보건 교사들이 많아지는 것을 보니 말이다. 임용 후 힘들어하고 좌절하는 것이 아니라, 학교 안에서 비전을 발견하고 자신의 재능과 역량을 마음껏 펼치는 보건 선생님이 점점 많아지기를 응원한다.

어느덧 이제는 중견 보건교사로서 후배 보건 선생님들보다 조금 앞서서 걷고 있는 내게 다산의 「마지막 습관」에 나온 말이 와닿았다.

"내가 남긴 발자국이 뒷사람의 이정표가 되니 눈길에서는 함부로 걷지 마라."

나의 뒤를 따라오는 선생님들께 믿음직한 안내자가 될 수 있도록 오늘도 나는 선생님들과 함께 꿈을 꾸며 간다.

늘해랑쌤의 비전 시크릿

일단 시작하세요. Just do it.

원하는 일이 있다면 너무 깊게 고민하지 말고 일단 시작해보세요. 그래야 나의 적성도 소질도 알 수 있어요. 해봤는데 아니다 싶으면 그만두면 되니까요. 그 과정에서 반드시 배움이 있었을 거예요.

잘하고 싶은데 안 된다면 낙심하지 말고 몸을 움직여 한 번 더 해보세요. 그럼 반드시 잘 될 거예요. 아주대 심리학과 김경일 교수님께서 말씀하신 것처럼 '어찌어찌', '꾸역꾸역' 해내는 사람은 '싫지만 어쩔 수 없이 하는 사람'이 아니라, '어떻게든 해내고야 마는 강한 사람'입니다.

제가 좋아하는 부아 C 작가님의 말처럼, '일단 해보지 뭐'+'어떻게든 되겠지'의 조합이면 어떤 일이든 쉽게 시작할 수 있고, '시도는 했잖아'+'다음도 있어'의 조합이면 언제든 다시 일어설 수 있어요.

인생 책 말콤 글래드웰 - 「**아웃라이어(OUTLIERS)**」

'아웃라이어'는 보통 사람의 범위를 넘어서는 비범한 사람, 즉 상위 1% 천재들에 관한 이야기입니다. 이 책은 그들의 '성공과 부의 비밀'에 대해 이야기하고 있습니다.

한 분야의 전문가 되기

영어에 자신감 가질 만큼 성장하기

VISION
BOARD

배움을 나누고 사랑을 실천하기

함께 성장하기

13

언제나 성장 중

윤희정 독서와 글쓰기를 통한 성공적 자기 경영으로 자신과 가족과 학교와 지역사회를 풍요롭게 만드는 고등학교 국어교사, EBSi 퍼펙트 체크업 국어 강사 및 방송 감수

제1회 임용고사를 응시하고 교사를 33년 했으니 참 오래도 했다. 초임 학교에 갔던 첫날 교무실의 내 책상을 안내받고 너무 설레고 믿기지 않아서 책상 유리에 뺨을 대고 한동안 엎드려 있었던 기억이 난다.

그 후 펼쳐진 교직 생활은 만만하지는 않았다. 나의 산후휴가는 2달이었고 학생 수는 40명이 넘었지만 내 선배 선생님들은 학생 수 70여 명에 산후 열흘 만에 학교에 나왔어야 하는 경우도 있었다 한다. 하긴 나도 국민학교 2학년 때 우리 반 학생이 100명이었다. 그것도 오전 오후반이 있는 학교에. 당시 담임선생님은 마지막 전입생의 책상을 놓을 곳이 없어서 뒷문을 열고 책상을 반만 들여놓으시곤 우리에게 정말 미안하다고 하셨다.

"선생님은 우리 반 학생들을 다 알지 못해요."

당시 그 말씀이 지금껏 잊히지 않는 것을 보면 2학년인 나에겐 충격이었나보다. 선생님은 뭐든지 다 아시는 분인데 모르는 것이 있다는 게 놀라웠다. 지금 생각해 보면 담임선생님은 마음이 얼마나 난감하셨을지, 9살짜리 100명을 데리고 얼마나 다사다난한 학교생활을 하셨을지 짠하기만 하다. 내 고등학교 시절, 영어 선생님의 시수는 일주일에 40시간이

었다. 살인적인 시간이라고 학생들에게 푸념하신 기억이 난다.

그 후 생활기록부 작성이 만년필에서 컴퓨터로 바뀌고 나이스로 관리되고 이제는 수업에서 인공지능을 어떻게 활용할 것이냐를 고민하는 시대를 살아가고 있으니 하루하루 지나온 그 과정에 정말 많은 변화가 있었음이 놀랍다.

환경은 늘 만족스럽지 못했고 우리는 늘 더 나은 삶을 위해 고군분투했다. 초임 시절 나는 선배 선생님들께 배우며 성장했고 '나도 고경력이 되면 저렇게 능숙해지겠지'라는 기대를 가지고 살아왔는데 막상 내가 선배 교사가 되었을 땐 또 젊은 선생님들께 배우며 성장하고 있다. 컴퓨터 활용, 에듀테크도 그렇고 젊은이들의 트렌드에 대해서도 그렇다. 선배 교사가 되면 가르쳐 줄 것이 많아질 줄 알았는데 똑부러지게 자기 삶을 개척해 가는 후배 선생님들을 보며 늘 나는 배우는 입장이 된다. 하지만 그렇게 성장할 수 있는 기회를 가질 수 있다는 것에 늘 감사하고 즐겁다.

서울에서 경기도로 출퇴근하느라 통근 시간이 길었던 나의 교직 생활은 육아의 대부분을 맡아야 하는 상황이다 보니 시간은 늘 부족하고 정신없이 흘러갔다. 늘 최선을 다한다고 했지만 부족함이 많아 학교에서도 집에서도 아이들에게 미안함이 크다. 종종걸음으로 늘 바쁘게 살아오다가 이제 아들들도 크고 지친 나를 돌아볼 때라 생각되어서 선생님들의 모임인 자기경영노트에 합류해 자기 경영에 발을 디뎠다. 정신없이 쫓기듯 살아온 나와 달리 자신의 꿈을 위해 열심히 사는 선생님들의 모습은 나에게 훌륭한 자극제가 된다. 자기경영노트의 활동으로 교사의 비전이란 주제로 글을 쓰려고 하니 자극제를 넘어 여러 가지로 당황스럽다. 곧 60대가 될 것이라고 생각하니 그것부터도 너무나 낯설다. 퇴직이 얼마 남지 않은 상황에서 비전이라니 그게 무슨 소용이 될까 싶었지만 어느 상황이든 그 상황에 맞는 비전은 있기 마련이라고 마음을 다잡았다. 그러고 보니 나는 비전도 없이 살고 있었다는 생각에 오히려 아차 싶었다. 눈앞에 쌓인 긴급하고 중요한 일을 처리하느라 삶의 목표나 지향점을 놓고 있었고 오랫동안 그런 상황이 불편하지만 익숙해져 버린 나를 발견했다. 그것이 나를 지치게 하고 있었다. 너무 오래 몸에 익어버린 것은 떨쳐버리기가 쉽지 않은 법. 처리할 일보다 내가 지향해야 할 바를 찾고 다듬는 일. 그것이 내가 먼저 해야 할 일이었다. 그리고 그보다 더 앞서 해야 할 일은 나를 세심히 관찰하고 내가 좋아하고 잘하는 일을 알아차리는 것이다. 나에게 행복을 주는 가장 중요한 가치는 무엇일까?

우선 화목한 가족 만들기와 선한 영향력을 가진 사람 되기이다. 돌이켜 보면 시간이 없다는 이유로, 강하게 키우고 싶다는 욕심에 아들들의 내면을 살피며 키우지 못한 것이 아쉽다. 아이들이 해야 하는 것을 일깨워주는 말하기에서 벗어나 하고 싶은 것, 행복한 것을 묻고 정성껏 듣는 일부터 해야 할 것 같다. 세상에 내딛는 발걸음에 힘을 실어주는 부모 되기부터 실천해야 할 것 같다. 이에서 더 나아가 가정과 마을 공동체에 끼치고 건강한 아이들과 마을을 만드는 일을 할 수 있다면 얼마나 행복할까. 나이가 들어 할머니가 돼서도 그런 온기를 나눌 수 있다면 만족한 삶이 될 수 있을 것 같다.

그럼 내가 할 수 있거나 잘 할 수 있는 일은? 독서와 감상, 의미가 담긴 사진 찍기, 여행하고 글 쓰기, 나무 공예품 만들기.

내가 하고 싶은 일은? 내가 몸과 마음이 힘들었을 때 조금이라도 나의 경험과 비슷한 이야기를 읽게 될 때 공감과 위로가 크게 되는 경험을 했다. 하지만 나와 아주 비슷한 경험을 한 이야기를 찾기 힘들었다. 나의 이야기를 써서 아픔을 겪는 사람들과 학생들에게 위로를 줄 수 있으면 좋겠다.

그럼 내가 해야 할 일은? 우선, 운동이다. 마음과 몸의 건강을 유지하기 위해 3년 전 시작한 태권도를 근육운동과 함께 계속해야겠다. 요즈음은 뜸하게 하고 있지만 50대에 시작하는 태권도는 좋은 글쓰기 재료도 될 것 같다. 이렇게 글쓰기로 삶의 의미를 가꾸어 가면서 좀 더 전문성을 키우기 위해 글쓰기 교육에 대한 연구와 자료 모으기도 한다면 이 또한 훌륭한 자기 성장의 밑거름이 될 수 있지 않을까.

몇 년 전 나의 할머니께서 돌아가셨다. 104세셨다. 당신께서 나이 70인 지인을 너무 젊은 나이라 진심으로 말씀하시던 생각이 난다. 허둥지둥 살아왔던 지난 시간이었지만 아직도 나에게는 기회가 있음에 감사하고 인생 제2막에서는 익숙하고 제한된 시각에서 벗어나 내 삶에 주어진 가치를 발견하고 가꾸며 살아가고 싶다. 지금부터라도 무엇이 내 삶에 행복과 의미를 주는지 유심히 살피고자 한다. 그래야 생활 속에서 꿈을 향한 작지만 큰 발자국을 내디디며 내 삶을 가꿀 수 있다.

자기경영노트에서 처음 비전 보드를 만들어 봤을 때 내가 원하는 것과 내가 하고 있는 것 사이에 큰 차이가 있음을 알게 되었다. 두 마리의 토끼를 힘들게 다 쫓고 있는 나 자신을 발견했다. 이제는 현실적, 체력적 한계도 수용해 가며 우선순위를 두고 삶을 꾸려가야겠다. 비전을 실현해 가며 매 단계 새로운 비전보드를 꾸며 내 마음이 원하는 것을 상기시키면 내 삶이 나를 그곳으로 인도할 것으로 믿는다. 앞으로는 또 어떤 세상의 변화를 맞이하게 될지 항상 성장 중인 내 삶이 기대된다.

신나는 새벽의 비전 시크릿

남의 감정을 흡수하는 민감한 성향인가요? 그렇다면 나에게 맞는 단련 방법을 찾아봐요.

대부분의 사람들도 생활의 균형을 잡기 어렵지만 민감한 사람들은 균형에 더 신경을 써야 해요. 양심적이라서 선택을 하고 우선순위를 정할 때 자신에게 필요한 일은 후 순위로 미루는 일이 많고 이기적인 것 같아 자기만을 위한 성장의 기회와 시간을 많이 갖지 못할 수 있어요. 사실 민감한 사람에게 그런 것들이 더 필요하고 적절히 휴식하고 즐겨야 생활의 균형을 잡지요. 세상은 우리의 민감함이 필요합니다. 민감함의 원석을 다듬어서 보석으로 만들기 위해서는 잠과 휴식에 너그러워지세요. 너무 완벽함을 추구하지 않는지 돌아보고 몸의 균형이 깨진 신호가 오는 것에 재빨리 반응하고 조치를 취해서 나 자신을 아껴주세요. 긴장하고 있거나 아침에 일어나기 힘들 때면 간단히 도리도리를 하여 목과 어깨의 긴장을 풀어 주세요. 저의 경우 기상 시간을 조금 더 앞당겨 밖에 나가 아침 기운을 온몸에 받으며 간단한 맨손 운동과 걷기를 하면 체온이 올라가서 그런지 하루를 내가 통제하고 있다는 자신감이 더 생겨요. 그리고 일주일에 한두 번 태권도장을 갑니다. 온몸으로 주먹 지르기를 하거나 다리를 들어 올려 발차기를 할 때면 내 몸의 생동감과 나 자신을 지킬 수 있다는 자기 암시가 마음을 편하게 해주었어요. 나의 평안한 몸과 마음이 사랑하는 가족과 학생을 위한 제일 좋은 선물이라 생각해요. 나를 잘 관찰해서 자신에게 맞는 단련 방법을 꼭 찾아보시기 바라요.

인생 책 주디스 올로프 - 「**나는 초민감자입니다**」

나의 민감한 특성이 고치고 극복해야 할 대상이 아니고 피워내야 할 것임을 알게 한 책입니다. 나의 자질을 귀한 것으로 여기게 되었습니다.

건강한 육체

화목한 가족

VISION BOARD

의미있는 일과 경제적 자유

건강한 정신과 마음

VISION BOARD

꽃밭샘 고가연

황사장 황재흠

포롱쌤 유현미

아뚜기 김아륜

은방울쌤 임수현

내내샘 나지연

아픗 손혜정

늘해랑 이지혜

엘라맘 장지혜

신나는새벽 윤회정

doll76 윤미경

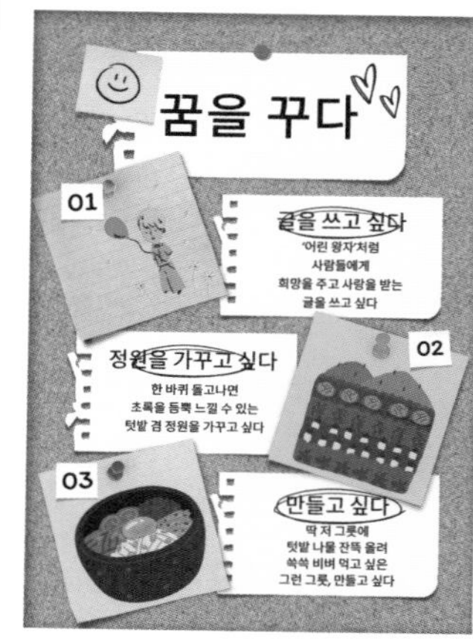

꼼지락 임진옥

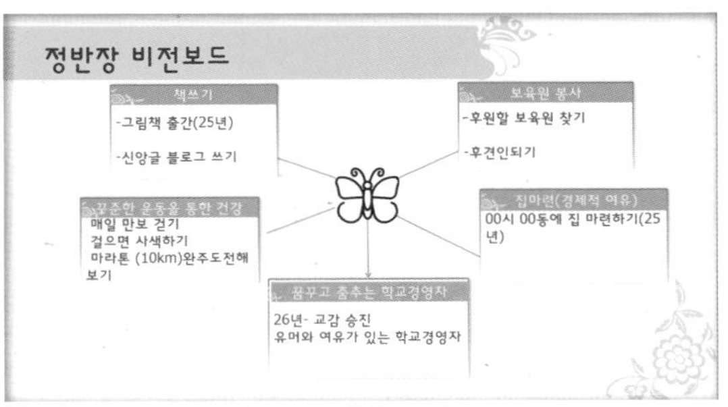

정반장 정무경

Future Teacher

3교시

실천

오늘의 점이 모여 내일의 선이 된다

1

21세기 칸트는 이렇게 말했다

김민혜 초등교사, 글과 그림으로 감동을 전하는 자유인

서른이 되어 초 장수생으로 입학한 교대생 시절, 동기들이 농담 반 진담 반으로 별명을 붙여줬다. 일명 '칸트'. 시도 때도 없이 생각에 잠기거나 진지해진 탓이다. 그땐 웃고 넘겼을 뿐 별 감흥은 없었다. 그러다 우연히 칸트가 말한 '행복한 삶의 세 가지 원칙'을 알게 되었다. 첫째, 일에 몰두할 것. 둘째, 사랑할 것. 셋째, 꿈을 가질 것. 이 중에서도 어떤 일에 몰두할 것인지에 대한 그의 철학이 큰 울림을 주었다. 여기서 말하는 '일'이란, 내가 하는 일을 어제보다 더 나은 방법으로 새롭게 시도하는 것을 의미한다. 조금씩 성장하는 하루가 쌓이면서 탁월함의 경지에 이르게 된다. 일상의 평범한 일들을 평범하지 않게 해내는 것이 칸트가 말한 행복한 삶의 비결이다.

21세기 초등교사로 다시 태어난 칸트에게 물어본다. 앞으로 5년 동안 행복을 위해 어떤 일을 할 것인가?

"급변하는 사회 속에서 변치 말아야 할 '인간다움'을 기르는 일에 몰두하고 싶다. 인공지능은 무한대의 데이터를 축적해 응용하는 학습 능력이 뛰어나다. 하지만 그 과정 자체를 즐기거나 스스로 되돌아보진 않는

다. 반면 학습을 즐기고, 스스로 질문을 던지며, 자신의 학습 과정을 되돌아볼 수 있는 인간의 특성은 인공지능과 차별화된 인간다움이라 할 수 있다. 따라서 아이들에게 이를 길러주기 위한 다양한 시도를 해볼 것이다.

먼저 놀이와 피드백을 교육 활동에 적극적으로 활용하고 싶다. 놀이 요소를 넣으면 아이들의 흥미와 집중도가 매우 높아진다. 특히 신체 활동과 연계한 수업 연구에 힘쓸 것이다. 국어, 수학 등 어떤 교과든 신체 활동을 가미했을 때 학습 효과가 높아진다는 연구 결과를 본 적이 있다. 여기서 배움을 한 단계 더 높여주는 방법이 피드백이다. 아이들이 스스로 과정을 되돌아보며 서로의 생각을 주고받음으로써 사고와 감정의 폭을 확장할 수 있다. 교사인 나의 피드백도 중요하다. 나와 아이들의 의견을 모으고 추후 활동에 이를 반영함으로써 보다 나은 교육 환경을 함께 만들어 나갈 수 있다.

교육 활동 설계 및 실행 과정을 기록으로 남기는 것도 중요하다. 노션이나 블로그 등 SNS를 통해 시행착오 데이터를 쌓아 나가는 중이다. 내용을 복기하면서 좋았던 점과 아쉬웠던 점을 생각해 보고, 어제와 다른 새로운 시도를 하게 된다. 그리고 이러한 데이터를 다른 사람들에게 공유한다. 나의 시행착오가 누군가에게 도움이 되고 또 다른 교육 활동의 모티브가 될지도 모른다는 생각은 설렘을 준다. 이는 지속적인 기록과 도전을 이어가게 해주는 원동력이다.

아이들을 위한 온라인 놀이 공간도 만들어주고 싶다. 생각해 둔 플랫폼은 유튜브다. 아이들이 유튜브를 사용하는 시간은 날로 늘어나지만 정작 아이들을 위한 콘텐츠는 부족하다. 그래서 재미와 정보 제공 등을 목적으로 다양한 콘텐츠를 만들어볼 예정이다. 책이나 영화 등 여러 가지 이야기를 재밌게 들려주고, 고민 상담도 해주고, 학교생활에 도움이 될 만한 정보도 영상에 담을 것이다. 세상에 없는 분야는 아니지만 충분하진 않다. 아이들이 안전하게 편히 즐길 수 있는 온라인 공간이 확장되기를 바란다.

한편, 나의 인간다움을 기르는 일에도 몰두하고자 한다. 늦은 나이로 교단에 첫발을 내디디면서 결심했다. 남과 비교하지 말고 오직 나의 행복에 집중하기. 출발이 늦었다는 조바심 대신 옳은 선택을 했다는 용기를 갖게 해준 건 초등교육의 목적이었다. '아이들이 배움 자체에 즐거움을 느끼고 스스로 학습하게 하는 것'. 영어 교사가 영어에 능통하듯이, 배우는 것을 즐기고 끊임없이 성장하는 것을 추구한다면 초등교사로서의 기본 역량은 충분히 갖춘 것이 아닐까?

아이들은 교사로부터 지식보다도 교사, 그 사람 자체를 학습하는 측면이 크다. 이러한 사실이 큰 부담으로 와닿을 때도 있다. 하지만 누구도 완벽하지 않고 나는 시행착오를 통해 성장하는 한 인간일 뿐이다. 아침 일찍 몸을 일으켜 마음을 가다듬고, 꾸준히 운동하고, 목표를 정해 크고 작은 시행착오를 쌓아가는 중이다. 해내면 해내는 대로, 실패하면 실패하는 대로 인간다움을 기르는 일에서 행복을 느낀다. 내가 갈고 닦은 인간다움이 아이들에게도 긍정적인 영향을 미치기를 바란다.

끝으로 행복한 삶을 위해 몇 가지 나의 원칙을 덧붙여본다.

사람을 사랑하는 일에 주저하지 않는다. 가족의 건강을 살피고, 동료들을 먼저 나서서 돕고, 내게 배움을 준 모든 이에게 진심으로 감사를 표한다. 특히 아이들을 존중하기 위해 노력한다. 그들의 순진무구함과 망각은 창조의 원천이다. 낙타도 사자도 아닌 아이의 정신 단계를 지향했던 어느 철학자의 뜻에 깊이 공감한다.

가슴 속엔 언제나 꿈을 간직하며 산다. 나의 말과 행동이 아이들의 마음에 울림을 주고, 나 또한 아이들로부터 순수함과 창조성을 배우며 옹졸한 마음의 벽을 허물게 되는 것. 나아가 우리의 성장이 세상을 밝게 비추는 한 줄기 빛이 되기를 소망한다."

21세기 칸트는 이렇게 말했다. 그러고는 새벽에 떠오른 태양처럼 뜨거운 마음을 안고 학교로 걸어 들어갔다. 5년 뒤 그는 어떤 모습을 하고 있을까? 다시 만날 그날을 기대해 본다.

감자쌤의 비전 시크릿

일상에서 연결고리를 찾아 보세요.

"You can't connect the dots looking forward; you can only connect them looking backwards. So you have to trust that the dots will somehow connect in your future.

우리는 지금 당장 현재의 일을 미래와 연결할 수 없지만, 지난 과거의 일을 현재와 연결할 수는 있다. 그러므로 현재의 노력(the dots)이 미래에 어떻게든 연결될 것이라는 믿음을 가져야 한다."

- 스티브 잡스 연설 내용 중에서

스티브 잡스는 창의성을 강조했습니다. 이는 무에서 유를 창조하기보다는 서로 다른 기존의 것들을 연결함으로써 새로운 것으로 탈바꿈하는 것에 가깝습니다.

저는 삶에서 다방면으로 연결고리를 찾습니다. 특히 교육 활동을 구상할 때 일상의 경험을 많이 끌어옵니다. 저의 성장에 도움을 준 경험은 아이들에게도 효과가 있습니다. 아이들의 반응이 좋으면 또 다른 연결고리를 찾아 나설 힘이 생겨납니다. 이러한 선순환이 제 삶의 원동력입니다.

선생님의 일상 속에서 연결고리를 찾아보세요. 연결고리들이 늘어날수록 삶에 활기가 더해지는 걸 느낄 수 있습니다.

인생 책 김재수(렘군) -「**아웃풋 법칙**」

이제는 '넘버원'이 아닌 '온리원'을 지향하는 시대. 피라미드 경쟁 구도에서 벗어나 평범한 사람이 진가를 발휘하는 방법을 알려주는 책입니다. 제가 지닌 모든 경험을 소중히 여기며 '인풋'보다 중요한 건 '아웃풋'이라는 걸 깨닫게 해주었습니다.

유튜브 놀이터

교육 콘텐츠 개발/강연

3대 200

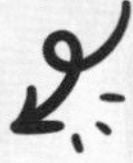

해외파견

SNS에 데이터 쌓아서 책 내기

2

우회로를 선택하시겠습니까?

김동은 초등교사, 스스로를 발견하는 사람, 하고재비

경기 북부 외곽에 살고 있다. 운전은 선택이 아닌 필수였다. 초보자였던 땐 '내가 혼자 운전을 해서 학교까지 사고를 내지 않고 갈 수 있을까?'가 최대 문제였다. 하지만 운전도 기술인지라 익숙해지고 난 후로는 곧바로 다른 문제가 눈앞에 모습을 드러냈다. '나 말고도 경기 북부 외곽에 살고, 운전이 선택이 아닌 필수인 사람'이 상당히 많다는 것. 그리고 새벽 6시 이전에 출발하지 않고서는 언제나 거북이보다 느리게 운전을 해야 하는 구간이 있는데, 이 구간이 얼마나 막히느냐에 따라 출근길이 짧게는 35분에서 길게는 55분이 넘게 걸린다는 것.

그날도 여느 때처럼 운전석에 앉자마자 내비게이션 애플리케이션을 켰다. 화면 맨 오른쪽의 도로 상황을 색깔로 알려주는 막대부터 확인했다. 역시나 그 구간은 이른 아침부터 붉디붉은 빨간색이었다. 깊은 한숨을 내쉬며 시동을 걸고 출발했다. 꽉 막히는 구간에 가까워질수록 앞에 있는 차들이 멈추고 서기를 반복하느라 이쪽저쪽 할 것 없이 브레이크 등의 빨간불이 넘실댔다. 그 광경에 마음은 조급해졌고, 나도 눈치채지 못한 사이에 버릇이 되어 버린 '열 손가락으로 핸들을 따다닥 따다닥 두드리기'가 시작됐다. 그렇게 얼마나 흘렀을까. 내비게이션에 알림 문자가 떴다.

사실 우회로 알림 문자를 본 것이 그날이 처음은 아니었다. 뜨지 않는 날이 더 적었다. 그럼에도 나는 단 한 번도 우회로를 선택해 본 적이 없다. 거기에는 당연히 몇 가지 이유가 있었다. 첫 번째는 우회로는 한 번도 가보지 않은 길이라는 사실. 두 번째는 우회로로 갔는데 기존에 가고 있었던 길이 뚫릴 수도 있다는 가능성. 세 번째는 우회로를 선택해서 단축되는 시간이 기껏해야 5분 정도로 짧다는 사실.

하지만 그날 아침, 이 세 가지 이유로 쌓아 둔 철벽이 무너졌다. 평소보다 길이 더 막혔었는지, 바로 앞에 있었던 차가 내 신경을 긁었었는지, 날씨마저 내 맘 같지 않았었는지는 정확히 기억나지 않는다. 다만, 매일 내비게이션에서 친절하게 길을 안내해 주던 언니(친절하면 다 언니)의 목소리가 그날은 조금 다르게 들렸다.

"**너.도.알.겠.지.만.** 지금 이 길로만 가면, 도착할 때까지 계속 막힐 거야. 그래서 **오.늘.도.** 다른 길을 알려주려고. 근데 알려주기만 하면 넌 또 그냥 지나칠 테니까 **이.유.가.필.요.할.거.야.** 그치? 일단, 이 길에 있는 자동차들의 수보다 내가 알려주는 우회로로 가는 자동차들의 수가 훨씬 적어. 그만큼 덜 막힌다고. 그리고 모르는 길이긴 하지만 그동안 운전 실력이 많이 늘었잖아. 해볼 만하다고 생각해. 마지막으로 기껏해야 5분 정도라고 그랬던가? 5분이면, 학교 가서 칠판 준비(날짜 바꿔쓰기, 아침 활동 바꿔쓰기, 시간표 바꿔 붙이기)를 다 하고도 시간이 남아. 이것만 되어 있어도 아침이 훨씬 여유롭잖아. 자, 이제 선택해. 이 길로 쭉 갈 거야, 아님 우회로로 한 번 가볼래?"

언니는 생각보다 나를 잘 파악하고 있었고, 논리적이었고, 무엇보다 단호했다. 그래서 언니의 말이 끝나기가 무섭게 깜빡이를 켰고 3년 만에 처음으로 방향을 틀었다. 그렇게 나는 우회로로 들어왔고, 당연히 모르는 길이 나왔다. 불안할 줄 알았는데, 믿을만한 언니의 안내만 잘 따라가면 된다고 생각하니 불안하지 않았다. 오히려 새로운 길을 알게 되었다는 사실과 기존 경로보다 5분 일찍 학교에 도착할 수 있다는 사실에 기뻤다.

이후론 언니가 우회로를 알려주기도 전에 내가 먼저 차선을 바꿔두고 기다린다. 그리고 시간이 1분만 단축이 되어도-아니다, 길이 막히지만 않아도- 그렇게 기분이 좋을 수가 없다.

여기에 덤으로, 우회로를 선택한 그날 이후로 알게 된 중요한 사실들이 있다. 첫째, 우회로에도 우회로가 있다는 것. 둘째, 이것도 우회로를 선택해 봐야 알 수 있다는 것. 셋째, 알게 된 우회로의 개수만큼 내가 선택할 수 있는 길이 많아진다는 것. 넷째, 나의 선택에 점점 믿음이 커진다는 것.

비전을 실현하는 방법도 이와 같다고 생각한다. 일단, 비전을 정하고 시각화까지 해냈다면, 그 비전에 닿을 수 있는 방법을 한 가지로만 한정 짓지 말고 다양한 경우의 수를 열어두자. 이때까지 해왔던 비슷비슷한 선택들로 더 이상 바뀌는 것이 없다면 더욱이 다른 길을 선택해 보아야 한다고 생각한다.

비전을 현실로 만나기까지 우리는 얼마나 많은 선택들을 하게 될까. 작고 미미한 선택들도 있을 것이고, 크고 강력한 선택들도 있을 것이다. 더불어 크지만 미미한 선택과 작지만 강력한 선택들도 있을 것이다. 어떤 선택이 되었든 연습은 기본값이다. 연습만큼 실전에 도움을 주는 것은 없으니까. 그렇게 되면, 크거나 강력한 만큼 불안하고 두려워서 선뜻 하지 못했던 선택들도 해낼 수 있지 않을까.

「아이를 위한 하루 한 줄 인문학」에서 김종원 작가는 “갈림길에서 스스로 무언가를 선택할 수 있는 것은 축복이다. 선택은 변화의 시작이며, 이전과는 다른 삶을 살게 된다는 것을 의미하기 때문이다”라고 말했다. 그리고 나는 여기서 말한 ‘이전과는 다른 삶’을 ‘비전을 품게 되는 삶’이자, ‘그 비전을 현재로 끌어당기는 삶’이라고 생각한다. 그러니 이전과는 다른 길들을 이왕이면 많이 선택해 보자. 이 또한 연습이 될 것이고, 이 연습은 또 다른 갈림길에서 우리의 선택을 도울 것이고, 우리는 비전을 말 그대로 눈앞에서 확인할 수 있을 것이다.

메달선생의 비전 시크릿

출근길엔 아무것도 하지 않기

자기계발서만 읽던 때가 있었습니다. 새벽 기상에, 어떻게든 시간을 쪼개서 책을 읽고, 한 줄이라도 써보려고 안간힘을 쓰고, 하루 30분 홈트레이닝하고, 집밥 지어 먹고, 책 읽기 모임과 글쓰기 모임에 들어가서 활동하고, 글쓰기 모임을 또 하나 만들어서 활동하고…(중략)…그러다 번아웃이 왔었습니다. 당연한 결과였습니다. 다들 이렇게 해서 성공과 부를 거머쥐었다고 하니 앞뒤 가리지 않고 냅다 달렸는데, 안타깝게도 저는 '각자 원하는 성공과 부의 기준이 있다는 것'을 몰랐습니다. 당연히 '제가 원하는 성공과 부의 기준'도 몰랐습니다. 이런 무지렁이가 또 있을까 싶지만, 그땐 달리기만 하면 되는 줄 알았고, 이후에 또 한 번의 번아웃을 겪고 나서야 겨우 마음을 고쳐먹었습니다. 새벽 4시 기상 알람부터 껐습니다. 잠을 더 잤고 이전보다 개운하게 일어났습니다. 그리고 출근길엔 아무것도 하지 않습니다. 이전의 저였다면 이때를 틈새 시간으로 적극 활용했을 테지만, 책은 가방 속에 고이 넣어두고 핸드폰은 내비게이션으로만 사용했습니다. 저에게 주는 자극을 최소화하고 오로지 운전만 하기로 했습니다. 매일 아침 핸들을 잡고 사방을 살피면서 운전을 하다가, 잠깐 멈춰 서면 지나가는 사람도 보고 파릇파릇한 잎사귀들도 보고 저 멀리 떠 있는 새하얀 구름도 보았습니다. 그랬더니 의도하지 않았던 일이 벌어졌습니다. 달리기만 할 때는 생각하지 못했던 것들이 머릿속에 떠오르기 시작했습니다. '나는 왜 운전을 좋아하지?', '이 길은 매번 막히는데 왜 그동안 한 번도 다른 길로 가볼 생각을 못했지?', '그래, 오늘 한 번 다른 길로 가보자. 그 길이 더 막히거나 위험하다 판단되면 다시 이 길로 돌아오면 되니까', '아침엔 선선한데 오후에는 많이 더워지겠지? 물통 챙겨왔으니까 물 자주 마시자.', '주말에는 공원에 놀러 가서 햇빛이나 왕창 쬐고 와야겠다.', '인스타에 재밌는 동화책 새로 나왔던데 아이들이랑 읽고 시 지어보면 재밌겠다.'……셀 수 없는 많은 생각들이, 무엇보다 새롭고 기분 좋은 생각들이 저에게 와주었습니다. 이후로 저는 자기계발러답게 출근길 루틴을 챙깁니다. 아무것도 하지 않는 것으로 말이지요.

인생 책 허유선 -「**인생에 한 번은 철학할 것**」

한 사람으로 인생을 살면서 경험만으로는 해소되지 않는 질문들이 많은데, 사실 그 질문들에 대한 답을 찾는 사람만이 제대로 된 자신의 인생을 살 수 있다고 생각합니다. 다행인 것은 이 질문들은 우리가 태어나기도 전부터 존재해 왔고, 그에 대한 답을 찾기 위해 애썼던 사람들의 흔적들과 지혜들이 '철학'이라는 이름으로 남아 있다는 것입니다. 이 책은 인생에서 만난다면 더없이 좋을 질문들에 대한 철학자들의 생각과 작가의 생각을 무겁지 않은 동시에 깊이 있게 전해줌으로써 인생을 더 잘 살아보고 싶은 마음이 들게 만들어 주는 책입니다.

VISION BOARD

현재와 지금, 나와 가족,
아끼는 사람들을 놓치지 않기

작가님하

- 자경노 4기 공저 출간
- 만두결의단 공저 출간
- 1st 개인 저서 출간
- 반 아이들에게 시화문집 선물
- 아들과 동화책 만들기 시작

가족여행

- 2024년 = 치앙마이 한달 살기
- 2025년 = 하와이 한달 살기
- 2026년 = 유럽 한달 살기

선생님들의 비빌 언덕

- 독서교육 연수 & 멘토링 강사
- 학급경영 연수 & 멘토링 강사
- 수업기획 연수 & 멘토링 강사
- 신규교사 & 1정교사 연수 강사

부동산

- 원하는 가격에 월세주기
- 원하는 위치 & 가격에 월세 얻기
- 원하는 가격에 매도하기

CREATOR

- 인스타 팔로워 1천명 (현 5백)
- 유튜브 구독자 1백명 (현 0명)
- [요즘 것들의 사생활] 채널과 협업
- 트루스 그룹과 협업
- 그림책 출판사와 협업

하고재비

- PT 1년 배우기 (현 5개월)
- 배드민턴 1년 배우기 (현 3개월째)
- 보컬 트레이닝 받기
- 아이키님한테 춤 배우기
- 일러스트 배우기
- 영화 <인턴> 대사 끝까지 외우기

3

자주 보이는 것의 위력

곽도경 초등교사, 교사작가, 도와주고 도전하는 쌤

세 살, 네 살 연년생을 키우며 한참 육아에 정신없이 바쁠 때, 그날도 여느 때처럼 버스를 타고 아이들을 만나러 가는 퇴근길이었다. 같은 학교에 근무하던 정년이 다 된 선생님이 우연히 내 옆자리에 앉으셔서 그분과 육아에 관해 오랫동안 이야기를 나눴다. 내가 어린 자녀를 키우고 있다니까 그 선생님께서는 여러 조언을 해 주셨는데 그중에 다음 말이 참으로 인상 깊었다.

"아이들이 어리니까 애들이 자주 볼 수 있게 집 벽에 한글도 붙여놓고, 숫자도 붙여놓고, 구구단도 붙여놔. 그래야 자주 보고 궁금해서 물어보거든."

그 선생님 말씀이 딱 맞았다. 집안 곳곳에 한글, 숫자, 구구단, 한자표가 붙어 있으니 아이들이 호기심을 잔뜩 보였다. 집에 TV가 없어서 하루하루가 심심하다는 딸과는 한글 표를 가지고 글자 찾기 놀이 삼매경에 빠졌다. '우유'도 찾고, '오이'도 찾고, '고구마'도 찾으며 받침이 없는 단어 찾기에 시간 가는지 모르고 놀았다. 딸보다 한 살 어린 아들은 각종 표에 딸보다 더 관심을 보였다. "아빠, 저 한자 마법 알아요. 물 수, 하늘 천, 불화 맞죠."라고 으쓱대며 한자를 종이 위에 그리는데 얼마나 웃기고 신기한지 몰랐다. 게다가 아들은 구구단 표는 기본, 뒷장에 깨알같이

있는 19단 표에 더 관심을 보이고는 "십구일은 십구, 십구 이는 삼십팔, 십구 삼은 오십칠…." 하면서 19단을 외우기 시작했다.

'아하!' 그때 깨달았다. 자주 보이는 것의 어마어마한 위력을. 보이는 것이 실제 현실이 되는 마법을. 자주 보이면 그것들이 아이들의 삶 안으로 깊숙이 스며드는 모습을. 웃긴 건 그때의 벽과 창문에 덕지덕지 붙어 있던 각종 표가 아이들의 한글과 숫자와 한자 공부에 크게 이바지하여 지금도 8살, 9살 아이들에게 자기 전에 숫자 퀴즈는 쭉 이어지고 있다.

아이들 주변의 각종 표처럼 나의 '보물 지도' 역시 나의 삶에 커다란 위력을 끼치고 있다. 「보물 지도」란 책을 읽고 보물 지도를 직접 만들어 실천한 것이 내 삶을 확 변화시켰다. 먼저, 나의 보물 지도를 보면 사진 두 장이 제일 눈에 띄는데 개구쟁이 아들이 꽃을 들고 환하게 웃고 있고, 상큼 발랄 딸이 손가락으로 브이를 하며 수줍은 미소를 보내고 있다. 보물 지도의 진짜 보물들이 웃어주니 힘이 그저 난다. 막 눈을 비비고 일어난 아들딸에게 "우리 딸, 우리 아들 잘 잤어?"라며 다정하게 웃어주며 나의 진짜 보물을 안아준다.

보물 지도 속 아이들 사진 아래에 나의 비전도 나의 삶에 큰 영향을 주고 있다.

도와주고 도전하는 쌤, 도도쌤.

왜 내가 이 세상에 있고 무슨 이유로 사는지 담은 나의 비전이자 필명인데 무엇인가를 할 때, 주춤거리는 나를 만날 때, 나의 비전이 나를 일으킨다. 도움이 되라고. 도전하라고. 그렇게 나의 비전을 바라보며 되뇌며 진짜 내 모습을 찾아가고 있다.

내가 좋아하는 문구인 '해보는 수밖에 길은 없다.'도 빠질 수 없다. 글

실력이 부족해 글을 쓰고 투고할 때마다 번번이 실패해 나 자신이 참으로 나약해지고 무기력해졌었다. 그때 어느 책 속의 이 문구를 보고 보물 지도에 적었다. 이 문구 덕분에 결국 출판 계약으로 이어져 이 문구는 힘들 때마다 나의 소중한 벗이 되고 있다.

그리고 나의 'to be 리스트'도 보물 지도 상단 제일 오른쪽에 당당히 있다.

1. 건강한 사람이 되겠다.
2. 가족과 즐기는 사람이 되겠다.
3. 내 꿈(교사 작가, 여행 작가)을 실천하는 사람이 되겠다.

뭔가를 이루는 사람도 좋지만, 뭔가가 되는 사람이 더 아름답다고 생각하여 어느 책에서 읽고 따라 적었다. 이 세 가지 사람이 되기 위해 아침에 산책하여 건강을 다지고 있고, 가족과 대화하며 놀며 즐기려 하고 있고, 교사 작가와 여행 작가가 되기 위해 새벽에 틈틈이 글을 조금씩 쓰고 있다. 이렇게 'to be 리스트'를 자주 보고 자주 하다 보니 건강한 사람이 되어 가족과 즐기며 내 꿈을 실천하는 사람으로 변해가고 있다.

마지막으로 제일 하고 싶은 나의 꿈 리스트가 보물 지도 왼쪽 위에 크게 자리 잡고 있다.

- 내 이름이 적힌 소중한 책 발간하기
- 제주살이 1년 책 내기
- 우리나라 여행하기(모든 지역 다 가보기 → 구석구석)
- 세계 여행하기(일본, 독일, 스위스, 미국, 캐나다, 여러 섬나라)
- 일 안 하고 돈 벌면서 여행하고 기록하기

• 노래 만들기

• 그림책 베스트셀러 작가 되기

• 마당 있는 집(단층)에서 진돗개 키우고, 동백나무, 귤나무 심어서 살기

…

정말 신기하게도 꿈 리스트를 적은 이후 벌써 두 가지 꿈을 이루었다. 내 이름이 적힌 소중한 책 발간하기는 「초등학교 1학년 학교생활 궁금하시죠?」를 출간하면서 이루었고 그다음 꿈인 제주살이 1년 책 내기도 「제주 사계절 행복 스케치」(2024)란 이름으로 세상에 나왔다. 내 꿈을 보물 지도에 적었기에 자주 봤기에 꼭 이루고 싶어 온 마음과 온 에너지를 2년 정도 내 꿈을 이루는 데 사용했음이 틀림없다. 자주 보는 것의 위력을 다시 한번 더 느낀 셈이다.

자주 보이는 것의 위력은 이처럼 내 보물 지도만 봐도 얼마나 큰지 알 수 있었다. 삶이 그저 단순했다. 적고, 자주 보고, 적은 대로 하면 됐다. 그러면 내가 바뀌었다. 보물 지도가 내 삶의 나침반이 되어주었다. 포기하고 싶을 때 다시 한번 더 나를 일으키고, 삶의 목표를 잃고 방황할 때 내가 어떤 사람이 되고 싶은지 보물 지도가 알려줬다.

아이들이 자주 본 각종 표들이 아이들의 삶 속으로 다가갔듯이, 우리 어른도 자기 삶의 보물 지도 하나 정도는 만들어 자주 보이는 곳에 붙여놓고 자주 보면 어떨까? 그런 각자의 소중한 보물 지도를 자주 보다 보면 언젠가 우리는 원하는 사람이 되고 원하는 꿈을 이룰 수 있지 않을까? 자주 보이는 것의 위력을 아이들과 나를 통해 충분히 실감했기에 '보물 지도 만들기'를 여러분에게 강력히 제안해본다.

도도쌤의 비전 시크릿

보물 지도를 만들어보세요.

나로 태어난 나. 나이지만 나를 아는 게 참으로 힘듭니다. 그 나를 알아가는 역할을 해 주는 게 바로 '보물 지도'입니다. 한 번 작성해보세요. 진짜 내 모습을 알아차리게 될 겁니다. 내가 진짜 하고 싶은 일은 무엇인지, 내가 진짜 좋아하는 것들은 무엇인지 알게 될 겁니다. 그것들을 아는 것만으로 기분 좋은데 실천하게 되면 얼마나 더 기쁜지 모른답니다. 나를 알아가면서 나를 만나가면서 진짜 인생을 살아가고 있다는 생각이 듭니다. 보물 지도가 있다는 것만으로 삶이 든든해집니다.

인생 책 최승혜 -「**웃어라, 사람**」

힘이 없는 내 모습, 축 처진 내 모습을 매일 아침 화장실 거울에서 만날 때마다 이유 없이 웃습니다. 희한하게도 거울 속 웃는 내 모습을 보면 언제 힘없는 내 모습이었냐는 듯이 바로 행복해집니다. 인생이 뭐 있겠습니까? 많이 웃는 게 제일 남는 장사 아니겠습니까? 이 책을 통해 웃는 게 얼마나 중요한 것인지 알게 되었습니다.

"우리는 행복하기 때문에 웃는 것이 아니고, 웃기 때문에 행복하다."

-윌리엄 제임스

우리나라 여행하기

세계 여행하기

노래 만들기

그림책 베스트셀러 작가 되기

마당 있는 집에서 살기

80세까지 건강 유지 하기

4

내일은 더 나아진다, 조금씩 바꾸면

안나진 초등교사, 에세이작가, 교실일기·독서일기·계절일기 등 습관성 기록자

학교와 집, 도서관만 오가던 평범한 인문계 고등학교 학창 시절을 끝내고 수도권에서 맞이한 20대 생활은 매일 새로움의 연속이었다. TV에서만 보던 장소들에 내 두 발로 직접 서 있는 설렘이 좋았다. 전국 각지에서 모인 동기, 선배, 후배들과의 만남으로 들여다보는 타인의 다양한 삶도 흥미진진했다. 그렇게 충만해진 에너지로 스물셋에 시작한 교직 생활은 이론과는 꽤 달랐지만, 아이들과 함께하는 스펙터클한 실제는 매일 나를 살아 숨 쉬게 했다.

초등교사의 일상 중 중등 교사와의 가장 큰 차이점은, 매시간 가르치는 과목과 내용이 바뀐다는 점이다. 중등의 경우, 학교의 규모에 따라 다르겠지만 한 차시의 수업을 2~3일에 걸쳐 여러 반에 가서 가르칠 확률이 높은 반면, 초등은 매일 매시간 가르치는 내용이 달라진다. 이 시간과 같은 순간이 앞으로 단 한 번도 펼쳐지지 않는다는 사실이 신선했다. '뭐 이런 직장이 다 있지?' 매일매일 무슨 일이 벌어질지 모르는 곳이라니.

그 대신 무엇이든 할 수 있는 곳이기도 했다. 초등 담임교사에게는 학급을 꾸리는 재량권이 주어지기에 나는 무엇이든 배우는 걸 즐겼고 배운 건 그대로 다 교실 안으로 가져와 적용하는 스타일이었다. 경상도

말로 '하고재비'라고 한다. 무슨 일이든 하고 싶어 하는 사람. 책을 읽다가도, TV를 보다가도, 친구와 수다를 떨다가도 '어, 이거 우리 반에서 해보면 좋겠다!'라고 생각하는 순간이 잦았다. 그래서 당연히 실패한 경험도 많았지만, 조금씩 발전이 있는 직장 생활이었다. 그런 내가 좋았고, 그런 담임을 아이들도 좋아했다. 그랬던 내가 30대가 되고 교사로서의 정체성 외에도 아내, 엄마로서 해야 할 역할이 추가 부여되며 삶의 여유를 잃더니 점점 변하기 시작했다.

경력이 쌓이며 교사로서 노하우가 쌓이기도 했다. 학급경영에 큰 틀이 생겼고 어느 학년을 맡든 교실은 무난하게 굴러갔다. 학교 현장에서 어떤 선택의 갈림길에 섰을 때, 위험 부담이 있는 성장보다는 안전한 길을 찾는 내가 되어갔다. 큰 변화보다는 무난한 삶이 주는 편안함을 택하고 있는 내 모습. 처음에는 이 또한 나이가 들어 좋은 점이라고 생각했다.

'그래, 이래저래 노화가 시작되는 요즘. 예전 같이 치열한 열정으로 남은 직장 생활을 버티기는 힘들지. 앞으로 편하게 갈 수 있는 부분은 그렇게 가자.'

이렇게 마음먹었으나, 가슴 한켠에 찝찝함이 남았고 학교생활은 점점 재미가 없어졌다. 새로울 게 없는 나날, 스스로에게 기대하는 부분이 사라진 일상은 텅 빈 껍데기같이 공허했다.

그러던 중 정혜윤 님의 「아무튼 메모」라는 책에서 뒤통수를 한 대 세게 얻어맞은 듯한 문장을 만나게 되었다.

내일은 더 나아진다. 조금씩 바꾸면.

그래서 이런 말을 듣고 싶다.

“너는 어떻게 이렇게 세월이 흐를수록 새로워지니, 몰라보겠다.”

우리가 종종 칭찬의 말로 사용하는 “어쩜 넌 세월이 지나도 이렇게 그대로니.”라는 말속에는 외적인 모습, 나이가 들어도 동안을 유지하는 모습을 치켜세우는 시선이 깔려있다. 나 역시 아무 생각 없이 익숙하게 사용하던 표현의 잘못된 전제를 깨달았다. 그리고 마지막 문장은 나를 콕 집어 꾸짖는 말 같았다. ‘세상에는 시간이 흐를수록 몰라보게 새로워지는 근사한 사람들도 있단다.’라며.

그리고 저자는 자신에게 주는 격려의 말로 “한 번만 새로워지자. 딱 한 번만. 한 번 했으면 한 번 더 하자.”라는 메모를 건넨다고 했다.

바로 독서 노트를 펼쳤다. 그리고 적었다.

“앞으로 나는 어떤 교사가 되고 싶은가. 일 년에 딱 한 가지만 새로워지자.

딱 하나만!”

2021년, 1년간 육아휴직 후 복직하며 인근 지역 교사들로 이루어진 그림책 모임인 ‘그림책 수다방’에 가입했다. 월 1회 노트북만 열면 되는 일이었지만, 당시 나는 낯선 이들 사이에서 얼굴을 비추고 인사를 나누는 일에 용기와 의지가 필요한 40대였다. 모르는 이들과 주어진 그림책에 관해 이야기를 나누는 행위는 처음에는 불편하고 어색했지만 시간이 지나며 조금씩 나아져갔다. 그동안 혼자서 찾아보는 그림책의 종류는 한계가 있었는데, 모임을 통해 다양한 그림책을 접하며 소개받은 관련 활동들을 우리 교실 안으로 가지고 왔더니 아이들과의 학교 생활은 한껏 더 풍성해졌다.

2022년, 오랜만에 맡게 된 고학년 아이들을 위해 옥효진 선생님의 「세금 내는 아이들」 책을 읽고 학급 운영에 화폐제도를 도입해 보았다. 규칙 세우기부터 원활한 적용까지 쉽지 않은 과정이었지만, 아이들의 적극적인 학교 생활을 유도할 수 있었고, 진로 교육과도 연계되어 아이들에게 미리 사회생활을 맛보기로 체험할 수 있는 시간이 되어주었다.

2023년, 친구의 권유로 전국 교사들로 이루어진 '자기경영노트 성장연구소'라는 단체에 가입했다. 매달 격주 토요일 새벽 6시, 50여 명에 가까운 교사들이 온라인으로 만나 성장 모임과 독서 모임을 함께했다. 그 속에서 접한 선생님들의 다채롭고 열정적인 일상과 생각은 나의 삶 속으로 조금씩 스며들며 나를 변화시켰다. 익숙해진 일상에 안주하려는 나에게 다양한 자극제가 되어주었고 그렇게 한 번 내 본 용기는 또 다른 시작도 쉽게 만들어 주었다.

'작년과 다른 하나를 해보기로 한 나잖아? 그럼 이런 것도 한 번 도전해 볼까?' 하고 지원한 건 2023학년도 경북교육청 수업전문가 사업이었다. 신청교사들 중 월등히 나이가 많은 편이었지만 나의 학급 경영과 수업이 바른 방향으로 흘러가고 있는지 20여 년의 경력에 대한 숙제 검사라고 생각하기로 했다. 다행히 세 분의 수업 심사위원님께 '참 잘했어요!' 도장을 받으며 늘 평가받는 위치에 있는 학생들의 떨림도 잠시나마 이해할 수 있는 시간과 경험이 되어주었다.

2024년, 올해는 에세이 작가에 도전했다. 그간의 경력 동안 교실 속 아이들과 함께하며 반짝이던 순간들을 떠올려 방학내내 원고를 썼다. 그렇게 초고가 완성되고 여러 출판사에 투고한 끝에, 첫 책을 출간할 수 있게 되었다. 작가로서의 정체성은 다른 그 무엇으로도 대체 불가능한 만족감과 성취감을 스스로에게 선물해 주었다. 책은 또 다른 새로운 만남을 불러왔고, 끊어졌던 인연을 되찾아 주기도 하고, 강의 등 새로운 영역으로의 초대장이 되어주기도 했다. 작년에 이어 수업전문가 활동도 1년 더 해보기로 했다. 그림책 수다방 모임도, 자기경영노트 교사 성장 모임도 재가입하여 활동하고 있는 올해이다.

1년에 한 가지씩 새로워졌을 뿐인데 올해만 해도 풍성하게 꽉 찬 한 해가 되었다. 단리가 아니라 복리로 굴러갈 줄은 나 역시 짐작하지 못한 부분이다. 이런 새로운 도전들이 매년 모인다면 15년 후 퇴직을 할 즈음에 나는 지금보다 무려 열 개 이상의 뉴 아이템이 장착된 교사가 될 수 있다. 퇴직과 함께 엄청난 능력치의 노년이 나를 기다리고 있게 되는 것이다. 이보다 더 기대되는 미래가 또 어디 있을까. 언제 만나더라도 몰라보게 새로워질 나를 기대하고, 그대를 응원한다. 우리 1년에 딱 한가지씩만 새로워져 보자.

따빛샘의 비전 시크릿

행복의 ㅎ을 모아보세요.

교사가 비전을 가지고 앞으로 나아가며 새로운 것에 도전도 하려면, 일단 에너지가 필요해요. 몰라보게 새로워지기 위해서 저는, 배터리를 충전하듯 저의 행복을 촘촘히 챙긴답니다. 저는 행복 에너지가 충만해야 잘 작동되는 스타일이거든요. 혹시 행복이라는 단어가 너무 거창하다면 행복의 ㅎ 정도 어떨까요? 우리 삶 구석구석에 숨어 있는 행복의 ㅎ을 한번 찾아보기로 해요.

교실 안에서는 아이들의 말이나 행동에 평소보다 조금만 더 관심을 기울인다면 발견할 수 있을 거예요. 전 아이들이 주는 행복의 ㅎ을 모으는 걸 가장 좋아해요. 반 아이가 제게 내민 손때묻은 편지 속 사랑고백이 행복의 ㅎ이 될 수도 있고, 아이들끼리 속닥이는 대화 중 귀여운 한 조각이 행복의 ㅎ이 될 수도 있어요. 아이들과 함께 읽은 그림책 속 한 문장이 제 마음에 콕 박히면 그것이 행복의 ㅎ이 될 수도 있답니다. 저는 행복의 ㅎ을 발견하면 바로 글과 사진으로 기록해요. 좋은 건 두고두고 꺼내 볼수록 더 행복해지는 법이니까요. 아! 어느 날 친구가 보낸 톡 한 줄이 행복의 ㅎ이 될 수도 있어요. 제가 박제해 둔 행복의 ㅎ중 하나를 소개하자면,

"네가 근처에 살면 좋겠다.
좋은 기운을 나도 자주 느낄 수 있게
넌 참 행복을 막 발굴해서 사는 느낌이랄까?"

저는 행복의 ㅎ을 발견하면 주변에 쉽게 나눠요. 기록해 둔 글과 사진을 공유하며 오늘 ~이랬잖아, 너무 예쁘지? 너무 귀엽지? 너무 사랑스럽지? 등등. 그랬더니 한 친구의 저런 반응으로 제게 또 하나의 행복의 ㅎ이 생겼지 뭐예요.

일상 속 어딘가에 숨어 아직 발견하지 못한 오늘의 행복의 ㅎ을 생각하며 나서는 출근길, 한결 발걸음이 가벼워지지 않나요?

인생 책 김신지 -「**좋아하는 걸 좋아하는 게 취미**」

행복의 ㅎ이란 표현이 나온 책이에요. 김신지 작가님은 스스로를 행복까지도 아니고, 행복의 ㅎ 정도를 모으는 사람이라고 말하더라고요. 그리고는 자기 자신을 한껏 돌보는 자세를 부지런히 들려주어요. 그래서 저도 살피게 되었어요. 내가 좋아하는 대화, 내가 좋아하는 환경은 어떤 것이었지? 내가 좋아하는 사람들은? 그렇게 나의 안부를 내게 물으며 스스로를 살뜰히 챙기니 우울, 권태, 허무 같은 것들에 쉽게 매몰되지 않더라고요. 좋은 순간들을 차곡차곡 모아 아름답게 삶을 꾸려가는 작가님의 반짝이는 이야기를 선생님께도 권하고 싶습니다. 분명 교사로 살아가는 데 좋은 에너지가 되어줄 거예요.

건강한 나

- 근육적금
- 11자 복근
- 계절별 북스테이

행복한 가족

- 가족 마라톤 대회 참가
- 주말 나들이로 행복 에너지 충전
- 다정함의 과학(매일 사랑 표현)

VISION BOARD

웃기는 교사

- 매년 뉴 아이템 장착
- 업무의 달인
- 꼬마 작가 양성

발랄한 작가

- 교실일기를 묶은 첫 책으로 나눔실천 (이토록 아이들이 반짝이는 순간, 2024)
- 독서일기로 두 번째 책 도전
- 계속 쓰는 삶, 함께 쓰는 삶 추구

5

세상을 바꾸는 가장 큰 방법

이윤정 초등교사, 행복한 교육 실천가, 글로 세상을 여는 안내자

꼬르륵, 급식 줄을 따라 뱃속도 길게 요동치고 있었다. 창문으로 쏟아지는 햇살 속을 걸으며 창밖을 내다보았다. 푸른 나무 사이로 펼쳐진 운동장이 따갑게 반짝였다.

'창문을 사이에 두고 소란함과 고요함이 마주하고 있네.'

소란함은 나를 현재에 붙잡아 두었고, 고요함은 시간 여행을 허락했다.

그동안 수많은 학생과 선생님의 발자국이 쌓인 이곳. 지난 학교에서 함께 근무했던 한 선생님도 십 년 전, 우리 학교에 근무하셨다는 소식을 들었다.

'급식을 기다리며 이 창밖 풍경도 보셨을 텐데……. 그땐, 10년 후에 교장 선생님이 되어있을 거라 상상하셨을까? 나의 10년 후는 어떨까?'

'자신의 꿈이나 방향을 생생하게 떠올리며 사는 사람은 얼마나 될까?'

함께 근무했던 선생님들 모습이 하나, 둘 떠올랐다. 농어촌 가산점이 있던 첫 학교에서 같이 근무했던 부장님들은 모두 오래전에 관리자가 되셨고, 장학사나 장학관으로 근무하고 계시는 분들도 있다. 모두 바라는 대로, 목표한 대로 노력한 결실이다.

'나도 내가 원하는 10년 후의 모습을 향해 열심히 길을 걸으면 되겠구나.'

단순하고도 묵직한 답이 떠올랐다.

'그래서 네가 원하는 너의 10년 후의 모습은 뭔데?'

'늦은 시작이란 없대. 지금부터 시작하면 돼. 뭐든!'

스스로 재촉하기도, 달래 보기도 하며 물음을 던졌다.

'육아는 핑계인 거 알지? 세 자녀를 둔 선생님, 얼마 전에 준비하던 시험에 합격하셨는걸?'

업무능력, 리더십 등에 타고난 점도 있겠지만, 열심히 키우고 가꾼 역량을 자신의 자리에서 한껏 발휘하고 계시는 것이다.

'네가 진정 원하는 걸 떠올려봐. 남과 비교하지 말고, 따라 하려 하지도 말고!'

'너의 강점은? 그리고 어떨 때 삶이 의미 있게 느껴져?'

이어지는 질문들이 테레사 수녀님의 말씀 앞에서 멈춰 섰다.

'우리의 일상적인 일을 사랑하는 것은 세상을 바꾸는 가장 큰 방법입니다.'

- 마더 테레사

테레사 수녀는 '사랑은 가장 가까운 사람, 가족을 돌보는 것에서부터 시작되고, 작은 일이 작지 않다는 것을 배워야 한다.'라고 말했다. 또, '세상에는 빵 한 조각 때문에 죽어가는 사람도 많지만, 작은 사랑도 받지 못해서 죽어가는 사람은 더 많다.'라고 했다.

여러 번 물음을 던졌고, 내 마음은 한 곳을 향하고 있다는 것을 알았다. 가정에서는 엄마로, 학교에서는 교사로 한 사람, 한 사람을 진정 사랑하는 것은 절대 쉽지 않은데, 그동안 타인의 계획과 꿈은 화려하게, 나의 소망은 소박하게 생각하고 나 자신을 작게 만들고 있었던 건 아닐까. 선생님으로, 엄마로 일상에서 아이들을 사랑하는 것이야말로 세상을 바꾸는 가장 큰 방법이라고 테레사 수녀님이 말씀해 주시는 것 같다. 내가 품은 비전은 '사랑의 실천'이라고, 비로소 생각을 나눌 용기를 낸다.

교사는 교실을, 부모는 가정을 이루어 살아간다. 우리는 이것을 '살림한다'라고 말한다. 그렇다면 교실 살림을, 집안 살림을 잘하고 있는가?

'살림'이 '살리는 것'으로 연결되기까지 꽤 오랜 시간이 걸렸다. 8년의 휴직이 끝난 후에야, 이 말뜻이 머릿속에서 살아나 무릎을 쳤으니. 살림한다고 긴 휴직을 하였으면서 과연 '살리는 말과 행동'을 했느냐는 물음에 답 대신 고개를 떨구었다. 무거워진 마음에 '살림'을 새겼다. 그 후로, 가정과 교실에서 만나는 아이들의 마음을 살리는 말과 행동을 하고 있는지 아닌지를 늘 살피게 되었다.

그러던 어느 날, 법정 스님이 말씀하신 사랑의 정의가 새벽바람을 타고 와, 마음 깊이 뿌리내리기 시작했다.

> '사랑은 따뜻한 눈길과 끝없는 관심에서 어리어 오는 것'
>
> -「법정 스님 숨결」

매해 3월이면 새로운 아이들을 만난다. 교실에서 말도 없고 아무것도 하지 않으려는 아이, 반대로 거칠게 말하고 행동하는 아이의 눈빛을 마주할 때면 사랑으로 가득 채울 수 있길 소망한다.

'이 아이도 내 눈길을 붙잡아 놓고 싶은 걸까?'

자신을 바라보는 나의 시선을 느낄 때와 아닐 때의 말과 행동이 다르다. 할 일은 넘쳐나지만, 입가에 웃음을 머금고, 따뜻한 눈길을 한 번 더 건넨다. 그럴 때면 아이들은 곧 반짝이는 눈빛으로 답해준다. '앞으로 끝없는 관심을 쏟겠다!' 다짐하는 순간이다.

"야, 왜 나한테 '어쩌라고, 어쩌라고' 하는 거야? 키도 작은 게. 너는 작으니까 강아지야. 개 말고 강아지."

어느 날은 아침부터 소란하다. 더한 말들을 쏟아부으려는 아이에게, 멈추라고 힘주어 말한다.

매번 다정하고 포근한 눈길만을 보낼 수는 없다. 따뜻함이 유약해서는 안 되기에. 우리 몸에서 건강한 세포는 살리고, 불규칙하게 성장하는 암세포는 제거해야 하듯이 습관도 마찬가지다. 때로는 차갑고 날카로운 수술 도구가 필요하듯, 냉철함을 꺼내야 할 순간도 있다. 그때는 건강한 몸과 마음이 다치지 않도록 섬세하게 살펴야 한다. 살릴 것은 잘 살리고, 제거할 것은 잘 제거할 수 있도록 말이다. 사랑에도 질서가 필요하다.

스물한 살의 뜨거웠던 여름, 화실에서 몇 시간씩 말없이 붓글씨만 쓰다 조용히 인사하고 나가던 여대생에게 선생님은 손수 전각 하신 낙관 도장을 선물해 주셨다.

'是硯'이라는 호가 함께 새겨져 있었다.

선생님의 연륜을 헤아릴 수 없었던 어린 시절, 머뭇거리며 받고는 서랍 한 켠에 덩그러니 모셔놓았다. 이십여 년이 흐른 지금, 그 자리는 부담 대신 감사함으로 가득 차 있다.

'먹이 제 색을 낼 수 있게 묵묵히 자신을 내어주는 벼루'라는 의미로 새기셨다는 말씀이 지금도 마음속에 울려 퍼진다.

자신을 가꿔 제 빛깔을 잘 드러낼 수 있도록 아이들에게 따뜻한 눈길과 끝없는 관심을 쏟는 넉넉한 사람, '시연'의 모습을 그리며 햇살을 따라 한 걸음씩 앞으로 나아간다.

달콤샘의 비전 시크릿

고요함으로 마음을 채우는 시간을 가져요.
그리고 나누어요.

일과 시간 중 고요함으로 마음을 채울 시간을 내기는 쉽지 않습니다. 수업 준비, 업무, 각종 행사 준비, 학생 관리 등을 하다 보면 시간이 금세 지나갑니다. 그런데 해야 할 일들을 하느라 허겁지겁 시간을 보내다 보면, 급한 일에 계속 쫓기며 살게 됩니다. 이 굴레에서 벗어나기 위해서는 '급하지 않지만, 중요한 일을 하는 시간'을 정하면 됩니다. 아이젠하워가 고안한 시간관리 매트릭스를 활용하여 '현재에 쫓겨 발전하지 않는 나'를 '원하는 나의 미래'와 연결해 줄 수 있습니다.

제가 생각하는 중요한 일 중 하나는 '고요함으로 마음 채우기'입니다. 동시에 여러 학생들을 살펴야 하는 교사는 정작, 자신을 살필 시간이 부족합니다. 그러다 보면, 변화가 필요한 학생에게 쓸 에너지를 채울 수 없게 되고, 이 학생은 보란 듯이 여기저기에서 소란을 일으킵니다. 에너지가 부족할수록, 에너지를 더 써야 하는 상황이 생기는 겁니다. 고요함으로 채운 나의 마음은 아이들을 사랑으로 감싸는 힘이 되고, 아이들에게 따뜻하게 닿게 될 것입니다.

인생 책 권영애 - 「**그 아이만의 단 한 사람**」

복직에 대한 설렘만큼 두려움도 가득하던 때 이 책을 만났습니다. 말썽을 일으키는 아이의 부모님과 계속 소통이 되지 않을 것 같은 불안감과 막막함을 희망으로 바꿀 수 있었습니다. 짜증과 화가 흘러넘치는 아이의 마음을 존중과 사랑으로 채울 수 있도록, 부모님과 함께 나아갈 수 있는 '용기'의 다리를 놓아준 것이지요. 진심으로 아이를 위한다면, 지금 보이는 아이 모습과 그 너머를 함께 살펴야 한다는 것을 마음 깊이 새기게 되었습니다.

배우기

낭독, 상담, 글쓰기

배움 넓히기

여행, 독서, 운동

VISION BOARD

세상을 바꾸는 가장 큰 방법

사랑하기

따뜻한 눈길과 끝없는 관심,
마음 살리기

나눔 넓히기

낭독 봉사, 심리상담 봉사

6

어떻게 사람들을 도울 수 있을까?

김진옥 일기 쓰는 사람, 내면관찰자, 연대를 통해 변화를 추구하는 사람

새해가 밝았을 때 문득 떠오른 질문이다. 난 어떤 방식으로 누구에게 도움이 될 수 있을까. 곰곰이 생각하다가 내가 하는 일로 도움이 되는 사람이 되고 싶다는 생각에 이르렀다. 사실 모든 직업은 결국 누군가에게 도움을 주는 행위라고 생각한다. 각자의 직업으로 서로 도우면서 사는 것이 세상이 돌아가는 원리라고 생각한다. 수업에서도 나는 종종 학생들에게 이렇게 말한다. "얘들아, 너희들 부자 되고 싶지? 부자는 사실 많은 사람을 돕는 사람이야. 더 많은 사람을 도울수록 더 큰 부자가 되는 거야. 불편함을 없애주고 편리함, 편안함을 제공하는 것. 그게 부자고 성공이야. 그걸 마음에 품고 늘 고민하는 거지. 난 어떻게 사람들을 더 많이 도와줄 수 있을까? 기왕이면 내가 조금 남보다 잘하는 것으로 도우면 좋겠지. 그래야 덜 힘들고 더 재밌고 또 오래 도울 수 있으니까 말이야." 그 말은 곧 나에게 하는 말이기도 했다. 그렇다면 난 누구를 어떻게 도울 수 있을까? 나는 내가 몸담은 교직에서 교사를 지원하고 교직 문화를 더 나은 방향으로 바꾸는 데 도움이 되고 싶다.

나는 10년, 20년 후에도 여전히 교육 업종에 머무르길 바란다. 작년 서이초 사건으로 전국의 교사가 들썩일 때 나 역시 하나의 검은 점이 되

어 매주 토요일 아스팔트 위로 나갔다. 그것은 먼저 간 안타까운 후배 선생님을 기리기 위한 행동이기도 했고 과거의 안쓰러운 나를 위로하기 위한 어쩔 수 없는 행동이었다. 낯 모르는 수천수만의 선생님들 사이에서 “우리는 가르치고 싶다! 학생들은 배우고 싶다!”를 외치면서 속에서 끓어오르는 무언가로 눈물이 났다. 나의 행동과 눈물을 통해 나는 미련인지 숙명인지 교사라는 직업에 깊은 애착이 있음을 알게 됐다. 난 그저 가르치고 싶다고. 난 꽤 선량한 사람이라고. 가만히만 둬도 나는 사회에 이바지하는 괜찮은 사람이라고. 내 속에서 소리치고 있었다. 그래서 사람들이 '월급도 적고, 연금도 예전만큼 큰 혜택도 없는데 왜 교사를 하느냐?'라고 말할 때 나는 불편했다. 나는 물질적 보상만을 생각해서 이 일을 선택한 것이 아닌데 그런 말을 들으니 씁쓸했다.

나는 교사의 주도성을 키워주고 인정해 주는 문화를 만들고 싶다. 이제껏 많은 정책은 '어떤 식의 수업을 할 것인가, 학생들에게 어떤 역량을 길러줄 것인가.'처럼 학생과 교과 자체에 그 중심이 맞춰져 있다. 물론 교육에서 학생은 무엇보다 중요한 주체이지만 또 하나의 주체인 교사는 간과해 왔다. 교육과정에서 학생들의 주도성을 강조하듯 교사의 주도성도 동등하게 중요하다. '나는 이런 수업과 평가를 원하니 이렇게 해보겠다.'처럼 교사가 주도적으로 시도해 보려 할 때 힘껏 격려해 주고 인정해 주는 문화와 여건이 필요하다.

교사들이 소통하며 서로의 전문성 신장에 도움을 주었으면 한다. 그것이 이제 막 교직에 들어선 신규교사나 돌연변이처럼 열정이 과한 교사의 이야기가 아니었으면 한다. 여느 평범한 교사도 가능했으면 한다. 소수의 교사만 빛나지 않고 나이와 경력과 체력에 상관없이 대다수 교사가 가르치는 일에 기쁨과 보람을 느꼈으면 좋겠다. 적당한 휴식과 재충전을 보장받고, 부당한 민원으로부터 보호를 받으며, 교사의 일에 자긍심을 가졌으면 한다. 학교를 협력하고 연구하는 곳으로 만들고 싶다. 학교에 그런 교사들이 잔뜩 머물러 있다면 학생들은 자연히 좋은 영향을 얻게 되지 않을까.

교사는 학생들이 바르고 건강하게 자랄 수 있게 도와주는 사람이다. 그 역할을 제대로 할 수 있도록 과중한 행정업무와 악성 민원에서 벗어날 수 있는 제도를 만들고 싶다. 학생들이 충분히 마땅히 받아야 할 교육을 충분히 받을 수 있는 안전장치를 만들고 싶다. 세상이 변해 어쩔 수 없으니 교사도 각자도생으로 각자의 안전을 각자가 지켜야 할 때라는 말이 가슴 아프다. 각자도생(各自圖生)이 아닌 함께 살아 나가(圖生)고 공존동생(共存同生)하는 곳이 학교이길 바란다.

대한민국 교육의 비전과 철학을 제시하는 일을 하고 싶다. 교육적 이상에 끊임없이 비춰보며 조금씩 방향을 조정하며 나아가는 정책을 만들고 싶다. 자율성, 포용성, 공동체 정신의 가치를 매일의 교실에서 학생들과 만남과 대화에서 어떻게 하면 살아 움직이게 할 수 있을까를 고민하고 있다. 대한민국은 교육을 토대로 유례없는 발전을 이룬 나라이다. 교육으로 다시 일어서는 나라로 만드는 데 일조하고 싶다.

20대에는 나에게 맞는 일이 무엇일까를 고민하며 공부했고, 30대에는 육아의 세계에 빠져 정신이 없었다면, 지금 40대에 이르러서는 이제껏 달려온 시간을 돌아보며 숨을 고를 약간의 여유가 생겼다. '나는 어떤 사람인지, 내 삶은 어디로 나아가야 할지'를 고민하게 되었다. 내가 아는 나는 꽤 책임감이 있고, 일에서 의미를 찾으려 하는 사람이다. 어느 상황에서든지 더 나은 방법을 궁리하는 사람이다. 내 삶에 애정이 많아 하고 싶은 일도 많은 사람이다. 그 하고 싶은 일들을 꼽아 보다가 그것들을 다 해보려면 정신적인 맷집과 육체적인 단련이 필요하다는 생각이 들었다.

이런저런 불만과 고충, 의견 속에서 어느 것을 우선순위에 두고, 어느 것을 빠르게 해결할지 결정하기 위해, 크고 작은 비난 속에서도 중심을 잃지 않기 위해, 하고자 하는 바를 밀고 나가는 마음의 맷집을 키우기 위해 체력을 키워야겠다고 다짐했다. 숨차게 달리고 줄넘기하고 샌드백을 때리며 땀을 흘려야 새로운 시각이 생기고 정신이 맑아진다. 그러면 자연히 마음도 단련이 된다. 내가 세상에 도움을 더 많이 주기 위해, 더 많이 감사하기 위해 권투를 배우고 달리기한다. 여전할 것인가, 역전할 것인가. 체육관 벽면에 적힌 붉은 글씨를 보며 과거의 나를 딛고 새로운 나를 만나기 위해 오늘도 샌드백을 향해 원투원투 날리고 있다.

덕킨다나스샘의 비전 시크릿

아침 일기를 권합니다.

아침에 눈 뜨자마자 책상에 앉아 노트를 펼치고 떠오르는 모든 생각을 쏟아내 보세요. 완전히 잠에서 깨기 전 그때가 바로 자신의 방어기제가 온전히 작동하지 않을 때라고 합니다. 그때를 이용하여 생각나는 것을 적다 보면 낮에는 몰랐던 내 마음의 소리를 들을 수 있어요. 누구나 마음속 깊이 '지혜의 샘'을 가지고 있습니다. 깨자마자 진정한 나 자신이 알려주는 지혜의 소리에 귀 기울이는 방법이 아침 일기 쓰기입니다. 막상 해보려고 하면 쓸 말은 떠오르지 않고 책상에 앉아 꾸벅꾸벅 졸 수가 있어요. 그럴 땐 어제 있었던 일이나 오늘 해야 할 일을 적어보세요. 아니면 주말에 하고 싶은 일, 내가 미루고 있지만 해야 할 중요한 일, 문득 떠오르는 너무 미운 사람, 고마웠던 사람, 만나고 싶은 사람을 적어보세요. 한 권의 책을 정해 영혼에 힘을 주는 내용을 필사해 보는 것도 좋습니다. 아침 일기에 대해 좀 더 깊이 있게 알고 싶으시면 줄리아 캐머런의 『아티스트 웨이, 마음의 소리를 듣는 시간』를, 매일 한 쪽씩 긍정의 말을 쓰고 싶으시다면 루이스 헤이 『하루 한 장 마음챙김』을 추천합니다.

Lose an hour in the morning, and you will spend all day looking for it.

Richard Whately

인생 책 무라카미 하루키 - 「**달리기를 말할 때 내가 하고 싶은 이야기**」

'내가 가진 한계를 담담히 인정하고 주어진 것에 감사하며 그것을 충실히 이용하며 살자.'라는 메시지를 주는 책입니다. 인생의 모든 정수가 이 한 줄에 담겨 있지 않을까 싶습니다.

패션

내 몸에 최적화된 스타일 구현

교육행정가

건강한 공립학교 만들기
교육의 비전과 가치 제시
교사의 역량 발휘

갖고 싶은 것

정신과 육체의 맺집

VISION
BOARD

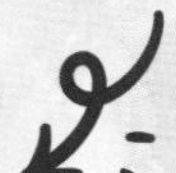

살고 싶은 곳

도서관 근처

일상영어

영어 수업과 강연
영어 인터뷰가 가능한 사람

읽고 쓰는 사람

내 일의 노하우
독서 경험을
글로 나누는 사람

7

잠재력을 보는 눈(좋은 씨앗이 예쁜 튤립으로)

배수경 초등교사, 하브루타로 잠재력을 끌어올리는 도전, 관심·경청·반영의 삶

“성인 남성의 엄지손톱만 한 도토리 안에 60미터에 달하는 거대한 참나무가 들어 있는 셈이다.”

「더 마인드」에서 만난 이 문장은 나를 설레게 했다. 무심코 지나치는 도토리 한 알에서 거대한 참나무를 바라보는 눈, 그 시선을 다시금 선물 받았다. 도토리가 가진 잠재력, 그 무궁무진한 가능성을 바라보는 눈이 바로 그것이다. 그 잠재력을 가시화할 수 있는 장치를 많이 마련하는 일, 그것이 엄마로서, 교사로서 나에게 주어진 강력한 미션이자 사명이다.

잠재력(潛在力): 겉으로 드러나지 않고 속에 숨어 있는 힘.

이것은 아직 눈에 보이지 않지만 분명히 가지고 있는 힘이다. 그래서 결국 본연의 모습으로 드러나게 되어 있는 힘이다. 누구나 가지고 있지만 스스로 발견하지 못한 나만이 가진 힘. 잠재력! 이 단어가 다시 설렘으로 다가왔다.

이 단어는 2006년, 첫 발령을 기다리며 설렘 가득했던 초임 교사 시절의 나를 만나게 해 주었다. 그 시절 나는 ‘우리 반 애칭을 어떻게 정할까? 어떤 교육철학으로 아이들을 만날까?’ 고민하던 때였다. 요즘은 반

아이들과 함께 학급 이름을 정하며 한해살이를 꾸려나가는 반이 많다. 학급 경영에도 유행이 있는 것일까? 그 시절만 해도 학급별 애칭을 만들어서 기수별로 운영하는 것이 일반적이었다. 그때 나에게 가장 중요한 가치는 우리 반 이름에서 찾을 수 있었다. 아직 눈에 보이지 않지만, 그 작은 씨앗 안에 처음부터 온전한 모습으로 가능성을 담고 있는 아이들. 그렇게 아이들을 바라보고 싶었다. 우리 반의 애칭은 좋은 씨앗반이 되었다.

새 학기 첫날, 아이들의 책상에는 작은 퍼즐이 하나씩 놓여있다. 어색하고 낯선 분위기의 교실 공기를 바꾸어줄 작은 장치가 한결같이 아이들을 맞이한다.

"선생님, 이 조각은 뭐예요?"

"이 퍼즐은 벌써 17년이 훌쩍 넘었어요. 선생님이 첫 제자들과 함께 만들었던 퍼즐이에요. 어떤 그림인지 맞춰보세요."

퍼즐을 다 맞추는 동안 긴장하던 눈빛은 호기심 어린 눈빛으로 변한다. 눈치 빠른 친구들이 그림을 보며 우리 반의 이름이 무엇인지 스무고개를 시작한다.

"벼 이삭인데요?"

"달이 떴어요."

"여기는 너무 어려워요. 땅속인가요?"

"제가 해볼게요."

볼멘소리 가득한 교실에서 나지막한 정답의 외침이 들린다.

"씨앗이 꿈꾸는 거예요?"

"네, 맞아요. 씨앗이 가을의 풍성한 수확을 꿈꾸는 모습이에요. 우리 반 이름은 무엇일까요?"

"가을반?"

"새싹반?"

"우리 반의 애칭은 좋은 씨앗반이에요. 우리 반 구호는 '서로 도와 좋은 열매를 맺자.'인데…."

내친김에 급훈까지 일장 연설을 늘어놓는 나는 어느덧 아이들의 낯설음과 어색함을 보듬는 중견 교사가 되어 있었다.

올해 만난 '잠재력'이라는 키워드 앞에서 이토록 설레었던 이유가 어쩌면 초임 교사 시절의 그 설렘을 기억해 낸 전율이 아니었을까?

'작은 도토리 한 알을 보고, 거대한 참나무를 상상하기'

그렇게 아이들에게 잠재력과 가능성을 심어주고 싶었다. 그런데 내 교육철학이 아이들에게 스며들기까지 눈으로 보고 확인하는 장치가 필요했다.

'잠재력을 가시화할 수 있는 활동이 뭐가 있을까?'

'하브루타로 이야기 나누며 아이들과 신나게 할 수 있는 활동이면 좋을텐데...'

강낭콩의 한살이는 4학년 교육과정에서 다루고 있지만, 두 달이라는 시간 동안 아이들이 인내심을 가져야 했다. 결국 강낭콩이 뜻대로 자라지 않아서 관찰하지 못하는 경우도 많았다. 아이들은 식물을 너무 사랑해서 매일 물을 주기에 과습으로 죽기 일쑤였다. 물 주는 것을 좋아하는 아이들에게 딱 알맞은 활동이 바로 수경재배, 그리고 꽃을 선물할 수 있다면 더할 나위 없이 좋을 것 같았다. 교실에서 손쉽게 식물을 키우면서도 아이들이 가진 잠재력을 직접 경험해 볼 수 있는 최적의 아이템을 찾았다. 바로 튤립 수경재배였다. 그렇게 잠재력이라는 키워드는 교실에서 튤립 수경재배의 도전으로 이어졌다.

"선생님, 제 강낭콩은 죽었어요."

"선생님, 제 꽃은 왜 안 펴요? 저도 이렇게 안 자라는 거예요?"

초임 시절, 무수히 죽어 나가던 우리 반 식물들이 떠올랐다.

'한번 해보는 거지. 잘 안되면 또다시 하면 되지.'

딱 이 마음이었다. 작년 교실에서 나팔꽃을 키웠을 때, 햇빛이 적은 교실 창에서 꽃을 피운 것만으로도 감격이었던 그 순간이 떠올랐다. 흙을 옮겨 담고, 물을 주고, 낚싯줄을 달아주던 그 수고로움은 모두 잊은 채, 아름다운 추억으로 자리 잡았다. 올해는 튤립 수경재배를 통해 아이들에게 '잠재력'이라는 키워드를 삶으로 넣어주고 싶었다. 그리고 아이들이 이 경험을 통해 각양 각색의 숨겨진 잠재력을 생각해 보기를 바랐다.

"선생님은 식물을 키우기만 하면 모두 죽어요. 그런데도 혹시나 하는 마음에 또 키워요. 작년에 우리 교실에서 좋은 씨앗 선배님들과 나팔꽃을 키웠거든요. 근데 25개를 심었는데 꽃은 몇 송이 피었는지 알아요?"

"1개요?"

"다행히 하나보다는 많이 피었어요. 올해 튤립도 과연 몇 송이가 필지 정말 궁금해요. 근데 식물이 자라는 데 꼭 필요한 게 뭘까요?"

"햇빛이요."

"흙이요."

"좋은 씨앗이요."

"네, 꼭 필요한 것을 잘 이야기해 주었어요. 그런데 튤립 구근의 상태에 따라서, 교실에 햇빛이 들어오는 양에 따라서 자라는 속도가 다 다를 거예요. "

아니나 다를까, 배송된 튤립 구근은 곰팡이가 가득했다.

'과연 꽃 피울 수 있을까?'

걱정이 앞섰다. 폭풍 검색을 통해서 곰팡이 핀 구근을 어떻게 처리해야 할지 알아보았다. 곰팡이 핀 부분을 칼로 자르고 락스 소독을 해 주면 된다는 것이었다. 곰팡이 부분을 칼로 베어내고 상처 난 부분을 소독 티슈로 닦아주었다. 여분의 구근을 추가로 주문했다.

"교실에서는 햇빛이 충분하지 않아요. 구근의 상태도 이렇게 다 달라요. 튤립을 단 송이라도 피운다면 그것이 기적이에요."

혹시나 모를 실패에 대비하며 하염없이 꽃을 만나는 것이 기적임을 강조했다.

매일 아침 아이들은 삼삼오오 교실 창가에서 이야기꽃을 피웠다.

"어, 이만큼 자랐어."

"처음에는 양파였는데, 이젠 파가 되었어."

"내가 늦게 받았는데, 내가 키가 더 자랐어."

매일 만나는 생명의 속삭임에 귀 기울이는 아이들의 모습을 바라보는 시간은 감사 그 자체였다. 숨 가쁘게 달려온 3월의 유일한 힐링 시간이었다.

'튤립 구근은 추운 겨울을 잘 이겨내고 4, 5월에 꽃을 피우잖아. 근데 햇빛이 부족한 교실에서 꽃을 피울 수 있을까?'

걱정 반 두려움 반, 시행착오의 가능성을 열어둔 교실 속 실험. 그렇게 2주가 지났다. 우리 교실의 첫 튤립은 바로 그 곰팡이 구근에서 피어났다. 모양도 삐뚤빼뚤한 구근을 집었다며 속상해했던 우리 반 친구의 튤립이 가장 먼저 꽃을 피웠다.

튤립에게서 인생을 배운다. 당장 눈앞에 보이는 곰팡이, 버려버릴까? 어떻게 해야 좋을지 모르는 그때, 상처 난 부위를 잘라내고, 소독 티슈로 닦아내고 매일 정성을 쏟았더니 꽃을 보여주었다. 나의 지나온 삶 어디쯤, 깊이 새겨진 그 상처도 조금만 관심을 기울이고 살펴주었다면 이렇게 꽃피울 수 있지 않았을까? 다른 이의 상처와 모난 부분을 발견했을 때조차, 오려내고 잘라내는 것에만 날이 서 있었던 모습을 떠올려본다. 그런데 튤립이 조용히 말을 건네온다.

> '난 꽃 피우지 못하는 줄 알았어. 근데 내 상처를 드러냈을 때 잘 보살펴줘서 고마웠어. 나는 가장 예쁜 꽃을 보여주고 싶어서 이렇게 하얀 곰팡이로 너에게 다가갔는지 몰라. 외면하지 않고 고쳐줘서 고마워.'

오히려 오려낸 그 부분이 환경에 맞게 적응해 가며 자기만의 색으로 꽃피우는 그 모든 과정을 지켜볼 수 있었다.

잠재력을 알려주고 싶어서 시작한 튤립 수경재배였지만, 이 도전은 잠재력과 더불어 '견디어냄, 살아 내보임'을 가르쳐주었다. 튤립은 그 상처를 딛고 살아내 보여주었다. 매일 정성을 쏟아서 관심을 기울여주는 우리 반 친구들의 사랑을 먹고 견뎌주었다. 나 역시 관심을 기울이는 것이 얼마나 큰 힘인지를 배웠다.

"네 안에는 이렇게 튤립을 꽃 피울 수 있는 무궁무진한 잠재력이 있어."

내가 전하고 싶은 것은 이 메시지였지만 아이들은 저마다의 메시지를 받았다.

"저는 구근을 늦게 받았어요. 내 구근은 늦게 심어서 꽃이 늦게 피는 줄 알았는데 오히려 제 꽃이 더 먼저 폈어요."

"제 튤립은 키가 너무 작아서 속상했어요. 그런데 꽃핀 거 보니까 작은 게 더 예뻐요."

"도덕 시간에 성실을 배웠잖아요. 성실이 그냥 착한 건 줄 알았는데 이렇게 매일 꾸준히 물 갈아 주는 게 바로 성실이었어요."

마지막까지 꽃을 피우지 못한 튤립이 있었다. 꽃을 피우지 못한 튤립이 실패한 것이 아니라, 꽃을 피운 튤립이 기적이라고 다시 되뇌어 주었다. 그래도 속상한 마음은 여전히 남아 있을 것이다. 이 시행착오를 실패가 아닌 좋은 추억으로 선물하고 싶었다. 퇴근길에 준비한 버터플라이 꽃을 선물했다. 한 구근에서 한 송이의 꽃을 피우는 튤립과 달리 버터플라이는 한 줄기에서 여러 송이의 꽃을 피운다.

"선생님, 제 튤립은 집에 가니까 시들어서 너무 아쉬웠어요."

"선생님, 제 버터플라이는 한 송이 지고 나니까 다시 옆에 작은 꽃이 피고 있어요."

'그래, 그렇게 각자의 기억으로 자리 잡은 이 경험이, 너희들이 흔들릴 때 작은 버팀목이 되었으면 좋겠어.'

지난 17년간 좋은 씨앗이라고 외치던 친구들에게 이제는 예쁜 꽃이라고 말할 수 있게 되었다.

"너희들이 바로 이 튤립처럼 자라날 거야."

이 아이들이 어른이 되어 각자의 자리에서 멋지게 주어진 일들을 해내고 있을 그 모습을 그려보았다. 때때로 아무것도 할 수 없을 것 같은, 작아진 마음과 마주하고 있을 때, 가끔씩 초등학교 교실에서 키워보았던 교실 속 튤립을 떠올려보기를 바란다.

"너도 이렇게 자라고 있어."

"하루가 다르게, 어제보다 오늘 더 자라고 있어."

교사는 교육과정에 맞게 준비하고 가르치는 역할에 충실하다. 하지만 아이들은 교사가 의도하지 않은 잠재적 교육과정을 통해서 배우고 성장한다. 나 역시 내가 가르치려던 것보다 아이들에게서 더 많이 배운다. 바쁘고 정신이 없어서 늘 피곤함을 달고 살았던 3월이 올해는 달랐다. 설레는 마음으로 등교하는 아이들을 보며, 나도 설레는 출근길이었다. 꽃을 피우기 시작한 2주 후부터는 어떤 색 튤립을 피울지 기대하는 마음이 가득했다. 다 핀 튤립을 꽃 한 송이 포장지에 포장할 때는 작은 선물을 나누는 기쁨을 선물 받았다. 온전한 힐링 시간이었다. 나에게도 아이들에게도 감사한 시간이었다.

햇빛이 충분히 들어오지 않는 교실 환경에서도 꽃을 피운 건 분명 아이들의 관심과 사랑 덕분이었다. 꽃을 피우지 못한 튤립을 키운 아이들은 실패가 아니라, 또 하나의 경험을 선물 받았다.

튤립 키우기는 남은 내 인생의 여정에도 한 줄 메시지를 남겼다. 내 안에 아직 발현되지 못한 나만의 잠재력을 이렇게 매일매일 작은 도전으로 찾아 나선다. 아이들과 같이 호흡하며 내가 가르쳐주지 않은 것도 찰떡같이 알아듣는 청출어람의 교실에서 아이들을 만난다. 그 아이들에게서 나는 오늘도 배우며 함께 성장한다. 아이들의 목소리에 귀 기울이며, 아이들의 세계에 관심을 가지고 반응한다. 그렇게 대화가 살아 있는 교실을 꿈꾼다. 그 대화 속에서 감추어진 잠재력이 마음껏 발휘되는 그날을 오늘도 꿈꾸어 본다.

튤립을 키우며 학생들과 나눈 대화는 삶으로 나눈 하브루타이다. 정답을 알려주기에 급급했던 시간에서 아이들이 저마다의 해답을 찾아 나가도록 안내하는 자리로 그 역할이 옮겨지고 있다.

"선생님, 오늘 하브루타 시간에는 뭐해요?"

오늘은 또 어떤 활동으로 하브루타를 이어갈지 행복한 고민에 잠긴다.

아이들과 함께 드넓은 망망대해로 긴 줄 하나를 힘차게 내린다. 그리고 한목소리로 외친다.

"끌어올려 보자. 네 안의 너를!"

도전샘의 비전 시크릿

교실 튤립 수경재배 노하우

교실에서 식물을 키워보세요. 작은 틈 사이로 자라는 초록이를 살펴보는 여유를 가지세요. 관심을 가지고 바라보면 초록이가 건네는 소리를 들을 수 있어요. 그리고 그 속삭임에 귀 기울이듯, 아이들에게 관심을 가지고 귀 기울여 보세요. 함께 자라는 시간이 될 거예요.

교실 튤립 수경재배는 아이들의 잠재력을 바라보는 눈을 선물합니다.

"너희도 이렇게 자라고 있구나."

아이들에게 관찰의 눈을 선물합니다.

"우와, 오늘 더 자랐어."

매일 정성을 쏟으며 성실을 배웁니다.

"오늘도 깨끗한 물로 갈아줄게."

시행착오가 선물이 됩니다.

"내 튤립은 곰팡이가 피었었는데 가장 먼저 꽃이 피었어."

☆ **준비물**: 뚜껑이 있는 커피컵, 한 송이 포장지, 튤립 구근

☆ **교실 튤립 수경재배 시 튤립 구근 구입시기**: 튤립구근은 통마늘 크기의 큰 사이즈로 3월 초 구입 추천

1. 나만의 튤립 이름 지어주기
2. 곰팡이 핀 구근은 칼로 오려내고 알코올로 소독하기(소독 물티슈 가능)
3. 환기 자주하기
4. 물 자주 갈아주기(매일 아침 물 갈아주는 성실한 친구들을 만날 수 있어요)
5. 사랑과 관심으로 키우기

6. 예쁜 튤립 감상하기, 꽃한송이 포장지에 담아서 선물하기
7. 꽃 피우지 못할 튤립을 대비해 선생님이 가장 좋아하는 꽃다발 미리 준비하기
8. 튤립 수경재배 마무리하는 날, 꽃을 피우지 못한 친구들에게 선물하기(시행착오의 과정 격려하기)
9. 튤립 수경재배 글쓰기와 연계 "튤립이 나를 기억할까?"

<식물이 나를 기억할까?(긱블 실험 영상)>

인생 책 빅터 프랭클 - 「**죽음의 수용소에서(Man's search for meaning)**」

삶의 진정한 의미를 떠올려보게 만든 인생 책입니다. 우리가 만나게 되는 시련의 의미를 생각해 본 적이 있나요? 깊이 사유하며 그 의미를 온전히 알아차리는 순간, 더 이상 시련이 아니라 나만의 의미로 남게 된다는 사실.

Man's search for meaning.

빅터 프랭클은 홀로코스트의 생존자입니다. 그는 이 책을 집필하면서 존재의 의미와 중요성을 발견하며 포로수용소에서 계속 살아갈 의미를 찾았어요. 그렇게 해서 로고테라피라는 정신요법이 만들어지게 되었어요.

극한 시련의 순간을 지혜롭게 살아낸 빅터 프랭클의 이야기에 귀 기울여 보세요.

삶을 바라보는 눈이 달라집니다.

도전&성장

2024 새 책 출간
2034 <하브루타 자존감 수업>
스테디셀러

삶

여행하는 삶(관심, 경청, 반영)

배움

잠재력을 보는 눈
(튤립수경재배, 하브루타)

중심 & 감사

말씀 읊조리기(월1회 말씀 암송),
감사한 가정 세우기
(주1회 감사나눔)

VISION BOARD

이웃&건강

아프리카 물 보내기
매일 7000보 이상 걷기

기여&경제

나의 도전이 누군가의 도전으로 이어지기
기여하는 삶(재능기부)
자동 수익화 장치 마련

오늘도 도전할 수 있음에
감사합니다.

8

너의 세상을 나의 세상으로 연결하는 일

황혜진 초등교사, 교사교육과정 운영자, 동화작가, 그림책 작가, 어린이와 책을 사랑하는 사람

나였던 그 아이는 어디 있을까.

아직 내 속에 있을까, 아니면 사라졌을까.

- 「질문의 책」 중에서, 파블로 네루다

나는 가끔 무모할 정도로 결정이 빠르다. 새롭게 무언가를 시작하는 것을 즐거워하고 배움에 있어서는 더욱 그렇다. 그래서 생각보다 많은 것들을 쉽게 시작하고, 그것이야말로 내가 가진 유일한 재능이다. 하지만 나는 한번 계획하면 끝내야 마음이 편한 J형. 나와의 약속을 어기면 하루의 끝에 기분이 상하곤 하니 무조건 '그래, 일단 해보자!' 하는 건 양날의 검이기도 하다.

사회생활을 시작하면서 내향적인 성격을 극복해 보고자 "일단 해보자. 안되면 어쩔 수 없지."라고 자꾸 마음먹으려 애썼다. '보다 주체적으로!', '보다 적극적으로!' 다짐하고 또 다짐하며 살다 문득 정신을 차려보니, 자연스럽게 나는 유명 스포츠 브랜드의 Just do it을 실천하는 삶을 살고 있었다.

어린 시절에는 사십 대의 삶은 무언가 안정적일 줄 알았다. 하지만 Just do it의 일상은 성취만큼이나 피로감도 커서 안정과는 상당히 거리

가 멀었다. 나의 한계를 내가 알고 일상을 꾸려야 하는데, 이미 과하다는 것을 알면서도 하나 추가하는 건 언제나 쉬웠다. 하지만 나이가 들어감에 따라 체력과 건강은 예전만 못했고, 여러 개의 엔진이 쉴 새 없이 돌아가는 일상에 나는 자주 방전되었다.

그래서인지 어느 날 갑자기 내 삶을 통째로 흔드는 시련이 찾아왔을 때, 정신을 차릴 수가 없었다. 6기통 고성능 엔진을 장착하고 있는 것만 같던 내가, 한순간에 있는 대로 늘어나 다시 제자리로 돌아가지 못하는 늘어진 스프링이 되어버렸다. 왜 이런 일이 벌어진 건지 논리적으로 이해가 되지 않으니 열심히 살아온 시간이 모두 의미 없이 느껴졌다. 나는 손가락 하나 움직일 힘이 없었다. 번 아웃이 온 것이다. 하루 24시간을 분초를 다퉈 쪼개 살던 내가, 한 시간이면 했던 일을 며칠씩 걸려야 겨우 해내는 날들이 이어졌다.

'과거의 나는 정말 나였을까, 내가 다시 그런 삶을 살 수 있을까.'

불과 며칠 전의 내가 너무나도 낯설었다. 어딘가 완전히 고장나버린 것 같아 살길이 막막하게 느껴지고 어떻게 해야 할지 몰라 답답했다. 그냥 숨만 쉬어도 된다고, 그냥 밥만 먹어도 된다고, 그냥 그런 너여도 괜찮다고 나를 토닥였다. 연민에 빠지지 않으려고 애썼다.

많은 것들을 내려놓고 깨달은 것이 있다. +@가 하나도 없더라도 나는 이미 두 아이의 양육과 돌봄, 직장생활로 바쁜 인생의 중반기를 살고 있다는 사실이었다. 그것을 +@가 모두 사라지고 나서야 깨닫다니. 마음이 앞서 혹사당해 온 내 몸에게 미안했다.

무기력한 몇 달이 지나고서야, 이제 비로소 몸 상태가 정상 범주에 들어왔다. 하지만 나는 다시 나의 에너지를 쓰는 것이 두려웠다. 이제 나는 나의 열정이 무한정 솟아나는 샘이 아니라는 것을 알게 된 것이다. 한정된 자원을 어떻게 잘 써야 할지 고민되었다. 나는 주체적인 인간이라고, 나는 중심을 잘 잡고 살고 있다고, 성장이라는 것을 매일매일 하고 있다고 믿던 지난 삶을 돌아보니 그것은 착각이었다. 많은 부분이 외부에서 주어진 의무였다. 이제는 나의 시간과 에너지를 어디에 쓸지 정말 고심해서 선택하고 싶었다. 아주 진지하게 '내가 진정 원하는 것은 뭘까, 내가 더 행복할 수 있는 것은 무엇일까' 고민했다. 다시는 새까만 숯이 된 기분으로 살고 싶지 않았다.

고개를 돌려 보니, 언제나 그 자리에 놓여있던 책이 같은 자리에서 말을 걸었다. 책꽂이 한 칸이 온통 글쓰기에 관련된 책이었다. 그리고 깨달았다, 내가 정말 원하는 일. 내가 가장 하고 싶은 일. 아주 오랜 시간 이건 네가 감히 꿈꾸지 못하는 것이라고, 나 스스로 한계를 지어 자꾸만 외면하고자 했던 일. 그것은 '글쓰기'라는 것을.

"너는 글쓰기에 재능이 있구나. 글을 계속 써보렴."

짧은 이 문장은 내 존재에 대한 인정이었다. 5학년 때 정기적으로 일기장을 검사해 주시던 선생님이 빨간 펜으로 첨삭해주셨던 그 한마디를 읽은 순간, 내 마음에는 씨앗이 하나 심겼다. 쓰는 사람이 되고 싶다는 생각. 그 이후로 나는 언제나 창작의 세계를 갈망했다.

책은 어릴 때부터 좋아했다. 인생에서 가장 아프고, 힘든 순간에도 언제나 책이 있어서 외롭지 않았다. 늘 같은 자리에서 나를 어디로든 안내해 주는 책. 책은 언제나 매혹이었다. 유아차를 밀고 도서관에 가서 아이를 안고 그림책을 읽어주다 잠든 아이를 옆에 눕히고 책을 읽던 날들. 엄마라는 역할이 낯설어 나를 잃어버린 건가 싶을 때도 책은 내 손을 잡아주었다. 도서관은 언제나 위안의 공간, 설렘의 공간이었다. 나에게 말을 거는 책을 만나면 흡입하듯이 책장을 넘겼다.

손 닿는 거리에 책이 없으면 불안해 늘 책을 곁에 두곤 하는 나에게 작가는 내가 닿을 수 없는 세계에 사는 사람들이었다. 그래서, 그 존경하는 마음 때문인지 나는 글쓰기를 꿈꿀 뿐 현실로 받아들일 수 없었다. '내가 정말 쓸 준비가 되면, 그때 써야지, 지금은 때가 아니야.'라고 생각하는 나에게 작가는 그저 꿈이었다. 노력하면 행여 나의 재능 없음이 들통나 슬퍼질까, 다가가지 않으면서 언제나 그곳에 두고 동경하기만 하는 꿈. 작가라는 이름은 그저 저 멀리에 둔, 희망일 뿐이었다.

하지만 인생의 큰 고비를 굽이굽이 넘기고 나니, 이제 와서 그게 무슨 대수랴 싶었다. 모퉁이를 돌아 만난, 미래의 어느 날 모든 것을 이룬 내가 하하 웃으며 살고 있으리라는 희망은 망상인 것을 알아버렸다.

> '노력해서 안 되면 그건 그때 생각해. 해보지도 않고 왜 그래. 다른 것들은 그렇게 쉽게 시작하면서 왜 쓰려는 노력은 안 하는 거야? 일단 해 봐.'

나 스스로 말을 걸었다. 더 이상 모르는 척, 아닌 척 살고 싶지 않았다. 결과를 먼저 생각하고 두려워 피하지 말고, 내가 원하는 삶이라면 그렇게 꿈꾸는 것이라면 이제 한발 다가서야 했다. 최소한 나의 에너지를 내가 원하는 곳에 쏟는 삶을 살고 싶었다. 그러면 적어도 지쳐 쓰러졌을 때, 억울하지는 않을 것 같았다.

> "50대에는 동화를 쓰는 선생님이 되어야지. 그러니 교실 일기를 더 열심히 쓸 거야. 매 순간을 느끼고 기록하기 위해서라도 아이들과 더 눈높이를 맞추는 선생님이 될 거야."

묻어두었던 초임 시절 나의 다짐도 기억났다. 그 길로 곧장, 3년 전부터 고민해 오던 동화교실에 등록했다. 나는 어쨌거나 동화를 써보기로 마음먹었다. 큰 용기를 내어 내 인생에 중요한, 작지만 큰 한 걸음을 뗀 것이었다.

하지만 역시 글쓰기는 작은 재능으로는 쉽게 덤벼서는 안 되는 것이었다. 어려우리라 생각하고 시작했지만, 창작은 생각 이상으로 어려웠다. 글쓰기는 내 머릿속에 떠오른 스틸컷을, 나아가 내 머릿속에서 상영 중인 영화 필름을 글로 푸는 작업이었다. 독자에게 가닿을 수 있을까, 자주 멈추고 싶었다. 내 부족한 어휘력과 필력을 갈고 닦아 문장으로 만들어도 언제나 부족했고, 다시 또다시 고쳐도 부족한 문장만 나올 뿐이었다.

11월 어느 날, 동화교실의 정규 코스를 밟는 것도 헤매며 갈피를 못 잡고 있는 나에게, 선생님께서 '신춘문예 도전'을 과제로 내주셨다. 신춘문예는 봄처럼 싱그러운 천상의 단어였지 내 삶에 쓰일 단어라고 감히 생각해 본 적도 없었다. 하지만 과제가 있으면 해결해야 하는 J형 초등교사인 나. 성실한 완벽주의자인 나는 그날부터 곡기를 끊고 잠도 못 자고 머릿속에 꽉 뒤죽박죽된 생각들을 설기설기 풀어 신춘문예에 제출할 글을 쓰기 시작했다. 가슴 언저리에 콱하고 고구마 한 덩이가 통째로 얹힌 듯 답답한 마음은 글을 써야 풀렸다.

글을 쓰고 있으면 정수리에서 거미줄 한 가닥을 솔솔 풀어내는 기분이었다. 이 얇디얇은 한 가닥 거미줄이 끊기지 않길 바라면서 애지중지 글을 썼다. 가족이 모두 잠든 새벽 세 시, 혼자서 하얀 모니터를 마주하고 앉아있으면 이 세상에 홀로 던져진 기분이었다. 글쓰기는 외롭고 지난한 작업이었고, 겨우 누워 잠이 들면 글이 꿈에 이어졌다. 글을 쓴다는 것은 잠시도 의식이 쉴 수 없는 시간을 허락한 거란 걸 알고, 작가분들이 더 위대해 보였다.

내 하루의 모든 여분의 시간을 모아서 글을 쓰고, 여유가 나지 않는 시간도 쪼개어 시간을 만들어 글을 썼다. 머리를 쥐어짜며 썼지만, 마침표를 찍고 나니 주인공 아이가 나를 위로해 주었다. 세상 어디에도 없는 나만 아는 그 아이. 나를 위로해 준 그 아이가 정말 세상 어딘가에 살고 있을 것 같아서 당장 만나러 달려가고 싶어질 지경이었다. 그런 그 아이를 엉망인 세상에 둘 수는 없었다. 고치고 또 고쳤다. 제대로 마침표를 찍어주고 싶었다. 그래야 그 아이가 결국 내 마음을 떠나 자기 삶을 살아갈 수 있을 것이었다. 나의 주인공, 나만 아는 그 아이를 납작하게 두어, 어설픈 그 세상에 쭈그러져 살게 할 수는 없었다. 할 수만 있다면, 그 아이의 세상과 나의 세상을 연결해 주고 싶었다. 내가 아니면 아무도 할 수 없는 일이기에 나는 다시 일어나 글을 썼다.

동화를 쓰느라 안달복달하는 삶은 여러 가지 일들에 에너지를 쏟아붓느라, 내가 진정 원하는 것이 무엇인지 생각해 볼 겨를도 없던 이전의 삶과는 달랐다. 그보다 더 많은 시간과 에너지를 쏟아야 했지만 내 삶은 한결 안정되었다. 내 마음 단단히 붙일 무게중심이 생겼다. 거친 파도가 나를 덮치고 지나가더라도, 다시 수면이 평온해지면 빼꼼 고개를 내미는 작은 바위 하나가 마음에 자리 잡았다.

글쓰기를 시작한 후로 나는 서평이라는 단어를 꺼리게 되었다. 모든 글에는 글쓴이의 피와 땀이 녹아있다는 것을 알았기 때문이다. 글쓰기, 머릿속 회로가 쉴 새 없이 돌고 정신적인 피로가 무척이나 높은 작업. 멈추고 싶은 마음이 올라와도 다시 나를 다그치고 책상에 앉는 것은 이 아름다운 책 세상의 일원이 되고 싶은 열망이 힘듦보다 크기 때문이다. 책을 사랑하는 사람들, 아니 책보다 글을 사랑하는 사람들. 좋은 글을 읽고 싶고 읽고 나면 나누고 싶고, 결국 쓰고 싶은 마음을 가진 사람들과 책 이야기, 글 이야기, 그래서 함께 어렵고 힘든 이야기 하지만 따뜻한 우리네 이야기를 나누며 살고 싶기 때문이다.

5년 후 나는 내가 쓴 글이 어린이의 마음에 가닿을 것을 생각하며 엄중한 잣대와 태도를 간직하고 꾸준히 글을 쓰는 동화 작가로 살고 있을 것이다. 동화 쓰는 틈틈이 나의 책방 프로그램을 구상하고, 언젠가 내 책을 전시한 동네 책방에서 나를 찾아와 준 어린이에게 눈맞춤을 한 후, 나의 그림책과 동화를 읽어주는 날을 꿈꾸면서 말이다.

사각사각샘의 비전 시크릿

선생님 안의 어린이를 만나보세요!

열두 살에 품고 새싹이 돋았던 작은 꿈을, 33년이 흐른 2024년에 도전하면서 저를 가로막고, 저의 가능성을 외면하던 것은 다른 누구도 아닌 저 자신이었다는 것을 알았어요. 선생님도 외면해 온 내면의 목소리가 있나요? '안 될 거야.', '내가 어떻게 해?', '실패하면 어떻게 해?'와 같은 목소리요. 도전했다가 실패해서 정말 끝이 나버릴까 두려운 꿈이라면, 그만큼 간절한 꿈이라는 뜻이겠죠. 그러니 하루라도 더 늦기 전, 지금 도전해보세요. 처음엔 실패할 수도 있지만 그 또한 성장의 과정입니다. 좋아하는 글귀 중 이런 글귀가 있어요.

Everything is happening for me, not to me.
When life gives me lemons, I will make lemonade.

시련과 고통이 닥쳤을 때, 지나고 나면 결국 그 시련 덕분에 성장하고 훌쩍 달라진 경험이 다들 있으실 거예요. 작은 실패들이 쌓여 결국 한 단계 나아가는 경험을 하는 우리이길 바라요. 저는 돌아 돌아 33년을 건너 제 안의 어린이를 다시 만났어요. 그리고 이제는 생각해요. "일단 해보자!" 했다가 실패하면 부끄러울 텐데 하는 걱정은 자꾸 잊으려고 해요. 어차피 남들은 저에게 그렇게 관심이 없더라고요.

자신이 추구하는 것을 스스로 알고, 즐겁게 열정적으로 도전하는 당신을 응원합니다

인생 책 김소영 -「**어린이라는 세계**」

매일 어린이를 만나는 어른이라면 꼭 읽었으면 하는 책입니다. 김소영 작가님은 어린이책 편집자를 거쳐 현재 독서 교실에서 평생독자를 키우고 계세요.

어린이와 어린이책을 사랑하는 김소영 선생님의 글과 시각을 보면서, 어린이의 귀여움을 있는 그대로 바라봐 주는 어른의 다정한 눈길이 참 좋았어요. 매일 만나는 어린이에 대해 한 번 더 생각해 보는 기회를 가질 수 있는 책입니다. 다 읽고 나면 김소영 작가님이 튀김소영 작가님으로 변신해 있는 마법을 보게 되실 거예요!

쓰는 사람

- 신춘문예, 공모전 도전
- 어린이를 향한 마음, 동화쓰기
- 나의 삶 기록하기

읽는 사람

- 북클럽 꾸준히
- 읽기와 쓰기의 선순환

VISION BOARD

2029년,
여전히 사각사각 걷는 황혜진

행동하는 사람

- 근육저축 for 산티아고
- 동해안 자전거길 트래킹
- 듀오링고 꾸준히

그리는 사람

- 내 그림책에 그림작가 되기
- 마음과 사람을 그리는 사람

9

기록을 통해 비전을 보다

이정은 초등교사, 기록예찬가, 독서·글쓰기 러버, 꿈꾸는 작가

20대에는 이런 생각을 종종 했었다.

"현재를 충실하게 살면 미래는 저절로 보장된다."

현재를 열심히 꾸려나가면 미래는 당연히 나에게 보상을 줄 것으로 생각했다. 젊은 시절 밤을 새워 교육과정과 평가계획을 짜고 아무도 하지 않으려 했던 1학년 부장을 맡는 등 학교 일을 충실하게 해내려고 노력했다. 학교 일뿐만 아니라 학급 일에도 최선을 다했다. 주말에 따로 반 아이들과 시간을 보내기도 하고 여러 가지 활동을 하며 열정적으로 아이들을 가르쳤다.

하지만 시간이 갈수록 허탈한 느낌과 함께 내가 하고 있는 일들이 의미가 있는지 자꾸 의문이 들었다. 나를 위한 목표나 계획 없이 살았던 과거를 돌아보면 내가 하고 싶은 일이 아닌 그저 오늘 또는 이번 주에 해야 할 일들을 해치우느라 바빴던 것 같다.

'목표'가 이끄는 삶은 'To Do List'와는 다르다. 'To Do List'가 오늘 해야 할 일을 해치우는 거라면 '목표'가 이끄는 삶은 내가 추구하는 가치와 방향을 향해 필요한 일들을 해 나가는 거라 생각한다. 현재를 충실히

산다는 것은 목표가 이끄는 삶이 아닐까 하는 생각에 삶의 목표를 세우려고 했지만 이 또한 쉽지 않았다. 내가 원하는 것, 내가 좋아하고 잘하는 것이 무엇인지 나를 알아가는 일이 먼저 이루어져야 하는데 그게 참 어렵다.

행동은 마음가짐에 따라 달라지기도 하지만 어떤 행동을 의식적으로 하다 보면 우리 마음가짐도 변화된다고 한다. 행동이 마음을 변화시킬 수 있다는 말이다. 그래서 나는 알기 어려운 내 마음을 만나기 위해 우선 행동해 보려고 노력했다. 그 과정에서 내가 좋아하고 원하는 것을 만날 수 있지 않을까 기대하면서 말이다.

주변을 보면 능력 있는 선생님과 사람이 정말 많다. 내가 가진 재주나 능력, 또 가지고 있는 생각이나 관점들이 작고 좁게 느껴질 때가 있다. 그런 느낌을 자주 받을수록 자존감이 낮아지고 내 삶도 하찮게 생각되었다. 이런 나의 마음을 바꾸기 위해 내가 찾은 방법은 기록하기였다.

학생들과 함께한 일상과 나의 수업을 기록했다. 심혈을 기울여서 쓴 글쓰기가 아닌 정말 단순한 기록이었지만 허탈하게 느껴졌던 교사로서의 하루가 얼마나 빛나는지 내가 얼마나 노력하며 살고 있는지 깨닫게 해 주었다. 기록이 쌓일수록 교육관이 정리되고 수업에 활력이 생겼다. 정형화된 수업이 아닌 우리 반만의 활동을 자주 시도하게 되었다.

이런 작은 시도들은 기록을 통해 체계화되고 나만의 수업 스타일로 재탄생되었다. 그리고 내 마음을 더 긍정적으로 변화시켰고 조금 더 나은 교사가 되기 위해 노력하게 했다. 행동이 마음을 변화시키듯이 기록이란 행동이 나의 마음을 더 단단하게 만들고 교사로서의 열정을 다시 되살려주었다.

기록은 교사로서의 삶뿐만 아니라 엄마로서의 삶도 중심을 잡을 수 있게 도와줬다. 아이들과의 일상을 기록하면서 가족의 소중함을 더 알게 되었고, 일희일비하지 않고 아이를 키울 수 있는 기억의 저장고가 되어 주었다. 부족한 엄마라는 생각이 들 때 아이들과 함께했던 시간의 기록을 살펴보면 엄마로서 열심히 산 내 모습이 보였다. 완벽하지 않아도 충분히 좋은 엄마라고 내 자신을 다독일 수 있었다. 그 여유 있는 마음가짐으로 아이들과 함께하는 시간을 좀 더 즐길 수 있었고, 육아가 힘들기보다 행복한 시간으로 느껴지는 때가 많아졌다.

아이들과 함께했던 일상을 기록하다 보면 자연스럽게 나의 육아관이 보인다. 나는 이 상황에서 이렇게 훈육했고, 아이를 키울 때 중요하게 생각하는 부분을 나 스스로 깨닫게 된 것이다. 기록은 흔들리기 쉬운 육아의 세계에서 중심을 잡고 일관성 있게 아이들을 키울 수 있게 해줬다.

기록은 교사라는 직업에 대한 회의감과 함께 다른 일을 해야 하나 고민하는 시기에도 힘을 줬다. 수업 기록을 통해 결국 내 전문성은 가르치는 것이고, 그 일이 꽤 매력적인 일이라는 것을 느꼈기 때문이다. 교사라는 직업은 사람을 상대하는 것을 넘어 한 사람의 인생 방향과 가치를 세우는 데 영향을 준다. 교사의 삶은 학생들의 삶과 공유되고 교사의 경험은 학생들과 함께하는 배움 속에서 자연스럽게 새어 나온다. 그래서 교사는 자신의 중심을 잡고 정체성을 가지는 게 필요하다고 생각한다.

교사의 삶과 경험을 풍부하게 하는 것에는 책만 한 게 없다. 오래도록 책을 가까이 두고 사유하는 삶을 살고 싶은 것은 인간으로서 성숙해지고자 하는 이유도 있지만 앞으로 만날 제자들에게 더 좋은 것을 가르치고 싶은 욕심일 것이다. 책 속에 담긴 멋진 생각을 오래도록 기억하고 싶은데 자꾸만 휘발돼 버린다. 분명 읽었는데 문장의 느낌만 기억나고 정확한 단어나 구절이 떠오르지 않는다.

이때에도 기록은 아주 유용한 친구이다. 책을 읽고 마음에 드는 구절을 기록하고 내 생각을 자유롭게 풀어놓으면 오래도록 기억에 남는다. 단순히 글만 읽는 게 아닌 사유하는 독서를 하게 된다. 그리고 그 독서 기록은 내 인생의 좌표를 보여준다. 무엇에 관심이 있고 어느 방향으로 생각의 흐름이 흘러갔는지 말이다. 내가 한 기록을 보고 있으면 내가 추구하는 가치와 방향이 조금씩 보인다.

하나 하나의 기록은 작은 물줄기와도 같다. 작은 물줄기들이 모여 큰 강과 바다가 되듯이 기록이 쌓이면 엄청난 힘을 발휘한다. 내가 발견하지 못했던 내 모습을 알게 되고 나를 더 이해하게 된다. 오늘을 기록하여 나와 내 일상을 사랑하게 되고, 기록을 통해 내일을 꾸려나갈 수 있는 힘을 얻는다.

나의 비전은 기록과 닿아있다. 기록은 내가 가고 있는 길의 좌표를 보여주고 그다음 좌표도 찍어줄 것이다. 그 과정에서 내가 중요하게 생각하는 가치를 만나고 삶의 목표를 세우면서 배우고 성장할 것이라고 믿는다. 무언가를 이루고 소유하는 삶을 추구하기보다는 내가 걸어가는 이 길 자체를 소중히 여기고 싶은 마음이 크다. 그 길에서 만나는 아이들에게 내가 줄 수 있는 것을 가르치면서 그들의 배움과 성장을 돕고 싶다. 이 마음 하나를 잘 간직한다면 교사라는 직업도 오래 할 수 있지 않을까 생각한다. 그리고 그 마음을 잘 간직할 수 있도록 기록이라는 친구가 내 옆에서 든든히 지켜주리라 믿는다.

정감있는 쩡양의 비전 시크릿

기록에 나만의 의미와 재미를 더하세요.

기록하려고 하면 무엇을 써야 할지 막막할 때가 많아요. 글감이 없다고 느껴지면서 글쓰기에 재미도 떨어지게 되죠. 이럴 때는 하나의 주제로 꾸준히 써보세요. 나만의 의미와 재미가 더해져 기록의 힘을 느낄 수 있답니다. 나의 관심 분야와 함께 내가 세상을 바라보는 시선에 대해 조금씩 알게 되요.

산책할 때 보이는 아름다운 것들을 기록하는 '산책일기', 일상 속 감사함을 느끼는 '감사일기', 책을 읽고 쓰는 '오늘의 한 줄' 같은 주제도 참 좋습니다. 내가 사고 싶은 물건과 그 이유를 적는 '물욕일기', 반려동물과 반려식물을 관찰하는 일기, 물건을 하나씩 비우며 미니멀라이프를 실천하는 '비움일기'도 재미있을 거예요.

저는 저를 위한 '감탄일기'를 매일 쓰고 있습니다. 누군가에게 인정받으려 하지 않고 내가 나한테 감탄하는 글쓰기를 하고 있죠. 이 기록을 통해 나를 토닥여주고 일상을 힘차게 살아갈 수 있는 힘을 얻게 되는 것 같아요. 단순한 기록이라도 하나의 주제로 글이 쌓이게 된다면 의미와 함께 재미도 느낄 수 있을 겁니다.

인생 책 최승필 -「**공부머리 독서법**」

독서의 중요성을 깨닫게 해준 책이예요. 심플한 원칙으로 언어 능력을 향상시키는 독서 교육의 방향성을 제시해주어 자주 살펴보는 책입니다.

VISION BOARD

나의 일상을 사랑하기

VLOG에 꾸준히 기록

단란한 가족관계

여행, 대화, 애정표현

건강한 몸 만들기

간단한 맨몸운동
간헐적 단식 실천

우아하고 아름답게 늙어가기

독서와 사유하는 삶
나만의 스타일 찾기

육아, 교육 관련 책쓰기

나의 기록들이 한 권의
책이 되기를...

10

작은 시작으로 비전에 다가가기

윤미영 중등교사, 책 읽고 글쓰는 선생님, 라이프 테크놀로지와 코칭 전문가

2023년은 내게 특별한 한 해였다. 수동적으로 읽기만 하던 독서에서 기록도 하는 독서로 방향을 바꾸었기 때문이다.

집과 학교를 오가는 일상, 아이들을 돌보고 학생들을 가르치는 것. 이 둘 사이에서 분주하게 오가며 주변을 돌아보는 여유를 놓치고 살고 있었다. 아이들은 점점 자라는데, 나는 계속 머물러 있는 것만 같았다. 그저 주어진 대로 삶을 살아가는 것을 당연하게 여겼고, 삶에서 다양한 문제들이 삐걱거리며 불협화음을 낼 때조차도 무엇이 문제인지 알아채지 못했다. 분명 책을 읽었는데, 기억나지 않는 일들이 많아졌고 집에 있는 책을 또 주문하는 일도 늘어났다. 긴 육아휴직 끝에 또 아이를 낳아 육아 기간이 무한정 늘어났다. 언젠가 자기 삶을 찾아 날아갈 아이들을 바라만 보고 있는 엄마로 남을 것 같아 두려웠다.

언젠가 내 기억이 희미해지더라도 나라는 사람이 어떤 생각을 하며 살았는지, 삶의 조각들을 기록하고 싶었다. 책 읽는 순간을 기억하고 싶어서 인스타그램에 짧은 독서 기록을 남겼다. 어느 날 박웅현의 「여덟 단어」를 읽던 중이었다. 인스타그램에 들어갈 때마다 내가 밑줄 그은 문장을 누군가 곱게 포스트잇에 써서 피드로 올려 주었다. 마음이 묘하게

설렜고 내가 그 피드에 '좋아요'를 누를 때마다 또 다른 밑줄이 나에게 돌아왔다. 육아와 직장을 오가며 외로운 마음이 자주 들었는데 얼굴 모르는 누군가와 내가 함께 책을 읽는 것만 같았다. 나중에 알고 보니 그 피드는 밑알샘이 운영하던 자기경영노트의 @book_one_line이었다. 자기경영노트 2기 선생님들께서 「여덟 단어」를 읽고 자신의 마음에 와닿은 문장들을 적어 인스타그램에 올린 것이었다. 혼자 읽지만, 함께 읽는 느낌에 마음이 설레었다. "어떻게 하면 성장하는 삶을 살 수 있는가?"라는 질문을 시작한 순간 끌리듯이 자경노의 메시지와 에너지를 받아 이곳으로 오게 되었다. 거짓말처럼 느껴졌던 끌어당김의 법칙을 강력하게 체험한 순간이었다.

작년에는 연간 목표를 공언하면서 읽고, 쓰고, 걷고 실천하는 일을 목표로 한 해를 보냈다. 매일 읽고 쓰며 블로그에 기록을 남겼고, 3천 보만 걷던 내가 때로는 만 보를 걸었다. 한 해가 지나고 나서 연간 목표를 다시 보니 완벽하진 않아도 내 목표에 한층 더 가까워진 느낌이었다. 2024년을 시작하면서 나만의 비전 보드를 만들고 지금 내가 해야 할 일들을 기록해 보았다.

모든 일이 그렇듯이 상상만으로 무언가를 이룰 수는 없다. 아주 작은 일이라도 시작한 사람만 성공한다. 그동안을 돌아보니 나는 시작해 놓은 일은 특유의 성실함으로 꾸준히 해냈다. 그런데도 시작점에 대한 기준이 높아 실제로 한 발을 내딛지 못하는 경우가 많았다. 그래서 나에겐 '작은 성공'이 중요하다. 내가 목표한 비전에 가까워지기 위해 지금 할 수 있는 작은 것들을 생각해 본다. 지금 할 수 있는 가장 작은 일을 찾는 것이다.

1. 건강을 중심에 두고 매일 30분 달리기와 만 보 이상 걷기를 한다.
2. 에세이 출간을 위해 열심히 투고하고 꾸준히 글을 쓴다.
3. 좋은 글과 삶을 위해 매일 책을 읽고 생각을 기록한다.
4. 아이들과 꾸준히 국내 이곳저곳을 캠핑하면서 내공을 쌓아 우리 가족만의 해외 캠핑을 준비한다.
5. 밥상머리 대화를 꾸준히 함께하며 서로에 대한 존중과 배려, 사랑을 표현한다.

비전 보드를 적다 보니 막연한 것들도 있다. 그러나 방법을 조금씩 찾아보고 그 길로 가는 가장 작은 시작을 찾아내면 된다. 발걸음을 떼기만 한다면 나만의 꾸준함으로 조금씩 앞으로 나아갈 것을 믿는다.

그 시작으로 작년에 쓴 에세이를 출판사에 투고하는 중이다. 책을 출간하기로 마음먹었으니 내가 시도해 볼 수 있는 가장 작은 시작은 출판사에 이메일을 보내는 것이다. 출판사로부터 거절을 당하며 매일 작은 실패들을 수집하고 있다. 언제나 그렇듯 최종 목표에 도달하는 것만이 성공은 아닐 것이다. 원하는 대로 이루어지지 않는 순간은 언제나 찾아온다. 하지만 이 작은 시작은 중간에 길을 잃고 헤매더라도 결국은 내가 원하는 방향으로 나를 데려다줄 것이다.

내가 좋아하는 빨간 머리 앤은 다시 보육원에 돌아가야 하는 절망적인 상황에서도 이렇게 말한다.

"저는 이 길을 즐기기로 마음먹었어요." 원하는 비전으로 가기 위해 여러 어려움이 기다린다고 해도 마음을 바꾸어 이 과정을 즐기며 가고 싶다.

작은 숲 샘의 비전 시크릿

좋은 문장을 필사해 보세요.

글은 쓰고 싶지만 어떻게 시작해야 할지 모르겠다면 필사를 권해드려요. 타인의 글을 따라서 쓰고 그 글에 간단한 소감을 덧붙이는 일은 책에 기대어 내 생각을 드러낼 수 있는 좋은 방법이거든요. 이 작은 시작이 글쓰기로 가는 지름길을 만들어 줄 거예요. 저는 매일 읽는 책에서 그날의 한 문장을 정해 필사를 하고 생각을 적어가고 있어요. 생각보다 꾸준히 하는 일이 쉽지 않기에 '자동화 시스템'을 만들어서 성공할 수 있는 확률을 높여야 합니다.

1. 필사 시간을 정한다.
2. 부담스럽지 않은 양이어야 한다.
3. 혼자 하기보다는 여럿이 함께 한다.

무라카미 하루키는 「달리기에 관하여 내가 하고 싶은 이야기」에서 "계속 하는 것-리듬을 단절하지 않는 것. 장기적인 작업을 하는 데에는 그것이 중요하다."고 말했어요. 꾸준히 할 수 있는 시스템을 장착하고 매일 해 나가는 필사는 "쓰는 사람"이라는 정체성을 가져다 줄 수 있습니다. 무언가 습관으로 장착되려면 66일이 필요하다고 하지요. 글쓰기라는 비전으로 성장할 수 있는 작은 시작, 필사를 시작해 보세요.

인생 책 줄리아 카메론 -「**아티스트 웨이**」

열심히 살아가던 어느 날 교사라는 페르소나, 엄마라는 페르소나에 갇혀 나 자신을 잃어버렸다는 생각이 들었다. 아티스트 웨이를 읽고 매일 새벽 모닝 페이지를 쓰면서 내 안의 자기검열과 완벽주의를 떨치고 진짜 나를 찾아가는 연습을 할 수 있었다. 이 책을 통해 알게 된 아티스트 데이트 덕분에 나를 돌보지 않았던 내가 스스로를 만족시키고 자신을 행복하게 하는 연습을 시작할 수 있었다.

2024년 에세이 출간
베스트셀러&스테디셀러

매년 가족 해외 캠핑

교사 전문성 향상으로
교육 리더 되기

2030년 월 1000만원 이상
파이프 라인 은퇴준비

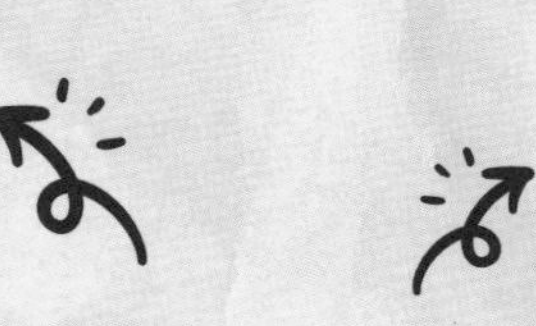

독서, 글쓰기로 성장하는 삶
관련커뮤니티 형성(학생, 성인, 학부모)

책과 토론으로 대화가 풍성한
가족 만들기, 각자의 꿈을
이루고 성장하는 가족,
사랑, 존중, 배려를 실천하는 가족

2030년 도심 속 마당과
정원 있는 집, 책 읽고 글쓰는
이웃들과 함께 소통

시간과 경제적 자유로 여유있는 삶
(매년 해외 살기)

2026 건강 회복!! 꾸준한 운동으로
신체나이 30대 초반
건강하고 활력 넘치는 삶

11

꿈꾸는 자가 오는 도다

이현정 초등교사, 정리 생활자, 다독가

'믿음은 바라는 것들의 실상이요 보지 못하는 것들의 증거니'

- 히브리서 11:1

나는 어떤 삶을 살고 싶을까? 앞으로 내가 이루고 싶은 꿈은 도대체 뭘까?

나는 궁금한 것, 하고 싶은 것이 많다. 그동안 '열심히 매일 노력하다 보면 되겠지.'하는 마음으로만 살았는데 비전 보드에 내가 좋아하는 것들을 구체적으로 보니 내가 이루고 싶은 꿈이 한 눈에 보였다. 내가 비전 보드에 적은 것은 크게 책, 가정, 일상, 복음에 관한 것이다. 이 네 가지가 유기적으로 잘 연결되는 것이 나의 비전이다. 앞으로도 비전 보드를 쓰고 공언할 때 나의 비전이 더욱 이루어지리라 믿는다.

나는 왜 교사가 되었으며 책에 대한 비전을 품었을까? 어린 시절로 잠시 돌아가 본다. 어린 시절 우리 집에는 책이 많지 않았다. 전래동화, 디즈니 동화 전집이 있을 뿐이었다. 6학년 때쯤 친구 집에 가게 되었는데 창작동화 책 세트가 줄지어 꽂혀있었다. 읽고 난 책은 거꾸로 꽂아둔다고 했다. 그 친구가 몹시 부러워 나도 엄마께 책을 사달라고 졸랐다. 그때 내 꿈은 내 책을 갖는 것이었다. 엄마는 큰맘 먹으시고 한국위인전, 세계

위인전, 계몽사 백과사전 세트를 사주셨다. 책이 우리 집에 들어오던 날의 기억은 아직도 생생하다. 엄마는 책장을 정리하시며 새 책을 하나씩 꽂으셨다. 나는 그때부터 뒹굴뒹굴하며 백과사전을 읽으며 보냈다. 세계지리, 역사 부분을 사진과 함께 읽다 보면 시간 가는 줄 몰랐다. 가 보지 못한 곳을 동경하게 되었으며 내가 좋아하는 내용이 나오면 빠져들어 읽었다. 사진 속에 질푸른 바다처럼 보이는 호수에 수영복을 입은 남자가 편안한 모습으로 떠 있었다. '사해에 몸을 담그면 몸이 둥둥 뜬다?' 이스라엘에 있다는 사해는 물이 너무 짜서 생물이 살지 못한다는 것도 신기하게만 느껴졌다. 낮이건 밤이건 심심하면 백과사전을 읽었다. 역사도 재미있는 부분이었다. 그러던 중 '인디아나 존스' 영화를 본 후 불현듯 고고학자가 되고 싶어졌다. 하지만 고고학자는 너무 고리타분할지도 모른다는 생각이 들어서 역사를 가르치는 선생님이 되기를 꿈꾸기도 했다.

그 당시 친구들은 피아노 앞에 앉으면 둘이 짝을 이루어 젓가락 행진곡을 치곤 했다. 나는 피아노학원에 다니지 않았던 터라 함께 칠 수가 없었다. 건반을 두드리고 함께 호흡을 맞추는 친구들이 마냥 부러워 보였다. 친구들이 대단한 기술을 가진 것처럼 보였다. 또 엄마를 졸랐다. 집과 100m 거리에 있던 피아노학원은 선생님의 가정집과 함께 있었다. 여름날 피아노학원은 피아노 소리로 가득했고 출입문을 열어두어서 우리 동네 골목길도 피아노 소리로 시끌시끌했다. 아이들은 피아노를 치다가 틈이 나면 책꽂이에 꽂힌 초등학생을 위한 잡지 등을 읽곤 했다. 중학생이 된 나는 매일 학원에서 홀로 연습 횟수를 채우기 위해 노력했다. 선생님의 레슨을 받고 난 후 어둑해진 길을 걸어 집으로 돌아갔다.

그러던 어느 날 같은 반 친구가 다니는 미술학원에 등록했다. 친구의 그림이 특별히 눈에 띄었는지 그 친구가 좋아서였는지 기억이 가물가물하다. 나는 처음으로 미술학원에서 그림을 배우게 되었다. 정확히 내가 무슨 그림을 그렸는지 생각나지 않지만, 미술학원의 따뜻한 느낌은 아직도 생생하다. 때때로 선생님의 친구가 미술학원을 방문했다. 하루는 학교를 마치고 학원에 들어서니 따뜻한 난로를 사이에 두고 무릎 담요를 덮은 두 사람이 이야기를 나누고 있었다. 두 사람의 대화는 매우 정겹게 느껴졌다.

어쩌면 혼자 책을 읽고 피아노를 치고 그림을 그렸던 경험들이 모여 나를 교사로 이끈 것 같다. 진정으로 하고 싶은 일을 찾아야 하는 고3 시절 다양한 과목을 가르치는 초등 교사가 나에게는 제격임을 깨닫고 이 길을 가게 되었다. 초등학생 시절 꿈을 적는 칸에 교사라고 적어 두었으니 어릴 적 꿈이 이루어진 셈이다. 나는 내가 하는 일이 너무나 좋아서 20년이 넘게 초등학교 교사의 삶을 살고 있다.

교사의 꿈을 이루었는데 나에게 또 다른 꿈이 생겼다. 책 모임을 다양하게 해나가는 것이다. 나는 책을 후루룩 빨리 읽는 능력을 갖고 싶었다. 30대쯤 되어서는 「책만 보는 바보」에서 이덕무와 그의 친구들이 백탑에 모여 이런저런 책과 조선에 관한 이야기를 나누었다는 것을 보고 나에게도 책 이야기를 나누는 친구들이 생기길 바랐다. 이덕무는 「발해사」를 쓴 유득공, 「열하일기」의 박지원, 무사 박동수, 박제가처럼 자신이 살던 시대에 발자취를 남긴 사람들과 벗이 되었다. 자신의 분야를 개척해 나간 이들이 매우 존경스러웠다. 이제는 내 주변에 책을 좋아하고 책을 쓰는 선생님들이 많다. 이들과의 독서 모임이 더 확장돼 가길 바란다. 그리고 소중한 네 명의 아들들과도 책으로 소통하기 위해 같은 책을 읽고 이야기 나누는 시간을 정해 본다.

책을 읽다 보니 이제는 쓰는 사람이 되고 싶어졌다. 내가 쓰고 싶은 책은 장정일의 「빌린 책, 산 책, 버린 책」, 안상헌의 「생산적 책 읽기 50」처럼 읽은 책에 대한 기록이다. 나는 어쩌다 보니 빌렸다가 반납 못 한 책들이 꽤 된다. 그 책들에 대한 사연을 엮은 책을 쓰고 싶다. 또 내가 좋아하는 바느질에 관한 책도 쓰고 싶다. 바느질해서 만들 수 있는 용품에 관한 실용서도 좋지만, 바느질하는 이유와 바느질하는 삶에 관한 이야기가 담길 책이라면 더더욱 좋다. 바느질하는 여유를 가진 자들의 이야기를 읽고 있으면 마음이 편안해지는데 그 편안함을 다른 이들에게 전하고 싶다. 마지막으로 사계절 옷을 바꾸어 입는 나무들과 들판의 꽃들도 나에게는 이야깃거리다. 크고 작은 새들의 지저귐 또한 그러하다. 산책을 시작하면서 우리 동네 우산천의 진짜 주인을 발견했다. 이 전까지 우산천은 우리 동네 주민의 것이고 언제든지 방문하면 되는 곳이라고 생각했다. 그런데 늘 이곳에서 먹고 헤엄치는 이들이 있지 않은가. 10여 마리의 오리들과 왜가리다. 오리가 있는 곳에는 왜가리도 함께 있었다. 오랫동안 알고 지낸 사이임이 틀림없다. 마음에 드는 풍경과 장면이 나오면 사진으로 찍어 둔다. 수채화로 그리면 예쁘겠다 싶은 장면이 많다. 일주일에 한두 번 화실에 가는데 그림을 그리는 시간 또한 조용히 나를 만나는 시간이다. 수채화 물감을 섞고 색깔을 만드는 시간이 주는 기쁨이 있다. 오일파스텔, 수채화, 아크릴 등 좋아하는 재료도 있으니 이제 그리면 된다. 책에 대한 기록, 바느질, 동네 관찰 그림, 역사, 그림책 등 내가 좋아하는 분야의 책을 1년에 한 권 이상 출간하고 싶다.

나에게는 소중한 아들이 네 명 있다. 물건은 늘어나고 해내야 할 일들은 많았다. 그래서 정리는 나에게 꼭 필요한 것이었다. 그동안 정리에 대해 고민한 내용을 담아 「아들 넷 엄마의 슬기로운 정리 생활」을 출간했다. 정리에 어려움을 느끼는 분들에게 조금이나마 도움이 되기를 바라는 마음으로 썼다. 나에게 책 출간이 끝이 아닌 시작이라는 생각이 든다. 정리는 내가 사랑하는 가족에게 좋은 환경을 제공해 주며 내가 행복해하는 공간에서의 자유를 선물하기에 멈출 수가 없다. 나는 정리 생활자로서 이제부터 나의 독자들에게 정리 비법을 전수하고자 한다. 정리를 어려워하고 힘들어하는 이들에게 인스타그램과 유튜브로 나의 독자들과 소통하며 정리 생활을 전하고 싶다.

실력 있는 반주자가 되고 싶다. 교회에서 반주를 한 지도 어느덧 4개월이 흘렀다. 어릴 때부터 피아노를 쳐 온 남편은 피아노를 다루는 솜씨가 능숙하다. 남편은 악보가 어려운 명곡집도 척척 쳐내는데 박자도 틀리고 별 기술도 없는 나는 반주 시작부터 기가 죽었다. 박자나 음정에 자신이 없다. 손은 제 맘대로 움직이고 틀린 부분을 곱씹다 보니 악보를 나아가질 못했다. 제자리걸음을 하다 손은 더 제 맘대로다. 건반을 잘못 누르고 틀렸다고 해서 제자리에 머무르면 아무것도 이루어지지 않는다는 것을 배웠다. 틀려도 나아가야 한다. 싱어게인 최종결승전 무대에서 조용필의 바람의 노래를 부르던 홍이삭도 음을 이탈하면서 관객들을 놀라게 하고 심사위원들로부터 혹평을 들었다. 마지막 무대를 망친 것처럼 보였고 지켜보던 사람들은 크게 낙담했다. 하지만 그는 다시 마음을 잡고 끝까지 노래를 불렀다. 결국 결승 무대에서 1위를 거머쥐었다. 그래서 나는 그 영상을 듣고 또 듣고, 보고 또 보았다. '중간에 쓰러져도 다시 일어나면 되는구나. 중간에 틀려도 끝까지 가면 되는구나.' 나는 피아노와

노는 중이다. 이제는 조금 더 신나게 놀아보려고 한다. 실력있는 반주자를 꿈꿔본다.

나는 꿈꾸기를 좋아한다. 꿈은 일상을 넘어 새롭고 놀라운 일이 펼쳐지리라는 기대감을 주기에 일상을 살아갈 힘이 된다. 어린 시절 내가 좋아했던 것들을 지금도 이어서 하고 있다. 백과사전을 보고 그림을 그리고 피아노를 쳤던 어린 시절의 내가 사라지지 않고 지금도 도전 중이다. 조금 틀렸다고 해서 멈추기보다 계속 나아갈 때 도전이 성공으로 이어질 것이다. 나는 내가 믿는 것이 내가 바라는 것들의 실상이라는 비밀을 믿는다. 지금은 아무것도 눈앞에 보이지 않지만 마치 이룬 듯 나의 비전을 생생히 그려내는 삶을 살리라 다짐한다.

호기샘의 비전 시크릿

좋아하는 일로 승부하세요.

세상은 급변하고 있습니다. 변하는 세상에 맞추어 살기도 쉽지 않습니다. 쫓아가기만 하면 언젠가는 지쳐 쓰러집니다. 어렸을 때 좋아하고 즐거워했던 일을 다시 떠올려볼까요? 배우는 것을 멈추지 않고 나아가면 나만의 특기를 살릴 수 있습니다. 세상은 변하지만 나는 나만의 연륜이 쌓인 특기로 승부할 수 있습니다. 내가 좋아하는 분야의 책을 읽다 보면 책을 쓰게 되고, 그림을 그리다 보면 어느 순간 그림작가가 되어 있을 것입니다.

그저 좋아서 시작해보았는데 지속하다보니 큰 결실로 맺어진 경우가 많습니다. 그림을 그리다 보니 그림책을 한 권 만들었습니다. 물론 고민으로 시작하는 것도 좋습니다. 저는 정리를 못하지만 잘하고 싶다고 고민했는데 그 고민을 담은 책이 출간으로 이어지기도 했습니다.

배우기에 늦은 때란 없습니다. 배움의 열정을 버리지 말고 품고 가면 당신만의 큰 작품이 완성될 것입니다.

"앞만 바라봐서는 점들을 연결할 수가 없다. 뒤돌아봐야 점들이 선으로 이어진다."

–스티브 잡스

인생 책 오스틴 클레온 -「**훔쳐라, 아티스트처럼**」

창작자가 된 저는 틈이 날 때마다 이 책을 펼쳐서 읽습니다. 솔직하고 참신한 조언들이 가득합니다. 언제 읽어도 영감을 얻습니다.

독서 모임

아들들, 오후의 발견, 동학년,
그림책, 북퍼실리테이션

매년 개인 저서 1권 출간

독서, 역사, 정리, 환경, 그림책,
새, 산책, 전문적학습공동체

복음

해외 선교지 돕기, 기도와 후원

여유 있는 일상

미라클 모닝, 규칙적인 생활,
매일 산책, 운동

VISION BOARD

정리된 집안

깔끔하고 정돈된 공간

피아노 연주

실력 있는 반주자

행복한 가정

건강한 식탁, 아이들과 대화,
아들들 지원하기, 부모님 방문

여행

매년 1곳 가족여행
(일본, 인도네시아, 터키 등)

12

일상을 사랑하며 꿈꾸는 오후

김혜경 초등교감, 일상을 사랑하며 읽고 쓰는 마인드맵퍼, 독서 모임 메신저

"꿈긍정 모닝~ 일상을 사랑합니다."

내가 추구하는 일상을 대하는 태도와 미래를 담아 미라클 모닝 벗들과 함께 나누는 인사말을 만들었다.

"사랑은 일상에서 시작해야 한다."

"하루라는 작은 그림이 모여 내 인생이 돼요."

"인생은 결국 그가 하루하루 보낸 사소한 일상의 합으로 결정된다."

라는 책 속 문장을 읽으며 탄생한 인사말이다.

나의 하루에 꿈꾸는 미래를 담아 보내고 있다.

2021년 1월 4일부터 시작한 미라클 모닝은 사이사이 지쳐서, 아파서, 힘들어서 중단되기도 했지만, 아무튼 지금까지 계속하고 있다. 미라클 모닝은 하루를 미라클 라이프로 만드는 작은 씨앗이었다. 하루의 시작 버튼은 음양탕을 마시는 것이다. 음양탕은 몸의 순환을 촉진시키고 면역력을 강화한다고 해서 마시기 시작했다. 뜨거운 물과 찬물을 섞은 음양탕을 마시고 긍정적인 신체 변화를 체감한 나는 음양탕 전도사가 되었다. 새벽의 독서와 필사는 하루 중 다른 시간대보다 집중도가 높았다. 특

히 3년 전 모닝 페이지 쓰기는 미처 알아채지 못한 깊은 불안과 고통을 마주했고, 치유의 시간을 선물했다. 고요한 아침이 건네는 충만함은 내 삶의 원동력이 되었다. 새벽 기상을 놓을 수 없었고 미라클 모닝을 적극 추천하는 사람이 되었다. 이토록 좋은 미라클 모닝을 할머니가 될 때까지 지속할 것이다.

출근길과 퇴근길에 KBS 클래식 라디오 방송을 듣는다. 교실에서는 아침 시간에 클래식 한 곡을 일주일 동안 들려주곤 했다. 아이가 어디선가 들려오는 클래식 곡을 듣고 엄마에게 교실에서 선생님이 들려준 곡이라고 이야기해 준 경험은 교사의 작은 행동이 아이와 부모에게 삶 속에서 기쁨을 줄 수 있음을 알게 되었다. 가족이 이동하는 자동차 안에서 또는 집 안 거실에서 함께 듣는 노래는 나와 아들 사이, 아빠와 아들 사이 그리고 가족 분위기를 말랑말랑하게 해 주는 촉매제가 되었다. <고등 래퍼>, <쇼미더머니> 등의 음악 프로그램을 가족이 같이 보며, 이문세의 대표곡을 같이 들으며 서로의 취향을 공유하고 나누는 가족문화를 만들었다. 큰아들이 좋아하는 신용재의 <가수가 된 이유>, 작은아들 유아기에 발매된 린의 <곰인형>, 초등학교 때 발매된 싸이의 <기댈 곳>을 함께 듣고 가사의 의미를 새기기도 했다. 가족이 함께 공유하는 문화는 스포츠까지 연결되었다. 두 아들을 키우면서 가족이 함께 운동할 수 있는 종목이 있다는 것에 나도 남편도 감사했다. 여름밤이면 열대야를 피해 수영장의 물속에서 놀다 보면 더위로 인한 짜증은 어느새 씻겨 내려갔다. 겨울이면 스키를 타고, 배드민턴 치며 가족 분위기가 훈훈해짐을 서로가 안다. 2년 전 배드민턴 치러 가는 차 안에서 내 일상을 기분 좋게 하는 것을 주제로 나눴던 대화에서 엄마의 맛있는 요리를 두 아들이 언급할 때 무척 행복했다. 집에서 밥을 정성스럽게 해 먹여야 한다는 친정엄마 말씀이 스쳐 갔다. 외식보다는 집에서 식사하는 것을 좋아하는 가족이다. 피곤하기도 하지만 따뜻한 식사 한 끼, 소박한 집밥이 건강한 가족문화를 만드는 것임을 안다. 몸과 마음이 건강할 수 있도록 현재의 가족문화가 두 아들이 가정을 꾸려 아이를 양육할 미래까지 빛을 발하기를 꿈꾼다.

행복했던 이미지만 남아있는 과거의 순간들을 모두 다 기억하진 못한다. 그 순간들을 기록해 두었기에 꺼낼 수 있었다. 내가 글을 쓰는 첫 번째 이유다. 「엄마, 죽을 때 무슨 색 옷을 입고 싶어?」와 「시선으로부터」를 읽고 나와 가족의 일상 이야기를 기록해서 남기고 싶었다. 훗날 이 세상에 내가 없더라도 블로그에 담아 둔 이야기들을 읽고 가족의 추억을, 미처 말하지 못했던 마음을 나누기 위해 글쓰기를 실천하고 있다. 두 번째 내가 글을 쓰는 이유는 나의 경험을 나누고 싶어서이다. "내 삶의 이야기가 누군가에게 분명 도움이 되어요. 자기 계발의 끝은 책 쓰기입니다."라는 밀알샘의 이야기와 "내가 가진 콘텐츠가 정체성이 되고 브랜드가 된다."는 미미쌤의 이야기가 작가가 되고 싶은 꿈을 실현하고 싶은 열망을 불렀다. "초보가 더 초보에게 들려주는 이야기가 실제로 길잡이가 되어 변화를 경험했다."는 어느 작가님의 이야기도 내겐 큰 자극이 되었다. 누군가에게 도움이 되고 싶은 마음을 글을 쓰는 행동으로 옮기고 있다. 학교 이야기를, 친정엄마 영숙씨의 삶을, 5년째 실천하고 있는 마인드맵 쉽게 하는 법을 책으로 출간하는 작가의 꿈을 이루기 위해 어제도 썼고, 오늘도 쓰고, 내일도 쓸 것이다. 쓰기 위해 일상의 순간들을 소풍날 보물찾기하듯이 자세히 봐야 했다. 행복이라는 보물은 그 자리에 있었건만 이제야 발견하는 눈을 갖게 되었다. 쓴다는 행위 덕분에 매일 행복이라는 보물을 채집한다. 계속 쓰는 삶이 미라클이다. 그리고 올해부터 매년 책 1권씩을 출간하겠다는 다짐을 꺼내어 쓴다.

"사랑은 일상에서 시작해야 한다."라는 문장은 김종원의 「글은 어떻게 삶이 되는가」에서 발견했다. 교사 성장모임 자기 경영 노트 독서 모임에서 이 책을 선정해서 함께 읽고 나눈 덕분이었다. 함께 읽기의 힘을 경험한 시작은 큰아들 초등 6학년 때였다. '잠수네 커가는 아이들' 온라인 모임에 참여하여 6학년 아이들과 온라인 공간에서 추천한 책을 아들과 엄마가 함께 읽었다. 감사하게도 큰아들과 나는 「유진과 유진」, 「구덩이」, 「아몬드」같은 책을 함께 읽고 서로의 감상을 나누었다. 아쉬운 점은 아이들끼리 책에 관한 이야기를 나누지 못했다는 것이다. 나의 목마름은 둘째와 엄마, 둘째의 친구와 친구 엄마가 함께하는 독서 모임을 하면서 해소되었다. 엄마 입에서 나온 말은 아들에게 닿으면 잔소리로 다가가 투닥거릴 때가 많았다. 하지만 독서모임에서 나눈 대화는 아들에게 의미있게 스며드는 듯 했다. 사춘기 아들과 엄마들의 대화는 책을 징검다리 삼아 차가운 겨울바람이기보다는 따스한 봄바람이었다. 책을 읽으며 변화된 아들과 엄마의 일상 중 한 조각이다.

온라인과 오프라인을 넘나들며 독서 모임의 경험치가 쌓이면서 독서 모임 만들기에 도전했다. 2022년 같은 지역 교사 독서 모임 제안을 시작으로, 아들과 엄마가 함께하는 독서 모임에, 아이들 방학 동안 독서 습관 기르기 프로젝트 독서 모임도 만들었다. 올해 전입한 학교에서 학부모 독서 모임의 씨앗을 심었고, 학생 독서 모임도 2개나 운영하기 시작했다. 좋은 것을 함께 나누고 싶어 시작했다. 독서 모임에서 책을 매개로 한 대화는 풍성하다. 책 속 문장이 마중물이 되어 삶을 이야기한다. 어느 모임보다 독서 모임이 끈끈한 이유이기도 하다. 은퇴하더라도 독서 모임을 계속할 것이라 믿는다. 작은 책방에서 아이들에게는 그림책을 읽어주고, 내 또래 어른들과 함께 그림책 읽고 나누는 할머니로 살고 싶다. 책을 읽으며 변화된 내가 다른 이들에게 책 읽는 재미를 느낄 수 있도록 도와주는 독서 모임 메신저가 되어 많은 이들과 함께 책 속 세상을 경험하도록 도와주고 싶다.

일상 사랑은 나의 일터인 학교에서도 계속된다. 교사 시절에는 가르치는 것이 무엇보다도 재미있었다. 아이들과 함께 보내는 교실에서 희로애락을 경험했고, 고군분투하기도 했지만, 행복한 교사 시절을 보냈다. 올해 교직 인생에서 변화를 맞이했다. 지난 23년간의 교사 생활 후 교감으로 승진하였다. 승진하는 이들을 바라보는 시선을 바꾸고 싶었다. 아니 승진을 준비하면서 부끄럽지 않은 내가 되고 싶어 내가 있는 자리에서 최선을 다했다. 이제는 교감의 자리에서 교직원들이 행복한 일터가 될 수 있도록 살피고 도와드리며 애쓰고 있다. 교직 사회가 예전보다 쉽지 않지만, 여전히 우리에겐 보람된 곳이다. 함께 하는 일터가 행복할 수 있도록 돕고 해결하는 조력자로서 남은 교직 인생을 보내고 싶다. 일터에서도 즐거움을 선사하고 싶어 교감(交感)하는 교감(校監)으로서 한 걸음

한 걸음 내딛고 있다. 어려움이 다가왔을 때 해결해주는 해결사, 교직원들과 소통전문가, 교육과정 전문가가 되어 학교 이야기를 글로 쓰고 책으로 엮어서 출간하는 꿈을 꾼다.

내 인생을 하루에 비유한다면 앞으로 다가올 미래는 오후다. 내가 꿈꾸는 오후는 지금 나의 일상들이 모여서 이루는 빛나는 인생으로 마주할 것을 믿는다. 실패를 마주할 때도 많을 것이다. 긍정적인 태도로 꿈을 잃지 않고 하나의 과정임을 잊지 않을 것이다. 지금 내 곁에 함께하는 사람들과 내가 읽고 있는 책이 미래의 모습이 말해 주고 있음을 믿고 하루 속에서 만들어 가고 있으니까. 미라클 모닝에서 미라클 라이프의 경험을 담아 미라클 라이프 코치가 될 것을 다짐한다. 자신이 좋아하는 활동으로 일상을 채워가며 미래를 꿈꿀 수 있도록 도와주는 미라클 라이프 코치를. 나만의 속도로 조금씩 나아가고 있기에 포기하지 않을 것임을 스스로 믿는다.

"일상을 소중히 여기는 사람은 저절로 글을 쓰게 되며, 그런 나날을 반복하면 삶도 글처럼 빛나게 된다."라는 말을 믿는다. 나의 일상을 사랑하며 꿈꾸는 오후는 더욱 빛날 것임을.

꿈긍정맘의 비전 시크릿

내가 좋아하는 의미 있는 활동을 학급에서 아이들과도 함께 합니다.

일상의 좋아하는 활동을 교실 아이들과도 함께 했습니다. 일주일의 시작인 월요일은 주간목표 쓰기를 하며 독서목표와 한 주 동안 지켜야 할 핵심 약속을 적어보았습니다. 알림장의 마지막은 오늘의 나를 칭찬하고, 감사함을 찾아 씁니다. 읽고 쓰기를 좋아하는 저는 수업과 책을 연결하여 다양한 책을 경험하게 해 주고, 책 속의 좋은 구절을 보석문장이라고 부르며 서로 나누는 시간을 갖기도 했습니다. 등굣길 아이의 시선에 머문 장면은 짧은 글쓰기로, 아이들이 경험을 시나 글쓰기로 표현하도록 하고 저도 교단 일기를 썼습니다. 한 달을 마무리하며 좋았던 점, 아쉬웠던 점, 앞으로 해야 할 일을 마인드맵으로 그려보며 자신의 일상을 찬란하게 기억하도록 도와주었습니다. 학급으로 스며드는 활동들이 아이들의 삶에 작은 변화를 만들어 주는 경험을 했습니다.

"내가 좋아하는 의미 있는 활동으로 하루를 채우며, 아이들과도 함께 하며 미라클 라이프를 경험해 보세요."

인생 책 줄리아 카메론 - 「**아티스트웨이**」

모닝 페이지를 쓰면서 나도 몰랐던 내 안의 불안, 고독, 고통을 알아차리고 풀어내었습니다. 글쓰기가 나를 치유하는 경험을 했고, 계속 쓰는 용기를 가졌습니다. 내 안의 창조성을 일깨울 수 있음을 믿게 된 책입니다.

VISION BOARD

미라클 모닝

- 새벽기상 40년 이상
- 음양탕
- 독서
- 글쓰기
- 필사(영어 & 한글)

미라클 라이프 코치

- 미라클 모닝 코칭
- 건강한 가족 문화 나눔
- 독서 모임 코칭

교감(交感)하는 교감(校監)

- 교육과정 전문가
- 해결사
- 소통 전문가
- 독서모임 메신저 (학생, 학부모, 교직원)

행복한 가족 문화

- 건강한 집밥
- 음악 즐기고 나눔
- 스포츠 함께 즐기기
- 가족 독서 모임

책 출간

- 작은 학교 이야기
- 마인드맵 쉽게 하는 법
- 독서 모임 이야기
- 친정 엄마 영숙씨의 이토록 좋은 날

13

읽다 걷다 쓰다

양윤희 초등교사, 읽기 쓰기 걷기 나누기, 일기 쓰기 전도사

2019 코로나로 아이들이 학교에 오지 않았다. 2020년 초등학교 1학년 담임일 때다. 아이들은 입학도 하지 못한 채 집에 머물렀다. 빈 교실에 앉아 아이들에게 나눠 줄 학습지를 제작하거나 학부모 전화 상담을 하면서 얼굴도 보지 못한 아이들의 안부를 묻곤 했다.

비대면으로 소통하게 되면서 학교는 물론 사회의 시스템은 많은 변화를 겪었다. 4차 산업혁명을 논하다가 어느새 줌(ZOOM)으로 소통하는 세상을 살고, AI가 우리 삶 깊숙이 들어온 것을 보면서 아이들에게 가르쳐야 할 것은 무엇인가 고민하기 시작했다.

급변하는 사회에서 잘 살아가기 위해 꼭 필요한 것은 무엇일까?

AI에 대체되지 않고 인간의 존엄을 유지하며 살기 위해 꼭 필요한 것은 무엇인가?

고민 끝에 내린 결론은 '우선 건강해야 하고, 생각하는 힘을 길러야 한다는 것'이었다.

'읽고, 걷고, 쓰는 것.'

이 세 가지를 습관으로 잘 들여놓으면 AI에 대체되지 않고, 인간다운 삶을 더욱 풍요롭게 누릴 수 있지 않을까?

남녀노소를 불문하고 건강은 누구에게나 1순위다. 쇼펜하우어는 '우리 행복의 90퍼센트는 건강에 의해서만 좌우된다.'고 했다. 좋은 먹거리, 적당한 운동, 충분한 수면이 중요하다. 건강을 위해 특별히 함께하고 싶은 것은 걷기이다. 「병의 90%는 걷기만 해도 낫는다」라는 책이 있다. 걷는 것만큼 몸에 무리를 주지 않으면서 건강을 유지하기에 좋은 운동은 없다고 한다.

독일을 여행할 때 철학자의 길을 따라 걸어본 적이 있다. 조용한 산책로에 나뭇잎, 풀잎만이 바람결에 소리를 내던 곳. 그 길을 걸을 때, '철학자들은 이 길을 걸으며 무슨 생각을 했을까?'하고 상상했다. 걷는 것은 건강에도 좋지만, 걸으면서 사색할 수 있고 때로는 일의 실마리를 풀어주기도 해서 날마다 꾸준히 걷는 것을 권하고 싶다.

독서의 이점을 모르는 사람은 많지 않을 것이다. 그러나 실제로 지난해 우리나라 성인의 독서율은 한 해 평균 3.9권인 것으로 조사되었다. 아이들에게 독서를 강조하는 어른들은 많지만 실제로 어른들은 한 해 네 권을 채 못 읽는 실정이다. 학생들만 보아도 초등학생들이 가장 책을 많이 읽고 고학년이 되고 중고등학생이 되면 또 독서율은 현저히 줄어든다. 초등학교 때부터 책에 재미를 붙이고 꾸준히 책을 읽는 청소년, 어른으로 성장해 나가길 바란다. 어린 시절부터 책 읽기를 습관화하고 청소년이 되어도 책을 손에서 놓지 않도록 돕는 일을 하고 싶다.

아이들과 만나면서 가장 꾸준히 낸 과제가 일기 쓰기다. 오랫동안 일기 쓰기를 권장한 것은 글쓰기는 '내 이야기에서 시작'하는 것이 좋다고 여겼기 때문이다. 주제가 있는 글도 좋지만 내가 쓰고 싶은 이야기를 써 보는 경험이 필요하다고 생각했다. 나의 하루를 돌아보며 반성하기도 하고, 내 이야기를 쓰면서 나를 잘 알게 되기 때문이기도 했다. 나 역시 일기를 쓰면서 내 생각과 감정이 정리되는 경험을 많이 했고, 반성과 더불어 희망찬 내일을 기약하는 날들이 많았다. 매일 일기를 쓰는 것은 힘든 일이지만 일기를 꾸준히 쓸 수 있도록 격려하고 독려하고 있다.

학생들과 함께 독서하고 걷고 글을 쓰는 프로그램을 운영해 보고 싶다.

체험학습으로 미술관 박물관 또는 체험장을 가는 것 못지않게, 읽고 걷고 쓰는 체험도 의미가 있을 것이다.

단순하면서도 몸 건강, 마음 건강, 정신 건강을 다 챙길 수 있는 프로그램이 될 것이다. 이왕이면 독일에서 걸어 보았던 철학자의 길처럼 고요한 곳이나 녹음이 짙은 숲에서 이루어지면 더 좋겠다. 그러나 일상이 되게 하기 위해서는 우리 고장의 걷기 좋은 길, 우리 학교의 걷기 좋은 장소라면 충분하다.

읽고 싶은 책을 1시간 집중해서 읽고, 다 같이 걸으러 나갈 것이다. 걸을 때는 나 혼자만의 속도로 천천히 걷는다. 책 속 내용을 생각하며 걸어도 좋고, 사색의 시간으로 가져도 좋다. 때로는 자연 속에서 유유히 걷기만 해도 좋다. 오롯이 나만의 시간으로 나의 호흡, 나의 걸음, 내 생각에 집중하며 걸으면 된다.

걷다가 돌아오면 쓰는 시간이다. 생각나는 것을 있는 그대로 종이에 풀어내면 된다. 무엇을 쓰든 내 것으로 남을 것이다.

급변하는 사회, 알 수 없는 미래, 불안한 마음에서 세상을 보다가 내가 깨달은 것.

인간다움을 유지하는 기본은 '생각하는 힘'에 있었다. 사람은 누구나 제 갈 길을 스스로 찾을 수 있다고 생각한다. 세상에 휘둘리지 않고 내 삶을 설계하기 위해 읽고, 걷고, 쓰는 체험을 어릴 때부터 할 수 있도록 이끌고 싶다.

초등학교에서부터 읽고, 걷고, 쓰는 활동이 습관이 되게 하고 이 아이들이 가정에서 읽고, 걷고, 쓰는 문화를 전파하는 날을 기대한다. 많은 사람들이 읽고 걷고 쓰는 일상을 살기를 바란다.

북러버 샘의 비전 시크릿

읽고, 걷고, 써 볼까요?

초등학교 때 일기를 쓰던 것이 습관이 되어 중고등학교 가서도 일기를 썼습니다. 내 생각을 써 보는 것이 좋았고, 일기를 쓰면서 마음이 편안해지는 것을 느끼게 되었습니다. 그렇게 쓰던 일기는 교단 일기, 육아일기로 나아갔고 감사 일기, 미덕 일기, 독서 일기 등으로 확장되어 갔습니다.

학생으로, 교사로, 엄마로 내 역할이 늘어남에 따라 많은 고민과 생각들을 일기장에 풀어 놓았습니다. 그러면서 자연스레 쓰는 삶의 유익을 알게 되었지요.

책을 읽으면서 내면이 단단해지는 나를 만났습니다. 환경에 휩쓸리지 않고 내가 바라는 것을 보고 나아갈 수 있는 힘이 생기더라고요. 책 읽고, 필사하고, 독서록 쓰고, 일기도 쓰는 삶을 지속했습니다.

책을 읽다가 멈추어 생각하거나 글을 쓰다가 잘 안 써질 때는 걸었습니다. 걷다 보니 생각이 정리가 되고 어떤 이야기를 하고 싶은지 명확해지는 경험을 했습니다.

평생 공부해야 하는 시대를 살고 있습니다. 나의 미래뿐 아니라 아이들의 진로도 같이 고민하는 시점에서 부모로 교사로 내가 해 줄 것은 '생각하는 힘'을 길러주는 것이었습니다.

책 읽고요, 걸읍시다.

이왕이면 말없이 고요히 걷길 바랍니다. 책 내용을 생각하거나 일상의 고민을 생각할 수도 있겠지요. 그리고 돌아와서 3줄이라도 써 보면 어떨까요?

틈새 시간을 이용해서도 충분히 할 수 있는 일입니다.

철학자의 길처럼, 나만의 사색의 길을 만들어 보지 않으시겠어요?

인생 책 은유 -「**쓰기의 말들**」

쓰는 삶을 살겠다고 다짐하고 나서는 은유 작가의「쓰기의 말들」을 더 자주 읽는다. 글쓰는 사람들이 글쓰기를 어떻게 이야기하는지를 읽는 것만으로도 많은 격려와 위로를 받고, 힘을 얻었다. '내 삶은 글에 빚졌다. 예고 없는 고통의 시간대를 글을 붙들고 통과했다. 크게 욕망한 것 없고 가진 것 없어도 글쓰기 덕에 내가 나로 사는 데 부족이 없었다고 생각한다.'라는 은유 작가의 말이 와 닿았다. 쓰는 삶을 사람들에게 은유 작가의「쓰기의 말들」을 추천합니다.

WEALTH

월급 이외의 부수입
현재 자산의 2배이상
여행을 다니기 위한 시간적 여유 만들기

CAREER

읽고 걷고 쓰는 문화 만들기
사람을 살리는 교실
곱고 바른 언어 쓰기

VISION BOARD

HEALTH

만보 걷기로 건강관리, 건강한 음식 먹기,
정상체중 유지, 근육 부자 되기

PASSION

2025년까지 개인 저서 3권
2쇄 이상 출판하기

TRAVEL

제주도 한 달 살기
캐나다 한 달 살기
핀란드 한 달 살기
분기별로 국내 가족 여행

RELATIONSHIPS

화목한 가정
기도로 함께하는 가족문화
오랜 친구들 잘 챙기기

VISION BOARD

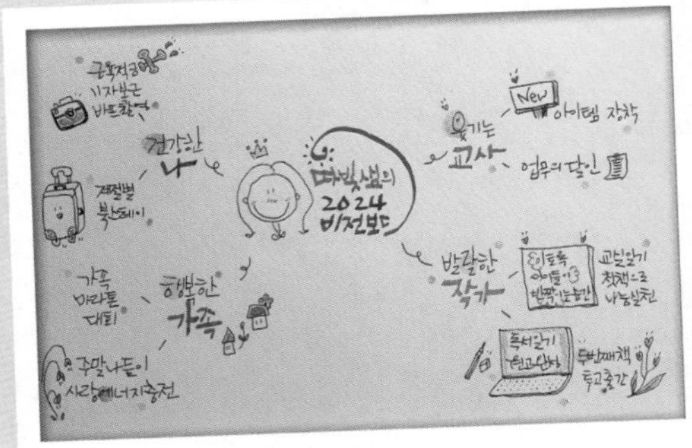
따빛샘 안나진

감자샘 김민혜

달콤 이윤정

도도쌤 곽도경

호기샘 이현정

북러버 양윤희

나만의 작은 숲 윤미영

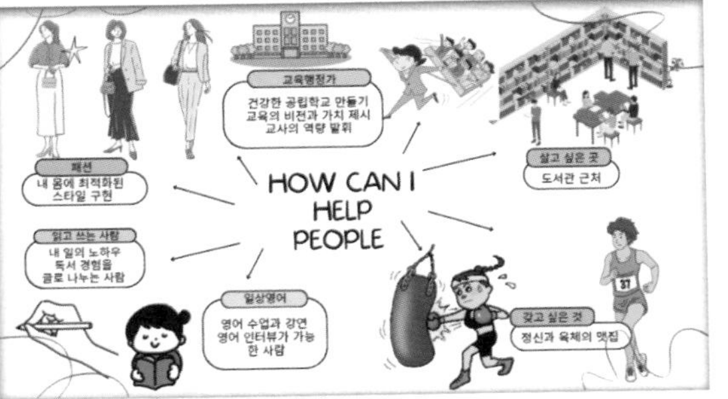

던킨다나스 김진옥

사각사각 황혜진

도전 배수경

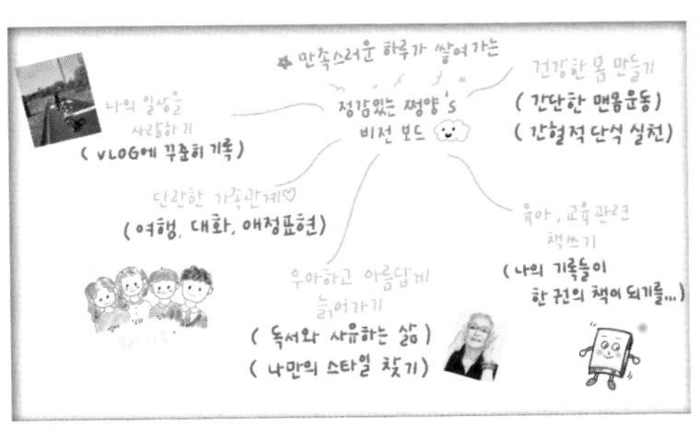

정감있는쩡양 이정은

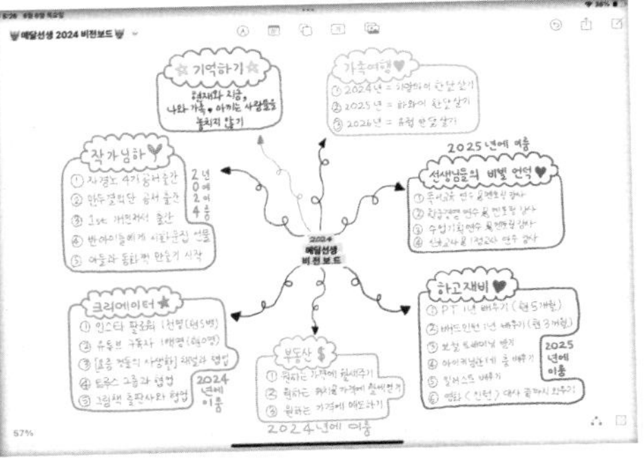

메달선생 김동은

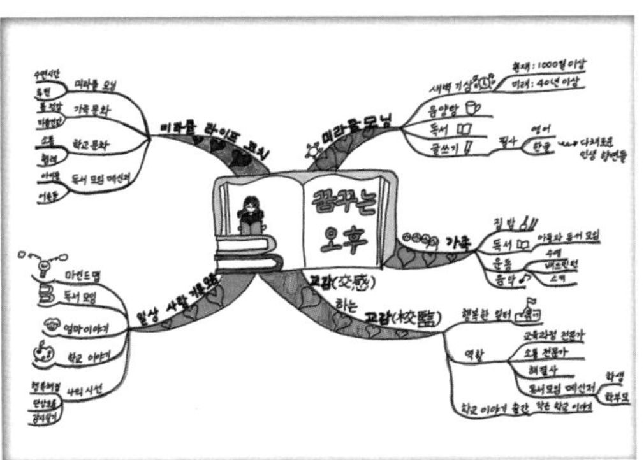

꿈긍정맘 김혜경

4교시

성장

결국, 우리는 모두 피어난다

1

저절로 이루어지는 꿈

임소정 유치원교사, 동심지킴이, 소소한 글쓰기

"언니, 여기 적혀있는 거 이뤘어요?"

"응. 나중에 봤더니 저절로 이루어져 있더라고."

연말, 친한 언니의 다이어리 맨 뒷장을 보며 건넨 질문이었다. 언니의 다이어리에는 지난 1월에 세운 한해의 목표들이 적혀있었다. 나는 많은 목표가 저절로 다 이루어졌다는 말에 솔깃했다.

'쓰기만 하면 이루어진다는 건가?'

그날 밤, 집에 온 나는 새해 목표를 써보겠다며 허울 좋은 목록을 작성했다.

로또 당첨! 부자 되기!

토익 990점!

대학생의 당찬 마음과 함께 허울만 좋았던 목표는 이루어지지 못한 채 그대로였고(사실 지금까지도 전혀 이루지 못했다), 저절로 이루어졌다는 언니의 말은 거짓말이라고 생각했다.

시간이 흘러, 나에게 새로운 목표가 생겼다.

임용합격!

'언니는 그 많던 목표도 다 이루었다는데, 한 가지 목표면 금방 되지 않을까?

그래, 로또 당첨은 조금 너무했지. 너무 욕심을 부렸어.'

언니의 거짓말을 속는 셈 치고 다시 한 번 믿어볼까 싶었다.

그런데 고작 목표 하나도 이루기가 이렇게 힘들어서야! 나는 두 번만에 임용고시에 겨우 합격하게 되었다. 2년 동안 공부만 하던 삶은 너무 힘들었고, 지겨웠다. 공부와 나를 미워하며 버텨낼 뿐이었다. 이제는 더 이상 공부를 하지 않아도 된다는 사실이 그저 기뻤다. 역시나 저절로 이루어지는 꿈같은 건 없었다.

이렇게 간신히 목표를 이뤄 교사가 된 후로는 나는 더 이상 바랄 게 없다며, 합격이 내 인생의 마지막 목표였던 것처럼 비전 같은 건 생각지도 못한 채 그렇게 시간을 흘려보냈다. 1년 차 새내기 교사 시절 나는 교사로서 하루하루 버티는 것에만 급급했고, 학기 말 나를 돌아보니 남아있는 건 아무것도 없었다. 쳇바퀴를 돌기만 하는 햄스터 같은 교사였다. 1년 후 나는 뭐가 달라졌을까 생각해 보니, 고작 업무포탈 시스템만 잘 할 줄 알게 된 것이 부끄러워졌다. 교사가 된다는 것은, 이론적인 공부로 임용고시에 합격하기만 하면 되는 게 아니었다. 교사가 되고도 삶의 과정에서 스스로를 계속 채워야 하는 것이었다. 교사로서의 목표, 즉 비전이 필요하다는 것을 몸소 느꼈다. 완성형 교사는 세상에 없고, 교사는 늘 진행형인 것을 1년이 지난 후 깨달았다. 그렇게 나는 더 나은 교사가 되고 싶다는 고민을 하기 시작했다. 버티는 것만이 내가 할 수 있는 최선이라고 생각했던 지난 1년을 반복하긴 싫었다.

부끄럽지 않은 진행형 교사가 되기 위해 뭘 할 수 있을까?

어떤 것을 비전으로 삼을 수 있을까?

2020년. 부족함을 채우기!

부족함을 채우는 교사가 되기. 단지 그뿐이었다. 그 정도만 해도 나는 좀 더 나은 교사가 되지 않을까 싶었다. 나는 비전을 세우고 실천하기 위해 노력하며 한 해를 보냈다.

2년 차 교사의 부족함을 채울 수 있는 건 '연수 듣기'였다. 너무나도 부족한 나를 채울 수 있는 건 배움이라고 생각했고, 열심히 이곳저곳을 찾아다니고 기웃거리며 연수를 들었다. 나의 배움을 적용하며 더 채워져 가는 우리 반과 나를 기록할 수 있는 좋은 무언가가 없을까 하다가 인스타툰을 떠올렸다. 나는 인스타툰을 그리기 위하여 디지털드로잉 강의를 찾아 들었다. 다양한 배움들이 모두 더해져 우리 반의 일상을 기록할 수 있다는 기쁨이 있었다. 그 덕에 나는 우리 반을 더 열심히 관찰하고 더 즐겁게 학급 운영을 했다.

그 후 전국 단위의 학습공동체에서 나와 마음 맞는 교사들과 만나기, 연구대회 전국 1등급, 각종 수상, 파견으로 대학원 가기, 강의하기 등 비전 보드에 작성한 비전들이 이루어져 '성장하는' 교사의 삶을 살아가는 나를 발견했다.

예전에 언니가 말했던 일이 나에게도 일어난 것이다. 언니의 말은 거짓말이 아니었다. 나도 비전 보드에 적었던 것들이 '저절로' 이루어지고 있었다. 그때 언니의 다이어리에 적힌 '새해목표'는 언니만의 비전 보드였고, 애정이 가득 담긴 목표였다는 것을 깨달았다. 그때 내가 패기롭게 적었던 목표들에는 애정이 없었다. 그저 빨리 해치워야 할 일이었다. 임용고시를 준비할 때 그 기간을 내가 선생님이 되어가는 한 단계로 여기고 그 방향으로 잘 향해가고 있는 나의 삶을 사랑했다면 어땠을까? 합격에만 급급했던 나를 돌아보게 되었다.

이제야 나는 언니의 비전들이 왜 저절로 이루어졌는지, 그때 나의 비전들은 왜 저절로 이루어지지 않았는지 알 수 있었다. 내가 진정으로 하고 싶은 일, 바라는 일들, 나아가고자 하는 방향을 알고 있을 때 비로소 이루어지는 것이었다. 그리고 내가 하고자 하는 일들은 사랑하는 마음이 모아져야만 비전을 이룰 수 있었다. 언니는 그때 저절로 이루어지고 있다고 했었지만, 언니만의 비전을 사랑하고 가꾸는 일을 계속하고 있었던 것이다. 그러니 저절로 이루어질 수밖에!

성장하는 교사가 되기 위한 가장 중요한 일은 교사인 나를 사랑하기, 그리고 현재진행형 교사가 되는 것이다. 그래서 나의 비전 보드는 매년 업데이트가 되고, 비전 보드에 적힌 일은 어느새 저절로 다 이루어지게 된다. 좀 더 나은 교사가 되고 싶은 나의 마음이 가득 담겨 있기 때문이다.

지금 또 내가 사랑하고 성장할 수 있는 비전은 무엇일까? 아마 이번에도 저절로 이루어지겠지!

"유치원 아이들과 함께 했던 삶을 담은 책으로 나는 작가가 된다! 그리고 나는 매년 책을 내며 베스트셀러 작가의 삶을 산다!"

반다바의 비전 시크릿

도전하는 교사가 되어보세요.

'도전'이라는 말은 아이들이 가장 흥미로워하는 말입니다. 선생님께도 이 흥미로운 일이 필요합니다. 작은 일부터 도전해보세요. 매일 우리 반을 기록하기, 내가 관심있는 연수 듣기, 공모전이나 연구대회에 참여해보기, 전문적학습공동체 찾아가기 등 교사로서의 관심을 더욱 확장시킬 수 있는 일에 도전해보세요. 작은 일도 좋아요. 분명 나의 도전은 꼬리에 꼬리를 물고 새로운 변화가 일어날 거예요. 우리 교실을 바꿀 수 있는 무언가가, 교직의 삶을 빛내는 무언가가, 나의 원동력과 행복이 될 수 있는 무언가가 생길지 몰라요.

"일찍 책장을 덮지 말라. 삶의 다음 페이지에서 또 다른 멋진 나를 발견할 테니."

-시드니 셸런

인생 책 김진수 - 「**밀알샘 자기경영 노트**」

서른일곱 개의 키워드로 '자기 경영'을 하는 교사의 삶을 담고 있습니다. 제가 성장하는 교사, 행복한 교사가 될 수 있도록 가장 큰 원동력을 주는 책입니다.

강의하기

베스트 셀러 작가되기

석사 졸업

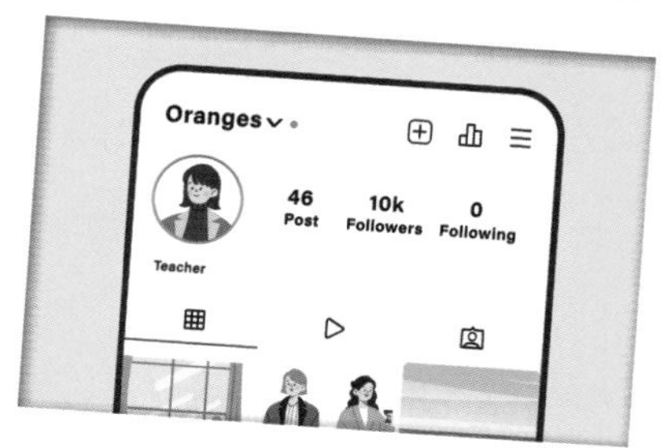

인스타그램 1만 팔로워

2

줄탁동시를 꿈꾸며

김지은 초등교사, 읽고 쓰고 말하는 일상에 의미를 부여하는 이

"당신이 무슨 성취를 이루든, 누군가가 당신을 도왔다"

- 엘시 깁슨(영화배우)

흔히 비전을 품고 살아가라고 한다. 비전을 품는다는 것은 무엇을 의미할까?

'비전을 품다.'는 말에 이어서 연상되는 문장을 하나씩 소리내어 보았다. '비전을 품다, 이상을 품다, 미래를 품다, 생각을 품다, 알을 품다.'

'응? 알을 품다?' 나도 모르게 나온 마지막 문장에 실소를 터뜨렸다. 그러나 갑자기 떠오르는 사자성어가 있었으니, '줄탁동시(啐啄同時)'였다.

줄탁동시란 병아리가 알에서 나오기 위해서는 병아리와 어미닭이 안팎에서 서로 쪼아야 한다는 뜻이다. 병아리가 알 속에서 껍질을 깨고 밖으로 나오려고 부리로 힘겹게 쪼아댈 때, 어미닭이 알 밖에서 같이 부리로 톡톡 쪼아대며 도와준다는 의미이다. 어미닭만 알을 쪼면 알 속의 병아리는 죽을 수 있고, 병아리만 알을 깨려고 하다 보면 힘에 부쳐 죽을 수 있으니 적당한 때와 적절한 도움이 얼마나 중요한지 생각해보게 하는 사자성어다.

사실 나에게 비전보드는 그런 역할을 한다. 언젠가는 이렇게 되었으

면 좋겠다며 혼자서 생각만 하던 나에게, 비전보드는 나의 미래를 좀 더 구체적으로 시각화하고 생각해보게 했다. 아직은 알 속에 있는 병아리 같은 생각들이 비전보드라는 어미닭을 만났다. 그리고 내가 비전보드를 볼 때마다 할 수 있다고 지금도 애쓰고 있다는 것 안다고 나를 쪼아대는 듯하다. 그래서 요즘에는 이 비전보드를 작게 출력해서 교실 한 쪽 구석에 두고 있다.

"이건 뭐예요?"

교실의 내 의자 뒤에서 은정이가 나의 비전보드 종이를 손에 쥐고 빤히 보면서 들릴락 말락 한 소리로 불쑥 질문을 했다. 우리반 아이가 관심을 갖고 읽어본다고 생각하니 괜히 머쓱해서 얼른 받아서 서랍에 넣어 버렸다.

은정이는 거의 말을 하지 않는다. 누가 질문을 해도, 인사를 할 때도 심지어 밥 먹을 때조차도 거의 벗지 않는 마스크 위로 눈만 크게 뜨고 깜빡거릴 뿐이었다. 어쩌다 말을 할 때도 소리가 작아서 귀를 바짝 갖다 대어야만 겨우 내용을 알아들을 수가 있는 아이였다. 1학년 때도, 2학년 때도, 3학년 때도 담임선생님하고만 가끔씩 이야기한다고 했다. 친구들과의 교류를 위해서 일부러 반에서 유난히 친절하고 다른 사람을 잘 챙겨주는 아이들과 같이 심부름을 보내기도 하고, 학급일도 같이 하게끔 했으나 은정이는 잘 참여하지 않았고, 또 아이들은 은정이를 어린 동생 대하듯이 했다.

"은정아, 손 씻었어? 그럼 자리에 앉아서 밥 먹을 준비하자."

서로 이야기를 주고받으며 편하게 지내기는 아직 어려운가? 동생처럼 대하는 학급 아이들과, 동생처럼 행동하는 은정이를 보며 안타까웠다.

쉬는 시간이나 점심시간에 내 자리 뒤에 와서 불쑥불쑥 "이건 뭐예요?" 하고 묻는 은정이를 좀 더 이해하고 싶었고 도와주고 싶었다. 그래서 은정이 엄마에게 전화를 했다.

> "어머님, 은정이와 금요일 방과 후에 1시간이라도 좋으니 따로 이야기하는 시간을 갖고 싶어요."

줄탁동시. 교육은 혼자만의 힘으로는 지친다. 학생과 교사 물론 거기에 학부모까지 삼박자가 잘 맞을 때 효율적이고 감동이 된다. 은정이가 나의 물건이나 행동에 관심을 가지며 알을 두드리고 있었다. 나는 진짜 엄마 닭에게 동의를 구하고 또 다른 엄마 닭이 되어 그 아이가 자신의 껍질을 스스로 깰 수 있도록 알 밖에서 같이 쪼아주려고 한다.

줄탁동시하는 교사의 삶을 꿈꾼다.

이제껏 반평생을 교사로 살아왔다. 때로는 교사라는 직업이 '선생님이 저래도 되나?'라는 속박이 되기도 하고 엄격한 자기검열의 대상이 되기도 했지만 나는 내가 교사인 것이 참 좋다. 이 세상에 있는 신기하고 재미나며 의미 있는 것들을 아이들에게 보여주고 아이들이 알 속에서 깨어 나올 수 있도록 밖에서 톡톡 두드려주어야 하는 숙명 같은 이 교사란 직업이 참 매력적이다.

또 가끔 교장선생님, 교감선생님, 장학사나 교육청이나 교육부에서 자신의 역량을 펼치시는 분들을 보며 '나의 역량은 도대체 무엇인가?'라는 물음에 괜히 술 한잔해야 할 것 같은 마음이 들기도 하지만 나는 내가 여전히 선생님인 것이 참 좋다. 교사의 삶, 이대로 괜찮은가로 시작된 이야기가 마지막에는 또다시 아이들 이야기로 끝내는 편한 동료교사들과의 만남이 있는 교사라는 직업이 정겹다. 그들과도 서로 줄탁동시하며 나의 역량을 찾아간다.

그리고 이제는 또 다른 교사로서의 비전을 꿈꾼다. 이제껏 좌충우돌 겪어왔던 다양한 경험이 보다 단단한 교육경력이 되어서 많은 선생님들과 만나서 이야기를 나누고 싶다. 적절한 시기와 적절한 방법으로 때로는 도움을 주고 도움을 받는 서로 줄탁동시하는 만남을 꿈꾼다.

자신만의 알 속에서 답답하거나 힘들어 하는 선생님이나 학생, 학부모에게 나의 경험과 성찰의 이야기로 그들에게 다가가고 싶다. 그들이 알을 깨고 나올 수 있는 이야기가 담긴 책으로 서로를 이해하고 싶다. 이자크 디네센의 「바베트의 만찬」처럼 모두가 모여 맛있는 음식을 먹으며 자신의 이야기를 하고 즐거운 만찬 같은 모임을 주기적으로 하는 '북적북적 책 만찬'을 꿈꿔본다. 교사와 학생과 학부모의 구분 없이 모두가 서로 만나서 이해하고 축복하는 자리에서 당신을 만났으면 좋겠다. 그리고 그때는 은정이도 마스크를 벗고 같이 이야기를 나누며 웃었으면 좋겠다. 서로 줄탁동시하는 관계를 꿈꾼다.

나는 오늘 암탉이 소중한 알을 품듯이 비전을 품는다.

하루샘의 비전 시크릿

선생님은 대기만성 형이세요.

이런 책 읽으니 나는 이제껏 뭐 했나 싶으신가요? 그냥 학교생활만 열심히 했던 것 같나요? 특별히 내세울 만큼 잘하는 것도 없고 꾸준히 하고 있는 것도 없다고요?

속상해하지 마세요. 괜찮습니다.

선생님께서 이제껏 한 것도 아니고 안한 것도 아니게 조금씩 했었던 일들은 선생님의 내면에 차곡차곡 쌓여 있습니다. 그리고 어느 순간, 어쩌면 지금 이 순간일지도 모르지요. 선생님을 자극시켜 선생님을 일어나게 할 것입니다.

제가 그랬거든요. 직접적인 교육경력과 상관도 없는 일들을 얼마나 이리저리 조금씩 많이 했는지 모릅니다.

그런데 그것들이 선생님을 특별하게 만든답니다. 선생님은 대기만성 형이십니다. 결코 미리 무언가를 해내지 못했다고 고민하지 마세요. 이제껏 선생님에게 잠재되어왔던 딴 짓들이 선생님의 비밀병기가 되어 선생님을 일으켜 세울 것입니다. 이 책이 그 자극제가 되길 바랍니다.

인생 책 올더스 헉슬리 - 「**멋진 신세계**」

1932년 작품으로 출간된 지 약 100년이 된 소설인데 현재의 내가 상상하지 못한 미래의 모습을 보며 작가의 상상력과 창의성에 탄복하고 맙니다. 더불어 디스토피아적 미래의 모습을 통해 현재 우리 삶을 되돌아보게 합니다.

경험이 최고의 경력

나는 소망합니다.
나와 타인을 이해할 수 있는 다양한 경험, 도전쌓기,
남을 돕는 기부, 부의 선순환, 일보다 사람을 우선,
따뜻하고 긍정적 시선, 감탄으로 소소한 즐거움 찾기

맛있는 책모임 운영으로 소통하기

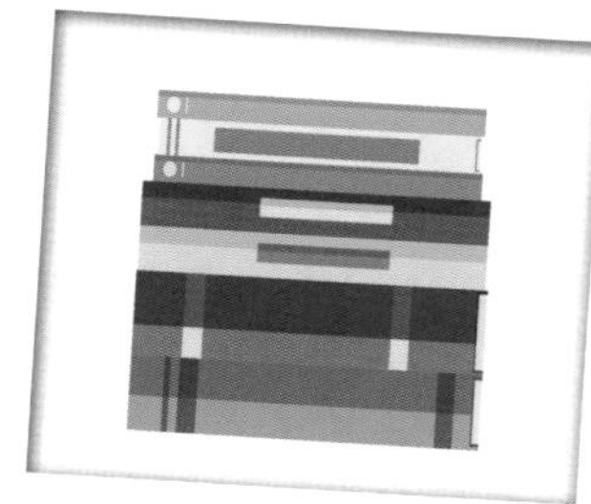

동화, 교육서, 에세이 출간

건강한 체력,체형,면역과
건강한 가족으로 우뚝서기

따로 또 같이의 즐거움을 알게 하는 교육자

3

늙는 건 필수, 성장은 선택

장진숙 중등교사, 재미있는 역사수업 디자이너, 행복·인성교육실천가, 희망전달러

"물론 목표가 현실화되는 시기는 사람마다 다르다. 그러나 걱정하지 마라. 시간의 오차는 당연히 발생할 수밖에 없지만 당신이 원하는 그 일은 이루어진다. 우리는 시간의 오차보다는 '이루어진다'라는 것에 초점을 맞춰야 한다."

-「더 마인드」 중에서, 하와이 대저택

교직 생활 20년 '바쁘다'는 말을 입에 달고 다닐 정도로 정신없이 하루를 흘려보낸 후, 주말이면 소파에 누워 잠을 영양제 삼아 버텨가던 때에 <경기 교사 연구년제> 공문을 접하게 되었다. 1년 동안 자신이 연구하고자 하는 분야를 공부하며 몰입할 기회였다. 합격 여부와 상관없이 15장 정도의 연구계획서를 제출하면서 나의 교직 생활을 스스로 돌아볼 수 있는 뜻깊은 경험이었다. 운이 좋게도 그 기회는 나에게 다가와 주었고 그해 겨울방학은 독서를 통해 휴식과 사색을 누리고 있었다.

3월부터 시작되는 연구년 생활을 미리 준비하고자 교육청에서는 사전연수를 진행하였고 나는 실로 오랜만에 지역교육청이 아닌 도교육청에 출장을 가게 되었다. 그 시절 수원의 경기도교육청과 다른 광교 신도시의 신축 경기도교육청은 으리으리했다. 내가 임용고시에 합격하고 신

규 발령통지서를 받으러 간 곳이 맞나 싶을 정도로 도시의 색깔도, 건물이 나에게 전해주는 온도도 급 간이 커서 아찔했다. 그리고 문뜩 어딘가에서 들었던 문구 하나가 떠올랐다. “늙는 건 필수, 성장은 선택.” 도시도 건물도 이렇게 변화하고 성장했는데, 나는 나이만 먹고 변화한 것은 없다니 부끄러웠다. 나도 변화해야겠다, 성장해야겠다는 막연한 생각으로 연수 장소에 도착하였다.

연구년 합격을 축하해주시는 장학사님의 메시지와 연구년 생활에 대한 기대감으로 연수장의 분위기는 한껏 달아올랐다. 그리고 선배 연구년 교사의 강의도 예정되어 있었는데 그곳에서 김진수 밀알샘을 만날 수 있었다. 끊임없는 자기 경영을 통해 글쓰기와 책 출간으로 성장의 정점을 찍었다는 밀알샘의 강의를 듣고 나는 그가 말한 모임에 이끌리듯 가입하게 되었다. 그 모임은 이름하여 자경노(자기경영노트 성장연구소)였다.

성장을 통해 변화하려는 나의 의지에 자경노는 불씨를 잡아당겨 주었다. 미라클 모닝, 독서모임, 성장모임, 주간계획 공언 등. 그 어느 해의 방학보다 하루를 열심히 살아가면서 시간이 간다는 것이 아깝게 느낄 정도로 충만한 삶을 이어가게 되었다. 내 삶에 가장 큰 변화는 블로그를 만들어 일상을 기록하게 되었다는 점이다. 또 잊을 수 없는 경험은 나의 닉네임을 정하느라 이틀 밤낮을 고민했던 것이다. 나의 정체성은 무엇일까? 내가 추구하고자 하는 나의 모습은 무엇일까? 나는 어떤 가치를 최우선으로 추구해야 할까? 먼저 콘셉트를 정해야 하는데…. 코믹으로 갈까? 진정성으로 갈까? 고민과 사색의 시간이 깊어지면서 긴 터널에 들어간 것 같았다. 불현듯 돌아가신 나의 친정아버지가 떠올랐다.

아빠가 돌아가셨을 때의 일이다. 당시는 코로나 시국으로 호스티스

병동에도 보호자 두 명만이 순번을 정해 들어가야 하는 규정이 있었다. 내가 엄마와 임종실을 지키게 되었다. 마지막 임종을 네 명의 자식 중 내가 지켜보게 된 것은 분명 아빠가 살아온 삶의 가치를 내게 이어가라는 하늘의 계시였다. 잠시 아빠의 삶을 되돌아봤다. 전쟁고아셨지만 아빠 곁에는 사람들이 많았다. 추운 겨울 난롯가에 사람들이 삼삼오오 모이듯이 늘 아빠 주변에는 사람들이 모여 있었다. 아마도 따뜻한 성품 때문이시리라. 난 어렸을 적 한번도 아빠에게 크게 혼나본 적이 없었다. 뭐든 허허 웃으시며 '잘한다, 대견하다.' 늘 품어주셨다. 그래, 나는 따뜻한 사람이 되고 싶다.

아빠의 구강암 소식을 알게 되었을 때, 현실을 인정하고 싶지 않았고 왜 규칙적인 생활을 하시던 우리 아빠인지 억울하고 슬펐다. 정작 아빠는 내부 장기가 아니라며 수술만 하면 나아질 수 있다고 늘 씩씩하게 병원 진료를 받으셨다. 나도 마음을 다잡고 '희망'이라는 단어를 그립톡에 손 글씨로 새겨넣고 보고 또 봤다. 아빠가 끝까지 놓지 않은 희망을 나도 마음속에 함께 품었다. 그래, 나는 희망을 전하는 사람이 되고 싶다.

터널 끝 어렴풋이 작은 빛이 보인다. 나의 닉네임은 바로 해봄샘이다. 따뜻함을 나타내는 햇빛, 추운 겨울을 지나 꽃이 피고 새싹이 돋아나 새로운 시작을 알리는 봄, 둘을 합치면 '해봄샘'이다. 아빠처럼 따뜻한 사람이 되고 싶다. 무엇이든 새롭게 시작하고 할 수 있다는 희망을 전하고 싶다. 또 나는 두려움이 많다. 특히 처음 해보는 일에 대해 더더욱 겁이 많은 편이다. 결핍 욕구 때문인가 나는 꼭 도전 의식을 추구했으면 했다. '해봄샘'이라는 닉네임으로 자경노에서 주어지는 여러 가지 미션을 시도하고자 했다. 시도한다, 도전한다의 동사인 해본다의 명사형도 '해

봄'이니, 이거야말로 딱이다.

닉네임을 만들고 첫 독서 모임을 위해 자경노의 추천 도서인 「더 마인드」를 읽게 되었다. 자기 계발의 가장 중요한 단서인 마음가짐에 대한 주제를 끝까지 놓치지 않으면서 독창적이고 친근한 비유를 통해 독자를 설득하고 희망의 메시지를 전해주는 책이었다.

> "목표가 얼마나 명확한가. 이것이 핵심이고 본질이다. 목표가 정확하다면, 그리고 스스로 믿는다면 필연적으로 발생하는 시간의 오차에 절대 흔들리지 않는다. 별것 아닌, 당연히 발생할 수밖에 없는 그 오차 때문에 당신이 그토록 원하는 삶을 버리지 마라."
>
> -「더 마인드」 중에서, 하와이 대저택

저자는 이 책에서 목표가 얼마나 명확한지가 핵심이고 본질이라고 말했다. 내가 진짜 원하는 삶은 무엇인지 고민하고 나만의 비전 보드를 만들어 보았다. 나에게 영감을 주신 사랑하는 아빠가 지어주신 이름 석 자로 비전 보드를 만들기로 결정하고, 이 책의 저자인 하와이 대저택처럼 조금 더 멀리 나의 모습을 상상하며 비전 보드를 완성했다.

나는 아름다운 여인이 되고 싶다. 아름답다! 분명 단순히 외모만은 아닐 것이다. 내면적인 아름다움이 자연스럽게 풍기는 아우라. 내 머릿속에 떠오르는 한 단어는 바로 '우아함'이었다. 화려하진 않지만 깊이가 있고 요란스럽지 않지만 잔잔하고 은은함이 느껴지는 그러면서 떠오른 인물이 배우 윤여정이었다. 흰머리도 당당하게 스타일링하고 능숙한 영어 회화 실력도 겸비한 그녀, 나이가 들어서도 자신의 직업에 혼신을 다하는 그녀의 모습이 바로 나였으면 한다.

장(張): 여유(경제적 나눔-행복한 학교)

우아함이 있으려면 분명 경제적 풍요로움이 뒷받침되어야 할 것이다. 내 주변 사람에게 고민하지 않고 커피 한 잔, 따듯한 밥 한 끼 사줄 수 있는 넉넉함이면 족하다. 강원도 양양에 여행을 간 적이 있다. 속초나 강릉의 북적이는 해수욕장이 아닌 한적한 남애해수욕장을 거닐다 발견한 남애초등학교, 파란 동해를 운동장 삼아, 푸른 소나무가 품고 있는 작은 시골 학교이다. 이곳의 교육공동체는 행복할 것이라는 막연한 생각을 한 적이 있다. 나는 행복한 학교에서 여름에는 학생들에게 시원한 아이스크림을, 겨울에는 선생님들에게 달달한 캐러멜 마키아토를 망설임 없이 사줄 수 있는 베풀 장(張) 티처이다.

진(眞): 마음(정서적 풍요-독서와 기록)

내적 아름다움이 진짜가 아닐까? 참 진(眞), 이 한자가 좋다. 거짓과 루머가 난무하는 이 시대에 진심, 진정성이라는 단어가 와 닿는다. 독서와 기록을 통해 단단한 마음의 근육을 가지고 내적 충만함이 가득 채워 넘쳐, 주변까지 긍정적인 영향력을 미칠 수 있는 정서적 풍요로움을 가진 여인이고 싶다. 밀알샘을 만나 자경노 모임을 통해 독서와 기록을 지속해 나가는 힘을 얻을 수 있었다. 내면의 아름다움을 채워 나가기 위해, 나다운 모습을 찾기 위해 책과 함께하는 삶을 상상해 본다.

숙(淑): 신체(운동과 여행-유기농 식단)

"금수저, 외모 지상주의자, 스펙 과시자들 때문에 주눅 들 때면 소크라테스를 떠올려 보라. 안 생겨도 괜찮고 못 배워도 상관없다. 가진 것도 전혀 문제되지 않는다. 어찌 되었건 그대는 사랑받기 위해 태어난 사람이다.

건강한 육체에 깃든 건강한 정신이야말로 최고의 매력 포인트다."

-「철학으로 휴식하라」 중에서, 안광복

위 책을 보면 소크라테스가 아테네의 이름난 추남이었지만 건강한 신체를 가지고 있었고 건강하기 위해 몸을 가꿀수록 마음도 밝고 유쾌해지는 까닭에 그는 몸을 가꾸라고 적극 권했다고 한다. 건강한 신체에는 운동이 필수. 세계 곳곳을 여행하려면 지치지 않는 체력은 必필수! 소화 기능이 약한 나는야 소음인, 유기농 식단 조절을 통해 내장 지방을 제거하고 맑을 숙(淑)=속(?)을 가진 매력적인 그녀이다.

가족도 비전 보드에 빠뜨릴 수 없다. JJF는 JJ Family의 약자, 즉 두 딸 이름의 앞 글자를 딴 내 가족을 말한다. 딸들이 나의 대학 후배가 된다고 생각하면, 나도 모르게 미소 짓고 있는 나를 발견한다. 날씬한 우리 남편, 족저근막염이 나아져서 건강한 몸으로 함께 산책하는 모습을 그려본다. MOM은 이제 홀로 되신 친정엄마이다. 내가 대학생 때의 일이다. 언니가 취직하여 엄마, 아빠를 제주도에 보내드렸다. 그에 질세라 내가 엄마에게 했던 말은 "엄마, 나는 괌 보내줄게.", 집을 사드리겠다는 말도 서슴없이 내 입에서 나온 말이니 현실이 될 것이다.

아빠가 오늘밤 내 꿈속에 나와 이렇게 말씀하실 것 같다. "진숙아, 희망을 품고 무엇이든 도전하려는 네 모습이 대견하구나. 성장을 선택하겠다는 너를 응원한다. 이루어진다!"

해봄샘의 비전 시크릿

서점 쇼핑을 추천합니다!

육아와 교직, 두 마리 토끼를 잡는 워킹맘 선생님께 서점 쇼핑을 추천합니다.

먼저 엄마에게 좋은 점, 선생님의 복잡한 마음이나 고민이 되는 지점을 자신이 산 책 한 권으로 객관화할 수 있어요. 자신의 마음을 알아채는 것만으로 문제해결의 출발점이 될 수 있고 혜안을 찾으실 수 있을 거예요. 다음으로 자녀에게 좋은 점, 책에 대한 긍정적인 상호작용이 이루어지고 책이나 독서 활동이 의무가 아닌 놀이나 재미로 다가갈 수 있어요. 서점=책=독서=재미있는 장소, 아이들에게 긍정적인 이미지를 주어 행복한 기억으로 자리매김할 것입니다. 나중에는 저절로 "엄마, 우리 서점가자."라는 말이 나올 거예요.(주의할 점, 서점 쇼핑에서 자녀의 책은 스스로 고를 수 있도록 선택권을 주세요. 엄마의 기준이 아닌 자녀에게 선택권이 주어져야 책에 대한 애정도 생기고 읽겠다는 의무감도 저절로 생긴답니다) 마지막으로 도서관과 다른 서점 쇼핑의 좋은 점, 빌린 책과 구매한 책은 다릅니다. 자신이 구매한 책은 빌린 것이 아닌 나의 소비가 선행되기 때문에 반드시 읽게 됩니다.

서점 쇼핑은 엄마와 자녀에게 모두 행복입니다.

인생 책 정재찬 - **「우리가 인생이라 부르는 것들」**

이 책의 부제목은 자기 삶의 언어를 찾는 열네 번의 시 강의입니다. '시'라는 문학 장르를 통해 인생에 대한 통찰을 얻을 수 있습니다. 밥벌이, 돌봄, 건강, 배움, 사랑, 관계, 소유에 대한 고민이 있다면 이 책을 곁에 두고 필요한 순간 초콜릿처럼 꺼내 먹길 바랍니다.

베풀 장(張)-여유

• 경제적 나눔
• 행복한 학교

참 진(眞)-마음

• 독서와 기록
• 정서적 풍요

"우아함"

건강한 몸과 마음
나와 주변의 행복

맑을 숙(淑)-신체

• 운동과 여행
• 유기농 식단

VISION
BOARD

JJF

• 두 딸의 합격통지서
• 다이어트 성공 남편

MOM

• 추억쌓기: 괌 여행
• 전원주택 지어드림

4

만남에 빛진 인생, 에누리 없는 꿈

위혜정 중등교사, 성장·도전·나눔을 위해 글짓는 사람

"린드 아주머니는 '아무것도 기대하지 않는 사람은 아무런 실망도 하지않으니 다행이지.'라고 말씀하셨어요. 하지만 저는 실망하는 것보다 아무것도 기대하지 않는 게 더 나쁘다고 생각해요."

- 「빨간 머리 앤」 중에서, 루시 모드 몽고메리

기대감은 누구에게나 허락된, 그렇다고 아무나 갖지 못하는 무형의 실체다. 잡히지 않는 것을 잡으려면, 보이지 않는 것을 보려면 필요한 것이 있다. 바로 '믿음'이다. 긍정의 믿음, 그것은 기대감이고 상상력이며 꿈이다. 빨간 머리 앤이 가진 긍정성은 보이지 않는 것에 대한 믿음에서 비롯된다. 기대감을 두른 믿음이 실현되려면 필요한 것이 한 가지가 더 있다. '만남'이다. 우연 혹은 필연적인 기회와의 맞닿음일 수도, 조력자가 되어주는 사람과의 만남일 수도 있다. 빨간 머리 앤이 첫 번째 꿈을 이룰 수 있었던 것도 매튜 남매와의 운명적인 만남 때문이었다. 아름다운 프린스 에드워드 섬에서 살고 싶었던 앤의 꿈은 그곳에 초록색 지붕 집을 소유하고 있었던 매튜 남매를 만났기 때문에 실현되었다. 꿈은 만남을 통해 이루어진다. 인연에 빚지며 살아가는 것이 우리네 인생인 것이다.

일평생 무엇인가를 순탄하게 얻어 본 적이 없었다. 시행착오 끝에 언제나 길을 멀리 돌아가야 했다. 깨지고 부딪치는 과정은 당연한 삶의 부분 집합이었으며 실패로 인해 우울증까지 겪었다. 평생 따르지 않는 운을 성실함으로 꾸역꾸역 메꾸면서 평타 인생의 꽁무니를 따라가는 것이 고작이었다. 맞다. 난 그렇게 운 좋은 사람은 아니었다. 12년간 피와 땀을 쏟아부었던 공부의 결실도 단 하루 만에 무너져 내렸다. 쉽사리 교직에 입성하지 못해 모호한 신분으로 어두운 시간 속에 배회해야 했다. 남들은 쉽게도 하는 결혼이 늦어져서 작아진 모습으로 엄마의 눈치를 살펴야 했다. 한 번에 아이를 품에 안지 못해 여러 차례 유산을 경험해야 했다. 꿈이 무너지는 경우가 많아서 꿈꾸기가 두려웠다. 언제나 1%가 부족했고 열심 하나만으로는 그 구멍을 메울 수 없는 것이 인생이라 생각했다. 매끄러운 쾌속 질주의 인생을 무턱대고 부러워한 것은 아니지만 매번 미끄러지기만 하는 느려터진 나의 삶이 한없이 야속했다. 하지만 인생의 초반부에 불운의 총량을 다 채운 것인지, 중반부부터 운이 따라주기 시작했다.

바로 만남의 운이었다. 어떤 형태의 운이든 간에 낯선 무언가가 물밀듯 들어오니 내 것이 아닌 것 같았다. 하지만 지금 생각하면 그저 감사다. 신규 교사 시절 애틋한 6명의 동기 선생님들을 만났다. 0교시부터 야간 자기 주도 학습 때까지의 힘겨운 인문계 고등학교 교사의 애환을 견뎌낼 수 있었다. 신규 첫해부터 영어교육의 멘토와 같은 선배 교사를 만났다. 교실 안에서의 어설픔을 걷어내며 조금씩 수업 전문성에 살을 입혔다. 그분의 꽁무니를 따라 연구회를 창립하고 열정 페이를 쏟아부었다. 감히 저 경력 교사로서 명함도 내밀 수 없었던 초짜가 강의하고 연수도 운영하며 교육청 일도 원 없이 해 보았다. 결혼이 늦어졌지만 꿈에 그리던 기독교 집안의 신실한 시부모님과 남편을 만났다. 분에 넘치는 사랑을 받으며 결혼 예찬론자가 되었다. 내 생에 꿈도 꾸지 못했던 책 출간 역시 새벽 시간을 깨우고 글 쓰는 세계에 입문할 수 있도록 장을 열어준 선생님, 작가님, 그리고 편집장님과 만남 덕분이었다. 나의 삶에 들며 날며 연을 맺어준 사람들이 있었기에 꿈을 꾸게 되고, 꿈을 이루어가는 삶이 가능해지는 것을 알게 되었다. 우리네 인생은, 그리고 우리의 꿈은 이렇듯 여러 사람의 합이다. 지금 나에게 온 기회가 과거 여러 시도의 합인 것처럼. 다양한 요소들의 합에 기가 막힌 타이밍이 더해지면 인생은 다이내믹한 무대가 된다. 작은 것이 모인 총합은 실로 강하다.

교사로서 현란한 꿈을 꾸지 않는다. 성공보다 성장이라는 지극히 순진하고 미련한 변명 혹은 타협일 수도 있다. 어느 정도의 경력이 쌓이면 승진을 고민해야 하는 교직의 경직된 진로 방향 앞에서 사다리를 타고 올라갈 생각을 접는다. 내가 입을 옷이 아니라는 주제와 적성 파악을 일찌감치 했다. 그저 중견 교사로서 나이가 주는 무게감이 아닌, 경륜으로 나눌 수 있는 폭이 넓어지면 좋겠다. '왜 아직도 승진 안 했어?'의 부담스러운 시선을 이겨내고 학생들을 가르치는 교사로서 자부심을 지켜가는 평교사로 교실 현장에서 퇴직하고 싶다. 당당한 선택이라 자부해 본다. 어렵사리 들어온 교직에 대해 품었던 초심이기도 하다.

살짝 빠져나와 샛길을 걷듯 글쓰기라는 도구를 만나 새로운 미래를 꿈꾸게 된다. 마음을 담아 글을 짓는 저자로서 성장하는 꿈이다. 성공은 거창한 것이 아니다. 많은 것을 종잇장처럼 얇게 펼쳐 보이는 것이 아니라, 좋아하는 딱 한 가지를 발견하고 깊게 몰입하는 것이다. 나에게 글쓰기가 그렇다. 뼛속부터 타고난 글쟁이가 아니라서 작가라는 호칭이 아직은 낯설고 어색하다. 설익은 글을 세상에 내놓는 용기만 가득할 뿐 모자란 그릇을 채우기에 나의 작가성은 턱없이 부족하다. 그저 한 권 한 권의 책을 출간하며 조금씩 경험의 확장과 성장을 맛보는 짜릿함에 기대어 걷는다. 기회의 문은 억지로 여는 것이 아니라 자연스럽게 열리는 것도 알게 된다. 성장의 길 어딘가에 서 있기에 마주하는 경험이 아닐까 한다. 시간과 함께 쌓인 실력의 특수를 누리는 순간이 올 것이다. 글이라는 활자에서 시작된 꿈은 또 다른 미래에 대한 설렘을 준다. 이 설렘과 성장의 기운이 내 주변으로 흘려 보내지길 바란다. 위로와 격려, 힐링과 나눔이 그것이다. 성장의 징검다리를 건너 글, 책, 그림, 영어, 음악, 그리고 커피와 함께 동시대를 살아가는 사람들의 어느 빈틈과 고단함을 채워주고 만져주는 그림을 그려 본다. 남편과 함께 꾸는 꿈이다.

실망하지 않기 위해 기대를 포기하기에는 그동안의 크고 작은 만남으로부터 온 부채감이 크다. 어느 결혼식장에서 한 신부가 분에 넘치게 축하해준 하객들에게 했던 말이 떠오른다.

"정말 감사합니다. 살면서 갚겠습니다!"

만남에 빚진 인생, 원금과 이자를 성실히 갚아가는 삶을 살고 싶다. 이를 위해서 우선, 열심히 꿈꾸어 보련다. 에누리 없는 꿈이야말로 넉넉한 부채상환의 첫 단추이기 때문이다. 오늘도, 설레는 기대를 품에 안은 빨간 머리 앤처럼 다짐한다.

"꿈을 꾸는 건 좋은 일이예요. 계속 또 다른 꿈이 반짝거리거든요. 매일 꿈을 꾸며, 평생 갚아 나가겠습니다."

위샘의 비전 시크릿

자신을 돌보는 단단한 습관,
매일 플러스 한 시간을확보하세요!

매일 한 시간! 반드시 나를 돌보는 데 쓰세요. 반복되는 루틴으로 오늘은 그대로인 듯하지만 달라진 내일을 마주하게 됩니다. 개인적으로 새벽 1시간을(2시간까지도) 오롯이 '나돌봄'시간을 가지면서 놀랍도록 변화되었답니다. 매일 독서, 필사, 글쓰기를 통해서 방치되어 있었던 내면 구석구석을 훑으며 나를 이해하고 다독이는 시간을 쌓아갔어요. 읽고 쓰는 근력이 생기면서 단단한 내가 세워지고 새로운 기회도 만나게 되었답니다. 지속적인 책 출간과 글쓰기 이전에는 꿈꾸지 못했던 새로운 비전들을 갖게 되었어요. 3년 전, 분주한 일상 위에 삶을 그대로 띄워 두었더라면 지금까지도 여전히 주어진 일들을 간신히 처리하는 세계가 다인 줄 알았을 거예요. 과감히 멈춰서서 시간 한 조각을 뚝 떼어 나만을 위해 썼을 때 더 넓은 세계를 경험하게 되었답니다. 시간이 지나면서 상황에 맞게 일상의 루틴은 조금씩 바뀌어 갑니다. 요즘은 운동과 필사로 하루를 시작하고 있어요. 하루 24시간 중 나를 위한 1시간, 소중한 나에게 선사하는 박하지 않은 당연한 선물로 가슴 뛰는 삶을 시작하세요!

인생 책 조신영 -「**성공하는 한국인의 7가지 습관**」

이 책을 만나고 습관 형성의 필요성을 알게 되었고 도움을 받았습니다. 100개의 꿈 목록을 작성한 후 실제 책 출간의 꿈이 현실이 되는 놀라운 경험도 할 수 있었답니다.

꾸준한 책 출간

스테디셀러&해외판권 수출
→ 교직 연봉 이상의 인세 받기

북갤러리 운영

토탈 문화 공간(그림, 사진,
커피, 영어, 음악, 패션, 요리)

책과 함께

VISION BOARD

세상과 함께

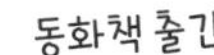

동화책 출간

글+그림 결합형 작가
(모델-피터 레이놀즈)

매년 해외 한달 살기

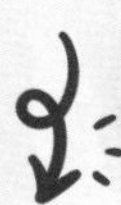

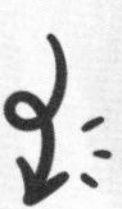

북갤러리+인세수익
→사회환원(기부)

게스트 하우스: 선교사님 지원 공간

5

북돋아, 되게 하는 사람

신배화 초등교사, 교육동화작가, 인성교육전문가

1교시 수업 종이 쳤는데 교실에 한 명이 안 보인다. 책가방은 있는데, 아이가 없다. 화장실에 갔나? 도서관에 가서 책을 빌리느라 늦나? 화장실을 살피고, 도서관에 전화한다. 체육관, 돌봄 교실 주변을 살펴도 없다. 보안관 선생님께 교문 밖을 나간 아이가 있었는지 묻는다. 없단다. 정말 없었다고 한다. 교내 방송을 한다. 시간은 10분, 15분 점점 흐른다. 아이가 학교에 없다. 북새통에 노심초사 아이의 집에 전화를 걸었다. "OO어머니, OO이 학교에서 아무리 찾아도 안 보여요. 혹시 집에 갔나요?" 정적이 흐르고 나온 말 "선생님, 우리 아이 집에 온 것도 모르고 뭐 한 거예요?", "아이가 아무 말 없이 갔어요. 그래도 다행이네요. 다음부터는 이런 일이 있으면 학교로 꼭 전화를 해주세요. 얼마나 놀랐는지 몰라요.", "아이가 혼자 집에 온 거 선생님 탓 아닌가요?", "선생님에게 허락을 맡고 학교 밖을 나가야 한다고 매일 안전 지도를 하고 있어요. 어서 학교로 학생 다시 보내주세요.", "오늘은 일단 집에 있을게요."

하루에도 몇 번씩 소리 지르고 울고 분노하며 자신이 하기 싫은 일은 절대 안 하는 그런 아이가 있었다. 책상을 엎고, 교과서를 찢었다. 운동장으로 체육관으로 다른 층 복도로 마음대로 도망을 갔다. 문제는 한두 명이 아니라 여러 명이 그런 행동을 했다. 점점 감정의 쓰레기통이 되었다고 느껴졌다. 작은 갈등도 원만하게 해결하려고 하기보다는 "학폭 열어주세요. 학폭 신청합니다."가 먼저 나왔다. 그 해 꽃다운 후배 교사들이 생을 마감했다는 기사를 보았고, 나는 암 진단을 받았다.

암이라니, 말로만 듣던 병을 직면하리라고는 결코 생각지 못했다. 우스갯소리로 너희 그러면 선생님 암 걸린다. 너희 때문에 선생님 암 걸릴 것 같다고 한두 번 말하긴 했는데 정말 암이란다. 내 입으로 내뱉은 말이 돌아왔다.

평소 생활을 되돌아봤다. 아침마다 거의 매일 카페를 들려 1L 커피를 들고 출근했고 점심에도 심지어 저녁에도 커피를 달고 살았다. 근무 중에 물을 거의 한 잔도 마시지 않았으며 아이들의 문제 행동과 학부모의 과한 민원에 편도체가 항상 긴장되어 있었다. 스트레스를 빵, 과자, 튀긴 음식, 떡볶이, 맵고 자극적인 음식으로 해소했다. 혈당과 도파민이 빠르게 올라 일시적으로 스트레스가 풀린 듯 했지만, 그 뒤에 우울감, 불안, 무기력이 찾아왔다. 누워 쉬고만 싶었다. 더 큰 만족을 줄 무언가를 찾다 주식을 시작했다. 중년이 다 되도록 주식에 주자도 모르고 살았다는 생각에 경제 공부를 해보겠다는 마음으로 우량기업 주식을 사서 투자 공부를 했다. 처음에는 수익률이 높았지만, 초보 개미 수익률은 하루에도 몇 번씩 롤러코스터를 탔고, 10여 년을 보유했던 집을 싼 가격에 매도했는데 갑자기 주변 집값이 천정부지로 오르며 후회와 원망을 품게 되었다.

미친 집값처럼 사건 사고, 학부모 요구 사항도 점점 한계를 넘어섰다. 있는 힘껏 간신히 처리하고 나면 언제 그랬냐는 듯 교사의 호의와 희생이 쓰레기처럼 뭉개져 버린 듯한 느낌을 받았다. 꼬인 상황들을 어떻게 해서든 발전적으로 만들어 보려고 노력했다. 나를 힘들게 했던 아이들의 이야기를 승화시키려 글을 쓰며 여러 권의 책도 내고 각종 연수를 받으며 아등바등 발버둥을 쳤다. 하지만 불평하는 마음, 긴장과 근심과 걱정, 이용되고 버려졌다는 분노가 제대로 처리되지 못한 것 같다. 거의 매일 짜증과 화가 났으니까.

암 선고를 받고 몇 년간 찾지 않았던 예배당을 찾았다. 아침에 눈을 떴을 때 제발 화가 나지 않길 바라며. 그간 예배를 제대로 드리지도 않고, 기도도 하지 않고, 멋대로 살았지만, 나를 만든 조물주 하나님은 결코 나를 외면하지 않을 거라 믿었다. 새벽마다 집 근처 교회에 가서 납작 엎드렸다. "하나님 저를 살려주세요." 나는 그간 힘들었던 걱정, 불안 그리고 내가 느꼈던 수치와, 부끄러움, 속상함을 아뢨다. 묶이고 엉켜버린 복잡한 몸과 마음을 치유해 달라고. 하나님이 내 기도를 들으시고 지친 몸과 마음을 낫게 해주시길 빌었다. 간절한 기도가 통했을까. 어느 날 새벽. 기도 중에 십자가를 지고 가는 예수님의 모습이 선명하게 마음속으로 들어왔다. 수치와 아픔, 고통을 겪으신 예수님의 마음이 느껴졌다. 조롱하고 삿대질하는 사람들을 긍휼하게 여기고 끝까지 사랑하신 그 마음. 내가 겪었던 상황과 십자가 고난 길을 묵묵히 걸어가시는 모습이 오버랩 되었다.

"내가 너를 이해한다. 너의 아픔과 모멸감, 힘듦을 나도 겪었다. 너의 죄, 그리고 인간의 죄를 사하기 위해 나는 십자가에 못 박혔다. 너는 세상의 빛과 소금이다. 담대하라 내가 세상을 이기었노라."

암은 하나님의 경고였다고 생각한다. 초조해하며 미워하지 말고, 원망의 독을 쌓지 말며 긍휼히 여기는 마음을 가지라고. 학생과 학부모의 불안하고 아픈 마음을 직시하고 그들을 진정으로 돕고자 하는 여유를 가지라고. 감사의 마음을 갖고, 욕심내지 말며 더 많이 가지려 하지 말라고. 세상에 당연한 것은 없으며 불평불만 하는 내 입을 꿰매버리라고. 뜻이 있는 곳에 지혜의 길이 있다고.

나는 요즘 남들과 비교하지 않고, 나의 속도와 컨디션에 따라 생활하려고 하고 있다. 시야를 넓히고 텅 빈 마음으로 상황에 매몰되지 않으려고 한다. 의식적으로 기도하며 감사의 마음을 갖고 불평불만 하던 습관을 버리려고 애쓴다. 마음을 다스리는데 몸을 움직이는 것이 중요하다고 하여, 집 근처 산에 자주 올라가 산책하며 되도록 가까운 거리는 걸어다닌다. '그럴 수 있어.', '어쩌겠니.', '다시 해보자.', '원래 아이들은 그럴 수 있어.'라고, 생각하며 아이들과의 위계질서, 교사의 멘탈 잡기, 올바른 권위를 단단히 세우는 것에 집중하고 있다. 정제된 탄수화물, 가공품, 튀긴 음식, 달고 살던 커피를 줄이고 대신 신선한 야채와 과일을 먹고, 깨끗한 물을 마시며 아무거나 함부로 먹지 않으려고 한다. 가기 싫어도 일단 집 밖으로 나와 수영, 요가 수업을 받으며 마음을 돌아보고 환기하며 과체중이 되지 않도록 애쓰고 있다.

5년 후 나는 지금보다 더 건강한 내가 되어 있을까?

5년 후에도 여전히 걷고, 기도하고, 사색하고, 운동하며 몸과 마음을 다스리는 습관을 지속하길 바란다. 선의의 편에 서서 주변의 사람들에게 용기와 격려, 아낌없는 박수를 보내며 그들의 삶을 온전하게 살아가도록 돕는 사람이 되었으면 한다. 내 이름 배화(培 북돋을 배 化 될 화) '북돋아서 되게 한다.'의 뜻처럼. 특히 마음이 무너진 후배 교사들에게 나의 경험을 나누며 위로하고 북돋아 한 뼘 더 성장하도록 돕고 싶다.

또, 교실 에피소드와 깨달음을 계속 글로 남겨 예술로 승화시키는 작가, 예술가가 되어 있길 바란다. 나의 작품이 다른 마음, 상황, 문화, 처지를 이해하고 소통하는 질문이 되며 통로가 되었으면 한다. 마지막으로 동화를 쓰고자 하는 사람들, 글을 쓰고자 하는 사람들과 연합하여 글을 쓰는 법에 대해 나누고, 도움을 주는 글쓰기 선생이 되고 싶다. 다양함을 인정하고 존중하는 글을 쓰며 나누고 배우는 실천가가 되고 싶다. 나, 너, 우리를 북돋아, 되게 하는 그런 따뜻한 엄마, 아내, 가족, 아줌마, 이웃, 교사, 작가, 어른으로 뿌리내려 온전히 서 있기를 기대하며.

배화샘의 비전 시크릿

왜 이런 고난이 찾아왔는지 원망하지 마세요.

항상 잔잔한 바다는 없습니다. 거센 파도가 가면 또 다른 높고 험한 파도가 옵니다. 때로는 태풍도 같이 오지요. 인생도 비슷합니다. 항상 순탄한 인생은 없습니다. 때론 원치 않는 어려운 일, 예측 불가능한 고난이 계속해서 찾아오는 법이지요. 괴롭고 고통스러워 피하고 싶지만 내 마음대로 막을 수 없습니다.

하지만 거센 파도와 태풍의 좋은 점도 있습니다. 바다가 뒤집어져 적조와 녹조가 물러가고, 오염된 하천이 정화되며 지구 온도의 균형이 맞춰지고 바닷물 속에 산소가 들어가 물고기가 숨을 쉴 수 있는 좋은 환경이 만들어집니다. 고난이 위장된 축복이라는 말은 그러한 이유일 것입니다.

지금 고난 중에 있나요? 왜 나만 겪는 고난이냐고 불평하지 마세요. 왜 이런 슬픔이 찾아왔는지 원망하지 마세요. 서두르지 말고 당신 앞에 더 큰 축복과 은혜가 쏟아지실 것을 기대하고 기억하세요. 환란이 우리 삶의 불순물을 제거하여 더욱 강하고 아름답게 연단시킬 것입니다.

인생 책 성경 -「**시편**」

성경 시편 말씀을 통해 고난을 이길 힘을 얻었습니다. 낙심하고 주저앉고 싶을 때 나를 붙들어 주신 조물주 하나님의 존재를 깨달을 수 있었습니다.

"내가 환난 중에 다닐지라도 주께서 나를 살아나게 하시고 주의 손을 펴사 내 원수들의 분노를 막으시며 주의 오른손이 나를 구원하시리다" (시편 138:7)

바른 식생활 모티베이터

16:8 간헐적 단식
클린한 음식,야채, 과일 많이 먹기
커피 줄이기
설탕, 밀가루, 나쁜 기름,
튀긴 음식 먹지 않기

몸건강 모티베이터

매일 1시간 운동, 수영,요가,
산책, 걷기, 수영대회 참여하기

VISION BOARD

행복한 교사

성장하고 행복한 초등 교사,
교사 멘탈코치, 아픔과 위로,
격려 용기를 나누는 교사,
글쓰기 교사로 동화 쓰기 방법,
책 쓰기 방법 나누기

축복의 가정

일상 속 격려와 사랑, 위로, 칭찬하는
가정, 기도하고 축복하는 가정 만들기

작가의 삶

매일 읽고 쓰기, 스토리 채집하기,
작가 소통과 나눔의 글 집필,
칼럼리스트, 예술가의 삶 살기

마음건강 모티베이터

기도와 예배 성경말씀 읽기,
불평불만금지, 감사의 언어,
마음비우기, 꾸준한 명상과 내면 소통

6

내 인생은 꽃별천지

이영현 초등교사, 배움과 자기계발이 취미이자 삶의 원동력인 행복한 프로 일상러

내 닉네임은 꽃별천지.

친구들과 함께하는 놀이 말고는 딱히 다른 여가 문화가 없던 어린 시절, 각자의 이름만으로도 재미를 찾아 놀았다. 그중 하나가 '꽃별천지 사후 세계 알아보기'였다. 이름을 한 획씩 쓰며 꽃, 별, 천, 지, 꽃, 별, 천, 지…를 순서대로 반복하다가 꽃으로 끝나면 꽃나라, 별은 별나라, 천은 천국, 지는 지옥으로 간다는 식이었다. 지금 생각하면 황당한 놀이를 하면서 꽃나라, 별나라, 천국, 지옥을 상상했다. 상상만으로도 무엇이든 될 수 있고 어디로든 갈 수 있을 것만 같던 시절이었다.

시간은 흘러 상상 속의 온라인 공간이 우리 삶의 일부가 되고 어딜 가나 닉네임을 입력하라 요구했다. 무심코 넣었던 닉네임을 시작으로 나는 '꽃별천지'가 되었다. 어릴 적 상상했던 꽃나라, 별나라, 천국, 지옥을 찾아 꽃별천지 발자국을 남기는 어른. 그곳은 어디에도 없었지만, 발자국마다 작은 배움은 있었다. 그중 경제, 금융에 재미를 느껴 한참 신나게 즐기고 있을 무렵, 교직 사회에는 가슴 아픈 이슈가 큰 파도로 닥쳐와 모든 것을 집어삼켰다. 파도 속에 잠긴 시절이 너무나 어둡고 아파서 계산

기를 두드려 보았다. 몇 번이고 다시 고쳐봐도 교사라는 직업이 하는 일에 비해 경제적으로 손실이라는 결과값이 나왔다.

이대로 어두운 파도 속에 잠겨 있을 수만은 없었다. 손실을 만회하고 수익을 실현하기 위해 자기계발서를 파고들었다. 학교에서는 누구도 대체할 수 없는 린치핀이 되기 위해 노력했다(이건 나 혼자만의 착각일 수도 있고, 학교라는 직장에서 교사는 업무든 학년이든 쉽게 대체되는 것이 현실이긴 하다). 주말, 방학을 가리지 않고 타지역 불문, 각종 집합 연수에 참여했다. 미라클모닝, 비전보드, 공언하기, 감사하기 등 발전을 위해 해낼 수 있다고 생각하는 것들을 다 해 보았다. 하지만 여전히 꽃별천지는 어디에 있는지 알 수 없었다. 이 노릇도 지겹다는 생각이 들며 서서히 의미를 잃어가고 있었다.

그러던 중 우연히 교사 커뮤니티를 통해 함께 성장하는 교사들의 공동체, 자기경영노트 성장연구소(이하 자경노)를 만났다. 뭐든 참여하는 것만은 이미 전문가가 되어 있었으므로 성장 모임, 독서 모임, 자율 동아리 활동을 이어갔고 책 쓰기 특강을 들으며 여러 교사들을 만났다. 함께 하는 만남이 반복될수록 그동안의 나는 뭔가를 하고 있었으나 '한다'라기 보다 '헤매고' 있었다는 것을 깨달았다. 자경노에는 학교라는 직장에 다니는 교사가 아닌, 인생에 주어진 '업'이 '교사'인 성장하는 '선생님'이 있었다.

"우리가 우리의 역할을 자각할 때, 아무리 하찮은 역할일지 몰라도
그 역할을 깨달을 때, 그때에만 우리는 행복할 수 있다."

-「인간의 대지」 중에서, 생텍쥐페리

긴 여정 끝에 만나게 된 배정화 선생님의 글쓰기 특강을 들으며 갑작스럽게 눈물이 터졌다. 생텍쥐페리가 말한 우리의 역할이라는 것이 내게도 보이기 시작한 순간이었다. 마침내 인간으로서 대지 위에 서 있을 수 있는 튼튼한 두 다리를 찾아낸 것만 같았다.

그날 이후, 꽃별천지를 찾아 헤매며 '소진'되어 가던 내 하루에 두근대는 설렘과 자꾸만 눈물이 날 것 같은 감동이 찾아왔다. 처음 땅에 닿는 인어공주가 그랬을까? 내딛는 걸음마다 발바닥이 간지럽고 새로웠다. 눈에는 하트 동공이 자동 장착되었다. 일상이 사랑스러웠다. 사랑의 순간들이 한번 써 보라고, 기록해 보라고 내 손끝에 속삭였다. '자기 계발의 끝은 글쓰기다.'라는 김진수 밀알샘의 말이 바다 마녀의 유혹처럼 달콤했다.

오늘의 너#2

분명 숟가락으로 떠서
고 조그만 입으로
넣는 것을 보았는데

어쩌자고
짜장 수염이
온 얼굴에 생겼느냐,

에햄.

-네이버 자경노 카페 교단일기 중에서, 이영현

8살 입학 이후 평생 학교 울타리라는 바다 밖을 넘어간 적 없는 사십 중반의 나에게 드디어 꽃별천지가 나타났다. 결국, 매일, 다시, 여기, 이곳, '꽃'나라, '별'나라, '천'국, 지옥이 아닌 '지'구별에서 살아가는 일상을 기록하기 '시작'한,

내 인생은 꽃. 별. 천. 지!

학교가 살아있다! 울타리 아래 사랑스러운 이끼 정원 발견

꽃별천지 영현샘의 비전 시크릿

'돈'을 대하는 태도가 어떤지 정리해 보세요.

일상을 행복으로 이끄는 무수히 많은 것 중, 인간이 만들어낸 '돈'을 어떻게 대하는지 정리해 보세요. 결국 '돈'에 대한 가치관이 내 인생의 방향이기도 하니까요. 방향을 잡기 힘들다면 '손에 잡히는 경제'를 통해 돈과 정치, 경제, 세계를 폭 넓은 시각으로 만나 보세요. 저는 출퇴근길, 집안일 등 흘러가는 시간의 틈에 팟캐스트로 '손경제'와 함께 합니다. 재생하는 순간, 지구별을 살아가는 우리의 이야기가 펼쳐집니다.

MBC '손에 잡히는 경제' 홈페이지

인생 책 게리 무어 -「**존 템플턴의 영혼이 있는 투자**」

제가 읽어본 실전 투자서 중 가장 깊은 '철학'이 담긴 책이었습니다. '주식 하면 패가망신한다', '돈이 많다고 다 행복한 건 아니다' 하고 생각하신다면 이 책을 읽어보시길 권합니다. 교사만의 가슴 따뜻한 투자를 꿈꾸게 될 거라 확신합니다(책이 얇아서 금방 읽을 수 있다는 꿀팁도 한 스푼 더합니다).

Growth

글 읽기, 글 쓰기,
책 쓴다! 꼭 쓴다!!
2024 매일 영어-2028 뉴욕을 누빈다
(기다려, 프렌즈~)

Thankfulness

매일 밥 짓기 복 짓기
사랑하고 감사하기
나만의 일상 완성하기

꽃나라 별나라 천국 지구별 여행자의 Vision Board 2024

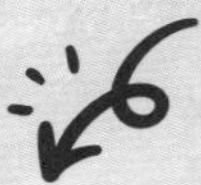

Wealth

2028 금융자산 지금의 5배 달성 축하!

Health

매일 걷기
마음 비우고 채우기
2028 뉴욕 센트럴 파크 조깅

7

고립과 연대를 오가는 삶을 꿈꾸다

임예원 초등교사, 하브루타 실천가, 러스틱라이프(Rustic life) 생활자, 어린이책을 읽고 쓰는 사람

어린 시절부터 고독과 외로움은 늘 나를 좇아다녔다. 부모와 형제자매가 있고, 근처에 친척들도 많이 살아서 또래 사촌들과 함께 온 동네를 누비며 놀던 기억을 떠올리면 '고독'과 나는 사뭇 어울리지는 않았다. 그래서 더욱 그 고독의 원천이 무엇인지에 대한 의문을 품고 지내온 것 같다.

'나는 왜 이토록 외로운가?'

이 질문에 대한 답을 쉽게 찾을 수는 없었다. 그저 마음속 외로움을 감당하지 못해 늘 누군가를 만나고 누군가에게 의지하며 지내왔다. 결혼과 출산으로 내 가족을 꾸려 살아가도 여전히 그 외로움은 해소되지 않았다. 아니, 마음은 더 외로웠고 때로는 나를 찾는 가족으로부터 '고립'을 꿈꾸기도 했다.

어느 날, 집 근처에서 법륜스님의 강연이 있다고 해서 달려갔다. '왜 태어났을까? 왜 외로울까?가 아닌 어떻게 살까?'를 고민하라는 법륜스님의 말씀을 듣다가 마음에 품었던 질문을 바꿔 보기로 했다. '왜 이토록 외로운가?'에서 '왜'를 빼기로 했다. 인간은 누구나 외로우니, 그 근원에 몰두해 봤자 인생이 허무하다는 결론에만 이르게 된다. '외로운 인생을 어떻게 살 것인가?'로 바꾸니 삶이 좀 명쾌해졌다.

그동안 '나는 왜 이런가?'라는 수많은 자책 섞인 물음으로 안개 속에서 답답하게 지내다가 '왜'를 던져버리니 내 삶에 놓인 문제를 덜 회피하게 되었다. 더불어 삶의 고비를 맞닥뜨렸을 때 점점 '어떻게 살 것인가?'를 먼저 생각하는 습관이 생겼다.

"고독은 집 안을 이상한 활력으로 채우는 특이한 액체 같아."

-「우리가 이토록 작고 외롭지 않다면」, 엔스 안데르센

「내 이름은 삐삐롱스타킹」의 작가 아스트리드 린드그렌이 동생에게 보낸 편지에서 '고독이 가져올 수 있는 활기에 대한 놀라움'을 이렇게 표현했다.

어쩔 수 없이 고향을 떠나 부모에게서 독립했던 시기부터 린드그렌에겐 많은 고독의 순간들이 있었다. 그 세월을 다 이겨내고 살아오다 다시 스몰란드의 고향 집에 왔을 때, 이젠 그 고독이 오히려 '활기'라는 것을 느꼈다고 한다.

내 인생에서도 가장 고독했던 순간에 가장 큰 에너지가 나를 채웠던 것 같다. 부모의 품을 떠나 서울로 와서 입학한 첫 대학을 두 달 만에 과감히 자퇴했다. 대학교에서 돌려받은 등록금 일부로 노량진 재수학원을 끊었다. 동시에 친구들과도 연락을 단절했다. 새벽마다 첫 전철을 타고 노량진 학원에 다니며 내 생에 가장 치열하게 공부했던 시기였다.

지나고 보니, 힘들고 외로웠던 시기를 고군분투하며 견뎌낸 스무 살의 기억이 나의 젊음을 지탱하는 힘이기도 했다. 혼자 대입 시험에 몰입했던 그 '고립'의 시기가 내 삶의 밑거름이었고, 나의 성장을 이룬 순간이었다. 인간은 오롯이 혼자 있을 때 무언가를 이루어 낼 수 있다고 깨달은 것도 그때였다.

며칠 전 하교 시간에 한 친구가 가방을 싸는 다른 친구를 기다리면서 이렇게 말했다.

"선생님, 집에 가기 싫어요. 집에 아무도 없어요."

아침에도 혼자 일어나서 등교하느라 매일 지각하고, 하교 후에도 엄마가 올 때까지 혼자 지내야 하는 아이에게 뭐라 말해줘야 할지 고민되었다. 이 친구처럼 많은 어린 친구들이 아무도 없는 집에 혼자 머무는 시간을 힘겨워할 것이다.

"어린이는 그 무엇보다 두려워하는 것은 버려지는 것이지요. 모든 어린이가 최소한 한 명의 어른과 바람직한 정서적 유대를 가져야만 안전함을 느낄 수 있고, 그렇지 못하면 삶을 견디기 어려울 거라고 나는 믿습니다."

린드그렌의 「사자왕 형제의 모험」 출간 인터뷰 중 일부이다.

그녀의 말처럼 어린이가 진정 두려워하는 것은 외로움이고, 그 외로움은 누군가와 바람직한 정서적 유대로 채워져야 한다. 요즘 아이들은 그 외로움을 어쩔 수 없이 스마트폰 게임이나 동영상 쇼츠들로 채우는 경우가 많다. 내 아이가 게임 중독에 빠졌다고 한탄하기 전에, 아이에게 따뜻한 유대를 제공하지 않은 어른 자신을 한탄해야 할 일이다.

정서적 유대가 채워지지 않은 아이들에게 학교만이라도 편안한 공간이길 바란다. 하지만 담임교사가 학급 모두에게 따뜻한 정서적 유대를 가지고 그들의 외로움을 채워줄 수 있다고 생각하는 것은 오만에 가깝다. 단지 나는 담임교사로 할 수 있는 것을 고민했고, 그중 하나로 매일 아침 '듣는 독서' 시간을 마련했다.

선생님이 들려주는 독서 시간을 통해서 우리나라 옛이야기와 세계 민담, 동화 등을 들려준다. 아이들의 마음을 채워줄 감성교육을 위해, 읽는 것을 어려워하고 귀찮아하는 아이들을 위해 아이들의 마음에 이야기 씨앗을 매일 넣어 준다. 선생님이 심은 이야기 씨앗은 아이들이 성장과 함께 아이들의 마음에서 싹을 틔우고 꽃을 피우고 열매가 맺힐 거라 믿는다.

아이들이 만나는 '고립'의 시기를 문학작품 속 수많은 주인공과 함께하면서 큰 활력의 시간으로 채우길 바란다. 또 옛이야기와 동화 속에 등장하는 인물들의 관계에서 '연대'를 배우길 바란다. 그렇게 저도 모르는 사이에 감성교육에 서서히 물들어 자극적인 영상을 잔잔하고 따뜻한 이야기로 바꿔 가는 어린이들이 늘어났으면 좋겠다.

이렇듯 교사로서 나의 비전은 '고립'의 시기를 좋은 에너지로 채워 아이들이 스스로 성장할 수 있게 돕는 일이다. 또 어디서든 '홀로'가 아닌 타자와의 '연대'를 통해 더 넓은 세계로 확장해 가도록 따뜻한 시선으로 지켜봐 주는 일이다.

그 연장선상에 나의 개인적인 비전도 있다. 나는 앞으로의 삶도 끊임없이 문학작품을 읽고, 문학작품을 쓰면서 살고 싶다. 그리고 좋아하는 작가들의 흔적을 찾아 세계 곳곳에서 머물며 사는 삶을 꿈꾼다.

예원샘의 비전 시크릿

하루 10분, 매일의 기적을 쌓아 보세요.

고려 말에서 조선 초에 걸쳐 살면서 정치 풍파 한가운데에 있었던 하륜은 아들에게 '구'라는 이름을 지어주며 그 뜻을 이렇게 적었다고 합니다.

'나무가 자라기를 오래 하면 반드시 산 중에 우뚝하며, 물이 흐르기를 오래 하면 반드시 바다에 도달한다.'

하루 10분, 흔들리지 않고 그 시간을 확보한다면 선생님과 학생에게 기적이 쌓입니다.

저는 맡은 학년에 따라 학급 특색에 맞는 주제를 정해 의미 있는 아침 열기를 합니다.

< 그림책으로 여는 아침 10분 >

< 선생님이 들려주는 옛이야기 하루 10분 >

< 하루 10분 뉴스 읽기 >

< 하루 10분 손바닥 동시 >

< 하루 10분 한자 공부 >

이렇게 매일 10분이라는 시간을 꼭 지킵니다. 더 길게도 짧게도 하지 않습니다.

매일 반복하다 보면 놀랍게도 두 달이 되었을 때, 아이들은 익숙함에서 오는 '재미'를 발견합니다. 실제로 어려워하던 뉴스 읽기를 할 때도 아이들에게 "선생님 너무 재미있어요."라는 말을 들었습니다.

위와 같은 활동을 매일 할 때, 주의점이 있습니다. 절대로 평가하지 않고, 더 잘하라, 더 잘 들으라는 어떠한 채근도 하지 않습니다. 하루 10분을 매일, 함께 한다는 것에 의미를 두는 겁니다.

선생님도 학생도 혼자 하다 보면 작심삼일로 끝나는 경우가 많습니다. 함께라면 공언과 약속을 통해 절대 하루도 빠지지 않고 하게 됩니다. 등교하는 190일 중, 60일을 오르막길로 오르다 보면 습관의 힘으로 나머지 130일은 미끄러지듯 자연스럽게 나아갑니다. 힘 빼고 하루 10분만 아이들과의 약속을 지켜보세요. 무엇이든지 하루 10분을 하다 보면 산 중에 우뚝 선 나무가 되고, 때론 너른 바다로 항해하는 아이들이 보일 겁니다.

인생 책 헤르만 헤세 -「**데미안**」

"새는 알에서 나오려고 투쟁한다. 알은 세계이다. 태어나려는 자는 하나의 세계를 깨뜨려야 한다. 새는 신에게로 날아간다. 신의 이름은 아브락사스."

인간이 성장하기 위해서는 기존에 살던 방식의 틀을 깨야 합니다. 새로이 태어나려면 알을 스스로 깨고 학생들과 함께 아브락사스에게로 날아가 봅시다.

매년 개인저서 1권 이상 출간

캐나다 일 년 살기

빨간머리 앤의 그린 게이블즈

지속 가능한 일상

걷기, 읽기, 쓰기

VISION BOARD

스웨덴 일 년 살기

내 이름은 삐삐롱스타킹

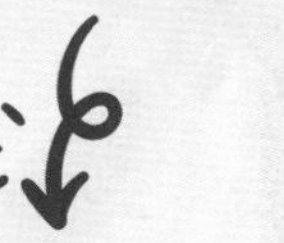

한달살기

독일, 뉴질랜드, 말레이시아,
태국 한달 살기

경제적 자유

꼬마 빌딩, 나만의 책방

8

인생의 비전을 찾고, 교사의 비전을 품다

곽경민 꿈꾸는 초등교사, 교육전문가, TET트레이너, 미술심리상담전문가

"독서 나이 열두 살입니다."

「밀알샘 자기경영 노트」에서 작가인 김진수 선생님은 이렇게 이야기한다. 책을 읽으며 나에게 질문을 던져본다. 나의 독서 나이는 몇 살일까?

어렸을 때 책과의 열렬한 사랑에 빠진 어린이는 아니었다. 기억을 더듬어보면 우리 집에는 언니들과 오빠를 위한 금성출판사의 세계 명작과, 세로쓰기가 되어 있던 고전문학 전집이 있었다. 그러나 어린 내가 읽고 싶었던 동화책은 없었다. 초등학교 2학년 때였던가? 학급 문고에 공주 이야기를 몇 편 묶어놓은 동화책이 너무 갖고 싶어 나도 모르게 집에 슬쩍 들고 온 경험이 있다. 허락 없이 몰래 무언가를 가져왔다는 죄책감에 한동안 내내 마음이 무거웠던 부끄러운 기억도 어렴풋이 남아있다.

5학년 때쯤 세계 명작 전집에서 「엉클 톰의 통나무집」을 읽고 노예였던 엉클 톰의 힘든 삶에 눈물 흘리며 마음 깊이 아파했던 경험과, 「몽테크리스토 백작」을 읽으며 다음 이야기가 너무 궁금해서 손에서 책을 놓지 못했던 경험이 떠오른다. 중학생 때는 친구들과 일본 만화 돌려 읽기를 좋아했고, 「중학생과 고등학생이 읽어야 할 문학」 등의 제목을 가진

책들을 읽기도 했다. 대학생이 되어 교대 도서관에서 김진명, 조정래 작가 등의 장편 소설을 읽으며 책의 재미에 빠져들기도 했던 기억이 난다.

본격적으로 책을 읽게 된 것은 큰아이를 낳고 나서였다. 아이를 잘 키우고 싶은 마음과는 달리, 나는 너무도 엄마 역할이 서툴렀고, 남편도 마찬가지였다. 그래서 공부하는 마음으로 육아서를 한 권씩 집어 들었던 것 같다.

책에서 좋다고 하는 방법들을 믿고 실천하며 아이를 잘 키우려고 노력했다. 그럼에도 불구하고 아이가 커 갈수록 이론과는 다르게 아이의 행동에 따라 한 번씩 널뛰는 내 마음을 다잡지 못해서 아이에게 미안함과 나에 대한 자괴감을 느끼는 순간들이 많았다. 너무도 소중한 아이와 어떻게 하면 좀 더 슬기롭게 지낼 수 있을까? 하는 고민에서 심리, 상담에도 관심을 가지게 되었고, 육아 프로그램과 책, 강연이 있으면 어디든 달려가서 무언가라도 붙잡고 싶어 고군분투했던 시절이었다.

많은 시행착오 끝에 아이를 잘 키우는 것은 결국 내가 스스로를 좋은 사람이라고 인정하고 수용하는 것임을 어렴풋이 깨달아 갈 무렵, 책과 강연에서 공통적으로 보이는 구절들이 있었다.

'타인은 절대 바꿀 수 없다. 단지 바꿀 수 있는 것은 나 자신뿐이다.'

이 말을 붙잡고 서서히 나부터 바뀌어 가려고 노력하기 시작했다. 가족들에 대한 기대보다는 나에게 집중하여 내가 할 수 있는 것들을 하나씩 실천해나가기 시작했다.

그 후로도 삶에서 많은 고민과 갈등의 순간을 마주했다. 그럴 때 주변 사람들이나 인생 선배들에게 물어보면 별다른 뾰족한 답이 없었고, 그들이 알려준 방법이 내가 원하는 답도 아니었다. 그러면서 나는 책에 더 의지하게 되었다. '책 속에 내가 찾던 답이 있구나!' 하는 것을 희미하게 느끼면서 독서는 급물살을 타기 시작했다. 분야를 가리지 않고 뻗어 나가기 시작했으며 그 속에서 나는 또 한 가지의 깨달음을 얻게 되었다.

'책 속에 길이 있다. 그리고 나의 질문에 대한 답은 이미 내 안에 있다.'

그러던 중 2022년에 「역행자」라는 책을 읽으면서 무릎을 치게 되었다. **'탐색, 인정, 전환'**이라는 부분에서 그동안의 독서를 통해 내가 느꼈던 것들을 글로 만날 수 있었기 때문이다. 그리고 독서와 함께 글쓰기가 반드시 동반되어야 한다는 것을 절실히 깨달았다. 그때부터 나는 쓰기 시작했다. '읽는 삶'에서 '읽고 쓰는 삶'으로 전환하면서 나는 조금씩 달라지기 시작했다.

그동안의 많은 독서가 알게 모르게 내 안에 쌓이고 쌓여 곳간이 채워지고 있었던 덕분인지, 글쓰기를 함께 하기 시작하자 그동안 가지고 있던 많은 이야기와 깨달음, 그리고 또 질문들이 하염없이 터져 나오기 시작했다. 그러면 그 질문들에 대한 답을 찾기 위해 또다시 다른 책들을 찾아 읽으며 나는 비로소 내가 진정으로 하고 싶은 일과 내 삶의 목표, 가치 등에 대한 답을 찾을 수 있었다. 그렇다. 답은 이미 내 안에 있었다.

나에 대한 깊은 탐색을 통해 내가 찾은 나의 삶의 가치는 바로 **건강, 가족, 자유, 성장, 공헌**이었다.

아주 건강한 몸과 마음을 가지고 가족과 화목한 가운데 내가 원하는 것들을 원하는 만큼 하며 배움과 자극을 통해 계속 성장하고 세상에 기여하는 것이 나의 핵심 가치이다.

나의 핵심 가치와 비전을 세우고 나니 이전보다 나는 훨씬 단단해졌다. 내가 무엇을 보고 달려가야 할지 목표를 알고 나니 이제는 중요한 것과 중요하지 않은 것을 구별하는 눈도 가지게 되었으며, 그에 따라 내 삶을 정리하고 다듬어 갈 수 있는 지혜가 조금 생긴 것 같다.

이렇게 한 인간으로서 나의 꿈과 목표가 분명해지자 나의 직업인 교사로서도 내가 할 수 있는 일에 집중할 수 있게 되었다. 교사로서의 삶이 점점 삭막해져 가는 현실 속에서 몇 번의 좌절과 상처, 트라우마를 갖게 되면서 바뀌지 않는 환경을 탓하며 어서 떠나야 할 직업이 될 뻔했었던 교사로서의 내 삶 또한 달라지기 시작했다. 하루하루가 내 꿈에 가닿기 위한 의미 있는 과정이 되었으며, 내가 알게 된 것, 깨달은 것, 이 좋은 것들을 미래의 희망인 우리 아이들에게 전해주어야 한다는 사명감을 비로소 느끼게 되었다.

「세이노의 가르침」에서 '어떤 일에 귀신이 되어 보아야 하는 것이 세 번은 질리고 다섯 번은 하기 싫고 일곱 번은 짜증이 나는데 아홉 번째는 재가 잡힌다.'라는 구절을 읽으며 다시 무릎을 '탁' 치게 되었다. '그동안 내가 교직에서 겪었던 아픔과 상처, 실패와 고난들은 귀신(진정한 교사)이 되기 위한 과정이었구나. 그동안의 배움과 경험들을 통해 이제 내가 비로소 재가 잡히게 되었구나.' 하는 것을 깨닫게 되었다.

누구나 삶에서 겪는 힘든 순간들, 고난과 역경, 실수와 실패들…. 이런 것들이 결국 삶에서 성공의 순간보다 더 큰 배움과 깨달음을 준다는 것을 비로소 절실히 느끼게 되었다. 그래서 내가 만나는 아이들에게도 이제 진심으로 이야기해 주고 있다. '실수는 배움의 기회이고 문제는 성장의 기회라고.' 아이들 또한 앞으로의 인생에서 힘든 순간을 맞이할 때,

포기하기보다는 무엇인가 하나 배울 점을 찾을 수 있게 나와 함께 하는 1년 동안이라도 관점을 전환시켜주고 싶다. 그리고 이제야 비로소 아이들이 가진 저마다의 가능성을 스스로가 알아챌 수 있게 도와줄 수 있는 나의 일이 정말 보람있게 느껴지고 가슴 벅찬 일이 되었다.

이제 나는 당당하게 내가 교사라고, 아이들에게 꿈과 희망을 심어줄 수 있는, 아니 내 삶을 통해 작게나마 긍정적 영향력을 끼칠 수 있는 교사라는 직업이 너무나 자랑스럽다고 이야기할 수 있다. 나는 자랑스러운 대한민국의 초등교사이고 아이들의 본보기로서 계속 읽고 쓰는 삶을 살아갈 것이다. 나의 독서 나이가 한 살 한 살 늘어날수록, 읽고 쓰는 삶이 쌓여간다면 나의 5년 후, 10년 후의 모습은 내가 그리는 꿈에 가닿아 있으리라 믿는다.

채움의 비전 시크릿

나를 만나는 시간을 가져 보세요.
답은 내 안에 있습니다.

친한 사람들과 함께 하는 즐거운 시간도 좋지만, 하루에 한 번 나를 만나는 시간을 꼭 가져 보세요. 저에게는 독서와 글쓰기 시간이 그랬습니다. 그리고 상담 공부를 하는 시간도 저를 만나는 시간이었습니다. 누군가에게는 걷기나 달리기 등의 운동이, 누군가에게는 미술이나 음악과 관련된 창작 활동이, 누군가에게는 그가 좋아하는 또 다른 무엇인가가 자신과 만나는 방법이 될 수 있습니다.

인생에서 만나는 많은 고민과 선택의 순간에 다른 누군가에게 하소연하고 묻는 것도 방법이 될 수는 있지만, 결국 답은 자신이 가지고 있다고 생각합니다. 내 안의 진짜 나에게 "너는 어떤 것을 원하니? 너가 진짜 하고 싶은 것은 무엇이니? 너에게 정말 중요한 것은 무엇이니? 너의 마음은 어떠니?"... 등의 질문을 하는 시간을 갖게 되면 '내 안의 나'가 진정한 나만의 해답을 들려줄 것입니다.

인생 책 켈리 최 -「**웰씽킹**」

자기경영서에 본격적으로 빠져들게 해준 책입니다. 이 책을 통해 내 인생의 핵심가치를 추려낼 수 있었고, 독서와 글쓰기를 통해 그 가치들을 점점 확장해 나가면서 나의 인생 비전과 교사로서의 비전을 확립할 수 있었습니다.

NEW
BESTSELLER
성장

공헌

9

배움의 이유 "배워서 남 주자."

황소리 초등교사, 학습/감정코칭, 일상루틴너, 함께 성장하며 나눔을 추구하는 삶

어느 날 아침, 처음 보는 유튜브 채널이었지만 제목에 이끌려 우연히 영상을 보게 되었다. 1년 동안 본업을 병행하며 블로그와 유튜브 채널의 수익화를 위해 노력한 결과, 목표수익을 달성하면서 일을 그만두고 자신만의 콘텐츠로 제2의 길을 찾은 내용이다. 그 유튜버는 초등학교 교사였고 왜 의원면직을 했는지 진솔한 자신의 마음을 털어놓는 영상이었다. 어려움과 고뇌의 시간을 겪었을 그 상황들이 너무나 이해가 되었다. 하지만 하루 종일 기분이 좋지 않았다. 참교사가 되고자 아이들을 위해 열심히 노력하는 선생님들이 하나둘 교단을 떠나는 모습에 씁쓸하고 안타까운 심정에 가슴이 먹먹했다. 각자 나름의 이유가 있을 테지만 교단에서서 아이들과 호흡하며 교육자로서 살아가기엔 요즘 학교 현실이 어렵고, 사회 제도적으로도 힘들기에 다른 길을 선택하는 경우가 많아진 것은 사실이다. '나는 교사로서 어떤 마음가짐으로 교단에 서야 할까?' 고민이 되었다. 아이들과 지내는 하루하루가 힘든 것보단 좋은 이유가 훨씬 많기에 나는 이 일이 즐겁다. 하지만 굳은 마음가짐이 없다면 나 또한 흔들리며 그때마다 고민하고 힘들어할 것 같았다. 굳은 마음가짐!! 내가 교사로서 살아갈 날들에 대한 미래의 소망, 비전을 확실히 해보자.

최근 닉네임을 다시 만들었다. 콜링미(calling me)! 내 블로그 대문 소개글은 "하나님이 주신 나의 소명(calling)은 교사라는 마음으로 그에 응답하고 싶은 콜링미입니다."라고 시작한다. 나의 소명은 무엇일까? 대학교 시절로 거슬러 올라가 보았다. 기독교 단체인 좋은교사 활동 시절 생각나는 문구가 있다. "생명을 살리는 교사" 나를 좋은 교사로 부르셨다는 하나님이 주신 소명이 생각났다. 그 소명이 무엇인지 아직은 뚜렷하지 않지만, 졸업한 지 15년이 된 지금도 그 믿음은 내 마음속에 확실히 자리하고 있다.

현재 나의 머릿속을 들여다보았다. 내가 좋아하는 것은? 내가 요즘 시간만 나면 하는 것은? 내가 이루고 싶은 목표의 카테고리는?

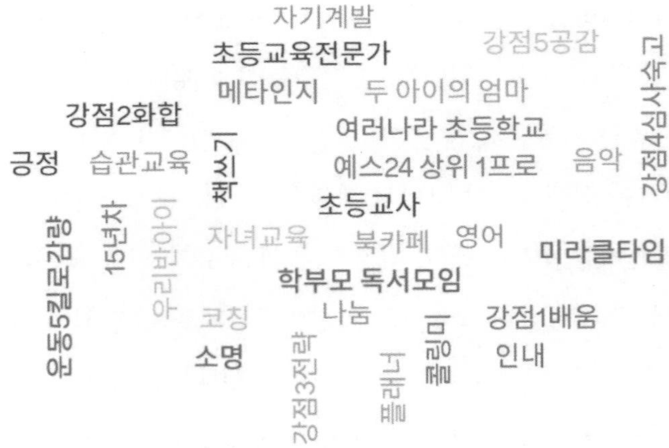

나는 하고 싶은 게 참 많은 사람이다. 내 나이 마흔 중반인 지금도 바이올린을 배우고 그림책 읽어주는 학부모 봉사, 영어 필사를 하고 아침 시간을 활용하고자 미라클모닝 시간을 갖는다. 또 정리 소모임과 독서모임, 자연놀이 온라인 모임, 교사 온라인 모임과 책과 함께하는 자녀독서 모임도 하고 있다. 내가 이렇게 배우고 도전하는 이유를 생각해보면 특별한 것이 없다. 배우고 함께하는 그 과정이 즐겁다. 배워서 우리 반 아이들한테 주면 되지... 나를 만나는 학생들에게 스며들겠지... 선생님의 관심사! 그 중에 나만의 시간이 주어지면 요즘 제일 먼저 하려고 하는 것은 독서와 영어공부다.

독서나이 5살이 되었다. 2019년 코로나 바이러스가 유행하던 시절 불안한 마음에 책을 집었다. 그리고 지금까지 책 읽는 삶이 일상이 되었다. 학습 관련 신간 책들을 구입하고 틈날 때마다 읽어본다. 아이들이 커갈 때마다 교사지만 학부모인 나도 같이 성장한다. 초등 2, 4학년 아이들을 키우면서 공부에 대한 고민을 많이 하였고, 내가 하는 일이 초등학생들을 가르치는 일이라 공부하는 과정과 방법에 대해 더 관심이 깊어졌다. 공부의 주도권을 학원에 빼앗기지 않고 학생이 주도하는 공부를 하기 위해 어떻게 해야 할지 고민하며 지금도 탐독을 하고 있다. 자기주도학습은 어떤 흐름으로 자연스럽게 습관화시킬 수 있을까? 내가 책을 읽고 기록하고 집에서 아이들과 실제로 해보는 활동들이 이 고민에서부터 시작되었다. 올해 육아 휴직의 기간 동안 교육 도서를 읽고 고민한 내용을 블로그에 기록해보려 한다. 2학기 휴직기간 중에는 학습전략코칭 자격증도 도전해보고 싶은 목표가 있다.

내 아이가 초등학교 4학년이 되면서 조금씩 사춘기 전 단계인 삼춘기인가 싶을 때가 있다. 초등 고학년이 되고 중학생이 되면 질풍노도의 시기라 하는 사춘기가 올 텐데 엄마로서 당황스럽지 않을까 싶은 마음에 준비를 해야겠다는 생각이 들었다. 교직생활 15년차이지만 지금까지

6학년을 해본 건 1학기뿐이다. 이제는 고학년을 맡아보자는 마음이 커졌다. 그리고 아이들이 스스로를 사랑하며 사춘기 시절을 잘 겪어내도록 옆에서 도와주고 싶은 생각에 내년에는 청소년 감정코칭 자격증에 도전해보고 싶다. 학생들이 내 자식처럼 느껴지니 엄마마음으로 도움을 주고 싶은 마음이다.

아이들의 공부와 성장에 대한 고민은 교사뿐만 아니라 가정에서 부모님들과 같이 나누고 함께 실천하는 것이 중요하다. 그래서 학급 신문을 발행해서 마음을 모으고 의견을 나누는 소통의 공간을 만들고 싶다. 신문이름은 "교육공감"이다. 한 달에 한번 발행될 이 신문은 교사가 읽은 교육 도서의 내용과 학급 아이들의 생활 속 마음을 읽어보는 내용이 주로 담길 예정이기에 학부모와 교육에 대해 소통하는 창구의 역할을 할 수 있을 것이다. 아울러 학부모 독서 모임과 학생 독서 모임을 해보고 싶다. 1학기에 1번이라도 서로 읽은 책을 소개하거나 책 한 권을 정해서 같이 읽는 방법 등의 다양한 방법을 통해 다르지만 결국에는 아이의 행복이라는 같은 고민을 향해 마음과 생각을 모으고 소소한 실천의 경험도 공유하는 독서 모임을 만들어 보고 싶다.

독서를 시작으로 연결되는 자기주도학습 연구, 청소년 코칭 자격증 취득, 학급신문발행, 학부모와 학생 독서 모임의 경험을 바탕으로 "내가 주인이 되는 학습, 고학년 청소년 코칭의 기록"에 관한 책을 출간하고 싶은 5년 중장기 프로젝트가 있다.

영어를 좋아하지 않지만 영어가 내 인생에 목표가 된 것은 2년 전부터다. 아이가 초등학생이 되고 영어 공부에 대한 도움을 주고 싶어서 영어 공부를 시작하였다. 엄마표 생활영어 모임도 여러개... 온라인 영어수업도 1년... 영어에 대한 흥미를 돋우는 기간만 2년을 보낸 듯하다. 그래도 지금은 영어가 재미있어지려고 한다. 이것도 너무 다행스러운 성과라고 생각한다. 중간에 포기할만한데 지금도 이렇게 하고자 하는 마음이 가득하지 않은가... 내가 영어를 내 인생에서 반드시 달성해야 할 목표로 확고히 자리매김한 가장 큰 이유는 앞으로 살아갈 날들 속에서 언어의 한계로 인해 내가 포기해야 할 기회가 생긴다면 너무 아쉬울 것 같아서이다. 작년에 전국초등음악수업 연구회 온음에서 주최하는 우간다 교육 나눔 프로젝트가 있었다. 내가 좋아하는 음악 수업을 우간다 아이들과 같이 나누고 함께하는 활동이 너무 좋아보였다. 내가 영어를 잘했다면 큰 고민 안하고 지원을 했을까? 교육봉사와 같은 이런 기회가 앞으로 또 온다면 그때도 주저할 것인가...

언어의 한계를 극복하기 위해 2년의 워밍업이면 충분하다. 이제는 성취를 위한 계획을 구체적으로 세우고 실천에 집중해야 할 때이다. 영어일기쓰기와 기초스피킹책 한권 암기을 통해 기본실력 업그레이드 후 IELTS 6.0 점수를 목표로 노력해보려고 한다. 그 후 화상영어를 지속하며 꾸준히 영어의사소통기술을 쌓고 싶다. 분명 그 과정에서 한층 성장할 나를 믿는다. 2027년부터 나의 10년 장기프로젝트를 실천해볼 것이다. 교육선진국 탐방과 교육선교지 봉사를 10년 동안 5개국 이상의 나라를 다니며 다른 나라의 교육을 보고 듣고 생각한 모든 경험을 담아 2035년 에세이집을 출간하고 싶다. 내 생각을 전달할 수 있을 정도의 영어실력 장착, 평소 글 쓰는 것이 두렵지 않을 만큼의 여유, 현장의 생생함을 잘 전달할 수 있는 사진 찍는 기술 습득!! 생각만 해도 가슴 벅차는 비전이다.

내 나이 60세가 되면 초등교육 전문가가 되어 있을 내 모습을 상상해본다. 내 인생의 2막인 60세 이후에는 독서, 생활 습관과 자기주도학습, 감정 코칭, 영어교육 등 내가 줄 수 있는 것들을 나누며 살고 싶다. 교사인 나는 항상 배우고 성장한다. 미래를 살아갈 아이들이 지녀야 할 역량을 교육하기 위해 뒤처지지 않도록 항상 배움을 게을리해서는 안 된다. 교사는 배워서 남 주기 위해 배워야 한다. 주는 과정이 행복하기 때문이다.

콜링미의 비전 시크릿

블럭식스(BLOCK SIX) 플래너를 소개해봅니다. 계획하는 걸 좋아하는 성격에 플래너 쓰는 것을 좋아하지만 꾸준히 끝까지 써본 플래너는 블럭식스 플래너가 처음이었습니다. 5년째 잘 쓰고 있는 이 플래너는 하루를 6개의 블록으로 나누고 투두리스트나 시간가계부의 개념이 아니라 중요한 가치중심의 계획입니다. 하루 6개의 블록안에 내가 추구하는 가치를 담은 일들을 하나씩 계획하고 매일 3번씩 들여다봅니다. 나의 시간은 한정되어 있기 때문에 하고 싶은 것을 다 넣을 수 없고 하나를 빼야 하나를 넣을 수 있다는 원리로 1주일을 42개의 블록으로 나누고 한정된 시간을 관리할 수 있게 합니다. 내가 중요하게 생각하는 일들의 우선순위를 명확하게 하는 효과가 있습니다. 한 달에 한권이라 가지고 다니기도 편하고 하루가 단순한 6블럭 안에 한눈에 들어오기 때문에 해야 할 일들로 가득 찬 플래너가 힘겹고 숙제처럼 느껴진다면 꼭 한번 써보기 추천합니다.

Gallup에서 하는 강점검사와 코칭을 한번쯤 꼭 해보세요. 검사를 하고 나면 나의 강점 Top5와 34개의 강점보고서를 보내줍니다. 나의 강점보고서를 처음 받아보고 약점이라고 생각했던 부분이 강점이었다는 것을 알고 놀랐습니다. 나의 강점을 잘 활용하기 위해 약점이 되는 부분을 한두가지 보안하면 강점을 잘 활용할 수 있을 거란 생각이 들었습니다. 나의 강점을 알고 나니 일을 할 때나 인간관계 상황에서 고민을 덜하게 되었고 공동체 안에서 나의 역할을 더 명확히 해주는 장점이 있었습니다. 나를 이해하고 강점을 활용하는 일상을 꼭 경험해보시길 추천합니다. 코치에게 코칭을 받아보면 더 유익합니다.

인생 책 김연수 - 「**미라클베드타임 - 아이의 미래가 달라지는 기적의 취침습관**」

취침 습관을 통해 아이에게 규칙적인 생활 습관과 자기주도적인 학습태도를 길러주고 엄마의 시간이 확보되어 엄마도 행복해지는 선순환의 과정이 인상 깊은 책입니다. 기본적인 가정교육의 시스템으로 자리를 잡으면 엄마도 아이도 행복한 일상이 될 거라 확신하기 때문에 유치원, 초등학생 아이가 있다면 추천합니다.

자기주도학습 전문가

- 학습관련 도서몰입 & 블로그 기록(2024년)
- 학습전략코칭 자격증(2024년)
- 청소년 감정코칭 자격증(2025년)
- 학급소통신문 "교육공감"(2025년)
- 학부모, 학생 독서모임(2026년)
- 자기주도학습 & 청소년 감정 코칭 책 출판(2028년)

해외교육탐방

- 영어일기 쓰기, 스피킹책 1권 일상화(2024년 7월)
- IELTS 시험 준비 6.0 목표(2024년 9~1월)
- 화상영어 활용해서 꾸준히!!!(2025년)
- 교육선진국 탐방 및 교육선교지 봉사(2027~2035년)
- 5개 나라 이상의 초등교육 탐방과 봉사의 기록을 담은 에세이집 출간(2035년)

VISION BOARD

초등교육 전문가로서 섬김과 나눔

- 독서, 생활습관과 자기주도학습, 감정코칭, 영어교육, 자기계발
- 내가 그동안 경험한 모든 것을 나눌 수 있는 통로가 생길 것이라 믿고 진행 중인 나의 소명을 위해 오늘도 한알의 밀알을 심는다.

10

내가 상상조차 하지 못할 퓨처셀프에게

신혜진 중등영어교사, 문해력 영어교육 전문가, 도전과 성장에 진심인 사람

10년 전, 2014년의 나를 회상해본다. 신규교사 딱지를 뗀 지 몇 해 지나지 않아 육아휴직을 했고, 3년 만에 복직한 학교의 달라진 모습에 적응하지 못하고 우왕좌왕했던 때였다. 내가 휴직했던 사이, 일하는 방식은 문서 결재에서 전자 결재로, 직접 만나 업무 이야기를 나누는 것에서 메신저 업무로 바뀌어 있었다. 그때의 나는 지금의 나에 비해 한참 아는 것이 적었고, 능력도 없고, 책임감도 없던 어중간한 상태였다. 학급을 잘 경영하고 싶었으나 경험이 부족했고, 업무를 기가 막히게 잘해서 인정받고도 싶었지만 할 줄 아는 것이 없었다. 그렇게 자괴감에 빠져 학교에선 업무에 허덕이며 집으로 탈출할 시간만 기다렸고, 집에 와선 닭똥 같은 아쉬움의 눈물을 뚝뚝 흘리기 일쑤였다.

지금의 나는 10년 전의 나에 비해 아는 것도 늘었고, 할 줄 아는 것도 많아졌고, 열정도 책임감도 훨씬 커졌다. 그렇다고 '지금 아는 것을 그때도 알았더라면...'이라며 후회하고 싶지는 않다. 그때의 나도 최선을 다해 앞을 향해 달려가고 있었기 때문이다. 30대 초반, 어른이라기엔 여전히 어렸던 그 시절의 나도 집에서는 육아에 최선을, 학교에서는 주어진 역할에 최선을 다했더랬다. 뜻대로 되지 않음에 속이 상했지만, 이적의

노래 '걱정말아요 그대'의 '지나간 것은 지나간 대로 그런 의미가 있죠.'라는 가사를 들으며 절절한 위로를 받았었다. '후회 없이 꿈을 꾸었다 말해요. 새로운 꿈을 꾸겠다 말해요.'라는 가사를 들으면서는 다시 새롭게 도전하고 살아갈 용기를 얻었었다. 그렇게 한 해 한 해 고군분투하는 시간은 결코 허투루 흘려보낸 시간이 아니었다. 내게 부족한 것에 대해 깨닫게 되었고, 조금씩 내 방식을 바꾸어나갔고, 조금씩 현명해지고 지혜로워졌다. 그러는 사이 아이는 점점 자라 엄마 손을 덜 필요로 하는 중학생이 되었고, 나는 중견 교사가 되었다.

지금 나와 함께 업무를 하는 같은 부서원 선생님들을 보면 만감이 교차한다. 신규 선생님을 보면 낯설고 오리무중이었던 나의 신규 시절이 떠오르고, 육아로 지친 선생님을 보면 버겁고 부담스러웠던 복직 시절이 떠오른다. 그때의 내 마음을 여전히 기억하기에, 부서 선생님들께 친절하고 현명한 동료 교사가 되고 싶다. 어려운 점이 있으면 함께 해결하고 싶고, 소통을 통해 마음을 어루만져주고 싶다. 그리고 지금의 고군분투가 분명히 선물이 되어 돌아올 거라고, 세상에 쓸모없는 시간과 경험은 없다고 위로해주고 싶다. 육아와 학교 업무로 고민하던 숱한 밤은 내게 나만의 육아관과 교육관을 세워주는 밑거름이 되었기 때문이다. 또한, 그것들을 하나로 엮어 「문해력을 키우는 엄마표 영어의 비밀」이라는 책을 출간하는 영광을 주기도 했다.

10년 전에 나와 같은 부서에서 근무했던 부장님과 최근에 통화할 기회가 있었다. 그때의 내 모습을 기억하는 누군가가 있다는 것만으로 쥐구멍에라도 숨고 싶은 기분이 들었다. 자꾸만 그때의 나를 잊어달라 말하며, 그때의 나와 지금의 나를 동일시하지 않으려는 나 자신을 발견했다. 나라는 사람은 하나의 시간적 흐름 속에 동일 인물이지만, 분명히 그때의 내 생각과 행동은 지금의 내 생각과 행동과는 다르다. 그때 나는 10년 뒤 나의 모습을 상상조차 하지 못했다. '어떤 사람이 되어야겠다.'라는 생각을 미처 하지 못했다. 그저 눈앞에 주어진 하루하루의 일상을 살아내려 애썼을 뿐이었다. 그러는 사이 스스로 마음에 들지 않았던 모습들을 조금씩 고쳐나갔고, 구체적으로 그려보진 않았지만 내가 멋지다고 생각하는 방향으로 흘러가고 있었던 것은 아닐까.

얼마 전에 Benjamin Hardy의 'Be Your Future Self Now'('퓨처셀프'라는 제목의 한국어 번역본도 출간)라는 책을 읽다가, 이런 문구를 보게 되었다. 'Your future drives your present.' 나의 현재가 아닌 나의 미래가 나를 이끈다는 것이었다. 미래의 나 자신과 긴밀하게 연결되어 있을수록, 현재의 행동은 현명해진다는 것이었다. 흔히 자신이 세운 비전과 목표대로 인생이 흘러간다고들 말하지만, 그것을 '미래의 나'라는 제삼자로 표현한 방식이 매우 흥미로웠다. 'The only way to make your present better is by making your future bigger.'라는 문구도 있었는데, 미래의 내 비전을 크게 만들수록 현재의 나를 더 잘 개선할 수 있다는 것이었다. 교사로서 하루하루의 일상을 보내는 데 그치지 않고, '미래의 나(Future Self)'를 그려보고 시각화하면 현재의 나는 더욱 빠르게 성장할 것이다. 10년 전의 내 모습을 떠올리기도 싫은 것처럼, 10년 후 나는 지금의 나를 떠올리기도 싫을 만큼 달라져 있을 것이다. 이 책에서 저자는 'Building a connection to your Future Self requires seeing your Future Self as a different person from who you are today.'라고 말하며, 미래의 나(Future Self)와 현재의 나를 전혀 다른 사람으로 보라고 강조한다. 이제 10년 후의 나를 상상해본다. 지금의 나와 완전히 다른 미래의 나의 모습은 이러하다.

"나는 모든 업무에서 모르는 것이 없고, 어떤 업무를 맞닥뜨리더라도 두려움 없이 척척 해낸다. 특히 생각지 못한 변수가 생겼을 때 유연한 대처로 해결하여, '해결사'라는 소리를 듣는다. 나는 후배 교사들이 질문을 해오면 가장 지혜롭고 친절한 방식으로 도움을 준다. 그렇다고 모든 업무를 대신해주는 것이 아니라, 스스로 해결해 나갈 수 있도록 좋은 본보기가 된다. 나는 존재만으로 따뜻한 아우라를 풍기며, 학교 문화를 부드럽고 협력적으로 바꾼다. 나는 영어 교육과 인성교육 분야에서 꾸준히 책 출간을 통해 전문성을 쌓아나가며, 좋은 강의로 학부모와 교육청에 꼭 필요한 존재가 된다. 내 주변에 늘 좋은 사람이 끊이질 않는데, 그것은 내가 좋은 사람이기 때문이다.

나는 똑똑하고(Smart) 건강하고(Strong) 세련된(Sophisticated) 모습을 가진 자신을 사랑한다. 나는 자존감이 매우 높고 겸손하며 예의 바른 어른으로 살아간다. 자식에게 의존하거나 나약한 마음을 품지 않고, 나의 '자존'을 지키면서 독립적으로 살아간다. 나는 건강한 몸과 마음을 바탕으로 10년 뒤의 또 다른 비전을 향해 달려 나간다."

내가 상상하지도 못할 미래의 나에게 '당신은 참 존경스럽고 멋진 사람'이라고 칭찬해주고 싶다. 미래의 나는 지금의 나를 회상하며, '그동안 고생많았고 정말 대견하다.'라고 말해줄 것이다. 오늘도 나는 10년 뒤의 퓨처셀프를 상상하면서, 나 자신에게 말한다.

'내가 상상조차 하지 못할 퓨처셀프를 위해, 파이팅!'

cake샘의 비전 시크릿

출근 전, 나를 위한 온전한 시간을 가져보세요.

아침에 출근하기 전에 저를 위해 지키는 몇 가지 루틴이 있습니다.

첫 번째, 눈.뜨.걷.(눈뜨자마자 걷기) 아이의 영어 듣는 귀를 만들어 주기 위해 오랫동안 눈.뜨.틀.(눈뜨자마자 영어음원틀기)을 실천해왔는데요. 저 자신에게 무슨 일이든 해낼 수 있는 체력을 만들어주기 위해 눈뜨자마자 걷기를 합니다. 잠도 덜 깬 상태로 옷을 챙겨입고 밖으로 나가 찬바람을 맞으며 걷다 보면, 몽롱했던 정신이 점점 맑아지고, 떠오르는 햇살을 맞으며 하루를 보낼 새로운 에너지를 얻게 되거든요.

두 번째, 10분간 책 읽고 한 문장 필사하기. 아침에 독서를 하지 않으면 하루 종일 책을 한쪽도 읽지 못하는 날도 많아요. 그래서 어떤 일보다 우선하여 책을 읽고, 제게 힘을 주는 한 문장을 찾아 다이어리에 필사합니다. 때론 인스타그램에 공유하면서 주변 사람에게 긍정의 에너지를 전파하기도 해요.

세 번째, 아침 일기 쓰기. 자기 전에 쓰는 일기는 하루를 돌아보는 글이라 과거를 향해 있지만, 아침에 일어나 쓰는 일기는 하루를 기대하며 쓰는 글이라 미래를 향해 있습니다. 나 자신에게 지금도 충분히 잘하고 있다고, 오늘 나의 하루는 어느 때보다 근사할거라고, 스스로 격려하고 긍정의 에너지를 불어넣어 줍니다.

매일 출근 준비를 반복되는 일상이 단조롭고 의미 없게 느껴질 때, 스스로에게 활력을 불어넣는 힐링의 시간을 먼저 가져보세요. 작은 성공을 통해 큰 성공을 끌어당깁니다.

인생 책 Benjamin, Jr. Hardy -「**Be Your Future Self Now**」

(한국어 번역판「퓨처셀프」) 현재의 나와 미래의 나를 전혀 다른 사람으로 분리하고, 퓨처셀프를 강하게 그려봄으로써 현재의 나의 행동을 효과적으로 통제하게 되었습니다.

Smart(지혜롭고 똑똑한 나)

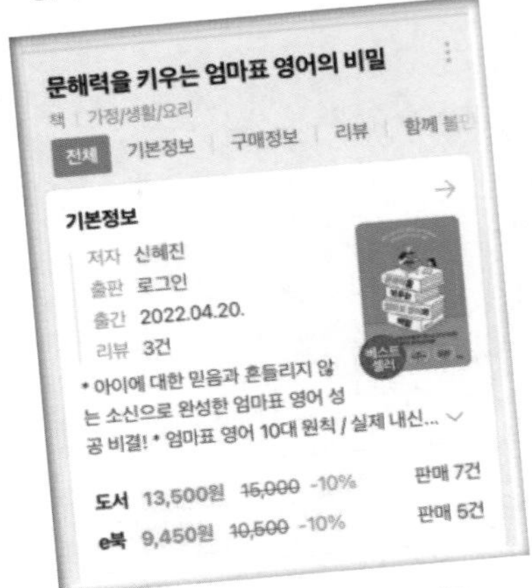

- 동료에게 inspire되는 좋은 교사이자 멘토
- 영어교육, 인성교육 전문가이자 best 강연가
- 1년에 한 권씩 출간하는 best & steady seller 작가

Strong(건강하고 자존감 높은 나)

- 탄탄하고 균형 잡힌 건강한 몸
- 읽고 쓰는 삶으로 단단한 마음 유지하기
- 지치지 않는 열정으로 새로운 도전하기

VISION BOARD

Future Self 3S

Sophisticated(우아하고 세련된 나)

- 자산을 잘 모으고 현명하게 쓰기
- 새로운 퓨처셀프를 향해 끝없이 성장하기
- 사랑하는 사람들과 즐거운 시간 보내기

11

하늘이 내려준 기회

김진수 초등교사, 제2의 피터드러커를 꿈꾸는 가족작가, 독서·글쓰기·책쓰기 메신저

"하늘은 당신에게 기회가 필요할 때마다 기회를 선물한다. 다만, 그걸 정확하게 포착하는 사람이 있는 반면에 기회가 곁에 있는지도 모르는 사람이 있을 뿐이다. 운명을 바꾸고, 개척하고 싶다면, 주변을 잘 살펴보라."

- 괴테

2012년부터 독서를 하기 시작하면서 어느덧 독서 나이가 13살이 되었다. 독서 나이 5살쯤 되었을 때 기록의 씨앗이 움트면서 블로그를 시작했고, 블로그에 기록을 하다 보니 자연스럽게 글쓰기의 매력을 푹 빠지게 되었다. 글을 쓰다 보니 새로운 맛을 느끼게 된다. 내가 경험한 모든 것들이 의미가 있고, 그 의미가 글이 되고 책이 된다는 것을 알게 되면서 세상을 바라보는 시야가 바뀌게 되었다. 그동안 만난 수많은 사람에게 이렇게 표현한다.

"해리포터가 호그와트 마법학교를 가기 위해 다른 사람들은 보지 못하는 9와 3/4 승강장으로 돌진하는 것. 그 승강장 넘어서 새로운 세계가 열리게 되죠. 책 쓰기는 바로 오늘날의 9와 3/4 승강장입니다."

작가의 비전을 품다. 그리고 나누다

책을 읽고 좋은 구절을 남기기 위해 블로그에 서평을 올리기 시작했다. 내 생각을 조금 입혔을 뿐 거의 책 속의 구절을 그대로 활용한 서평이었기에 전혀 거창하지 않았다. 그런데 어느 날 책을 쓴 작가가 직접 댓글을 달아주었다. 블로그에 글을 쓰니 신기한 경험을 한 순간이었다. 결국, 그 작가와 만나게 되었고, 책 쓰기에 대한 동기부여를 받게 되어 글쓰기가 책 쓰기로 전환이 되는 순간을 맞이하였다.

그렇게 시작된 책 쓰기가 7년이 지난 지금 나의 삶은 그 어느 때보다 풍성하다. 이제는 나 역시 책 쓰기의 힘을 전하는 자가 되어 <선생님의 이야기가 책이 되는 비결>이라는 주제로 100여 명이 넘는 개인 저자를 탄생시킬 수 있게 되었다.

"선생님 덕분에 새로운 세상을 만나게 되었습니다."

"진짜 쓰니 되네요. 신기하고 정말 행복합니다."

"제 이야기가 한 권의 책이 되어 누군가에게 영향을 줄 수 있다고 생각하니 참으로 행복합니다. 더 잘살아보고 싶은 의지가 생기기도 하고요."

"듣던 대로 책 쓰기는 자녀를 낳는 것 같아요. 소중한 자녀(책)가 좋은 영향을 끼치면 좋겠습니다."

많은 이들이 독서를 넘어 기록, 글쓰기를 거쳐 책 쓰기를 만나게 되면서 삶이 변해감이 느껴진다. 누군가에게 조금이나마 도움이 되었다는 생각에 헬퍼스 하이(도움을 주는 사람들의 기분이 좋아지는 현상)가 느껴지고, 기여를 통해 함께 살아가는 기쁨이 가득하다.

책 쓰기는 자립과 기여를 가져다주는 일거양득의 효과가 있다. 그동안의 흩어진 삶의 조각들인 기록과 글쓰기가 한데 엮여 새롭게 창조가 되어 작품이 되는 책 쓰기를 통해 자립하게 되고, 그 작품을 통해 누군가는 영향을 받아 또 다른 삶의 연결고리가 형성되어 기여할 수 있으니 이를 마다할 이유가 전혀 없다. 자신감은 물론 자존감도, 자아효능감도, 도덕책에서나 볼법한 좋은 낱말들이 삶 속에 체득화되니 인생은 숙제가 아닌 축제가 된다. 이젠 100명을 넘어 200명, 1,000명까지 저자를 낳는 교사가 되고 싶다.

"선생님께서 행복해지려면 책을 쓰시면 좋습니다. 책을 쓰면 매일 반복되는 일상에 쫓기는 것이 아닌 그 일상 속에서 의미를 찾게 되거든요. 아이들과 함께 하는 190일이라는 소중한 선물이 있습니다. 하루에 1개씩 의미를 발견하고 그것에 대한 생각 글을 남겨보세요. 그것이 모이면 선생님만의 한 권의 책이 나옵니다. 그렇게 시작하면 됩니다."

부부 작가의 세계 TV

아내는 동화작가이다. 2022년 출간한 인성 동화 「우정 자판기」를 시작으로 「쿵쿵 마음을 말해봐」, 「신조어를 통역해 드립니다」 3권이 현재 출간이 되었고, 4권이 계약되어 추가로 출간될 예정이다. 우린 그렇게 부부 작가가 되었다. 지금의 모습으로만 보면 지극히 평탄했을 것으로 보이겠지만 삶은 그렇게 순탄하지만은 않았다. 갑자기 찾아온 우울증을 이겨내는데 온 힘을 다했고, 그것을 이겨내기 위해 우리 부부는 피나는 노력을 했다. 힘든 것을 이겨내는데 돌파구가 된 것이 바로 독서, 글쓰기, 책쓰기였다. 간절함은 우리의 무기가 되어 우리를 여기까지 이끌어주었다.

이 느낌을 우리만 알기에는 아쉽다. 「초등 집중력을 키우는 동시 쓰기의 힘」이 출간되고 방송인 전민기, 정미녀가 운영하는 <난장판 육아> 유튜브 채널에 초대를 받아 2시간 동안 즐거운 이야기를 나누었다. 두 분의 케미 덕분에 유쾌하고 알찬 촬영이 이뤄졌다. 돌아오는 길 우리 부부의 미래를 볼 수 있었다. 마침 우리가 사는 지역에서 <부부 작가의 세계> 주제로 독서, 글쓰기 모임을 이끌고 있었기에 집에 도착하여 아내와 이야기를 나누고 유튜브 채널을 만들었다.

채널명: <부부 작가의 세계>

교육, 육아, 저자 인터뷰 등 피와 땀이 되는 이야기가 영상으로 담길 것을 생각하니 전율이 돋았다. 우리 부부의 장점 중 하나는 실천력이 강하다는 것이다. 생각에만 그치는 것이 아닌 좋은 것이 있으면 바로 실행한다.

만들어 놓으니 뭐라도 해야 한다. 감사하게도 인근 도서관에 스튜디오가 마련되어 있다. 예약만 하면 무료이다. 촬영 장비는 핸드폰 하나면 충분하다. 마이크가 고민이다. 고민이 있으면 해결책이 있다. 이미 유튜버로 자리를 잡은 분께 도움을 요청하면 된다. 채널 운영이 안정적으로 잘되고 있는 지인에게 연락하니 마이크 추천을 해준다. 비교 분석을 하고 바로 구매했다. 마이크 테스트를 해보니 물어보고 선택하길 참 잘했다며 서로를 칭찬한다.

부부가 작가이니 할 이야기가 많다. 우리들의 이야기를 시작으로 영상이 하나씩 올라간다. 인근 저자를 모셔 인터뷰도 하는 등 일주일에 두

편씩 꾸준히 올리고 있고, 앞으로도 지속해서 업로드될 예정이다. 나는 유튜브를 이렇게 표현한다. 온라인 건물이라고. 한편씩 올라갈 때마다 건물을 짓는다는 느낌으로 임한다. 누군가는 그 영상을 보고 인사이트를 얻어 삶이 변할 수 있다. 내가 잠을 자고 있어도 영상은 돌고 돈다. 누군가에게는 영향을 주고 있다. 시작한 지 얼마 되지 않았지만 벌써 들려온다. 덕분에 많은 것을 배우고 실천하며 변화된 삶을 살아가게 되었다고.

일신 일일신 우일신(苟日新 日日新 又日新)

"실로 날마다 새로워지고, 날마다 새로워지되 또 날마다 새로워진다."라는 의미로 내 삶의 강력한 인생 문장이다. 이런 마음으로 하루를 시작하고 하루를 마무리하니 나날이 새로워질 수밖에 없다. 이런 하루가 쌓여 한 달이 되고, 12달이 쌓여 1년이 된다. 1년 전과 지금의 모습이 다르듯, 지금과 1년 후의 모습은 또 다른 모습으로 살아간다. 나날이 새로워져서 나는 언제나 성장 중이다. 지, 덕, 체의 조화로운 인생을 꿈꾼다.

하나. 지(知): 매년 개인 저서 1권, 공동저서 1권은 기본으로 출간한다.

1월 1일이 되면 이런 생각을 한다. '올해는 어떤 책을 쓸까?'

관심 분야를 정하고, 관련 저서를 읽고, 관련 기사를 모으고, 기록하고, 글을 쓴다. 쓴 글들을 유목화하여 한 권의 책으로 만든다. 중요한 것은 내가 이 분야를 잘 알기에 쓰는 것이 아닌 쓰면서 공부하고, 공부하면서 쓴다는 점이다. 관심을 가지니 보이고 들리기 시작한다. 눈과 귀가 열리니 기록을 하게 된다. 기록에 생각을 덧붙이니 한편의 글이 된다. 글이 모이니 책이 되는 논리다.

올해는 교무부장의 역할을 수행 중이다. 너도나도 손사래 치는 업무이다. 어쩌다 보니 교무부장이 되었다. 이왕 결정된 것이니 업무와 관련된 책을 쓰면 된다. 1년 지나면 나에게는 교무부장(리더십)과 관련된 한 권의 책이 출간되어 있을 생각에 기분 좋게 학교에 간다.

둘. 덕(德): <자기경영노트 성장연구소>(이하 자경노) 법인화가 되어 선생님들의 자기경영에 도움을 주는 단체를 이끌어간다.

나날이 회원들이 많아지는 추세다. 독서, 기록, 글쓰기, 책 쓰기, 메신저 등의 루틴으로 진정한 자기를 만나는 선생님들이 늘어난다. 인생을 바라보는 관점이 바뀌면 교실이 바뀐다. 교실이 바뀌니 함께 하는 학생, 교사, 학부모 모두가 즐겁고 행복한 교육을 만들어간다. 공자가 지속해서 강조한 수신제가치국평천하(修身齊家治國平天下)의 시작은 바로 '자기'였다. 나부터 확실히 인생 내공을 쌓는다. 그 에너지로 다른 이를 돕는다. 영화 <아름다운 세상을 위하여>에 나오는 "세상을 변화시킬 단 하나의 방법"처럼 내가 가진 역량으로 3명을 돕고, 그 3명은 다른 3명을 돕게 하여 선한 에너지가 서로서로 이어지도록 한다. 자경노 1기가 2기에게, 2기가 3기에게, 3기가 4기에게…. 현재 자경노의 모습이 서로의 성장을 이끌어준다. 여러 선생님의 고백이 앞으로도 펼쳐지는 그림을 그려본다.

"제 변화된 인생은 자경노의 전과 후로 나뉠 수 있습니다."

셋. 체(體): 몸과 마음의 건강에 힘쓴다.

요즘 눈뜨마운(눈뜨자마자 운동)을 실천 중이다. 운동하기 최적의 공간에서 살고 있다. 지역 시민을 위해 조성된 저수지가 잘 되어 있고, 집 앞에 수많은 책이 진열된 도서관이 자리 잡고 있다. 몸과 마음의 건강을 위해 언제든 달려갈 수 있도록 이곳으로 이사를 왔다. 변명할 여지가 없다. 집 밖을 나가 한 걸음 내디디면 몸 관리를 할 수 있고, 마음 관리를 할 수 있다. 얼마든지 가능하다. 몸과 마음이 평안하니 개인, 학교, 가정 3박자가 두루 조화롭게 펼쳐진다.

사람은 자신이 그린대로 삶을 살게 된다.

지, 덕. 체가 고루 성장하니 내가 원하는 삶이 펼쳐진다. 다 이뤄짐에 미리 감사하다.

- 매년 개인 저서 1권, 공저 1권 집필: 2017년부터 진행 중
- 부부 작가의 세계 TV 10만 구독자 달성: 2025년
- 경제적 자유화: 2026년 12월
- 책방 및 출판사 온(溫) 설립
- 3층 건물주(1층 - 책방 온, 세미나실, 2층 - 영상제작실, 3층 - 우리 집)

밀알샘의 비전 시크릿

기록하는 교사가 되어 보세요.

선생님께는 190가지의 선물이 주어집니다. 190일 동안(초등학교 기준) 아이들과 동고동락하며 스토리가 쌓입니다. 이것을 그대로 두면 먼지처럼 사라지지만 기록을 하면 값진 보석이 됩니다. 저는 이렇게 합니다. 매일 하나의 의미 있는 순간을 가져와서 글을 씁니다. 그런 글들이 모이다 보면 한 권의 책이 됩니다.

교실이 변화된 순간이 있었는데 제가 글을 쓰기 시작하면서 아이들을 바라보는 관점의 변화에서부터 비롯되었습니다. 똑같은 일상에 기록과 글쓰기만 넣었을 뿐인데도 교실의 공기는 완전히 달라졌습니다.

블로그, 인스타, 카페, 밴드, 유튜브 등 나만의 기록 창고를 모아보세요. 기록이 쌓이고 쌓여 넘칠 때 비로소 알게 됩니다.

"기록과 글쓰기로 내가 변하고, 네가 변하며, 우리가 변했다."

인생 책 데일 카네기 - 「**카네기 인간관계론**」

상대방에게 진심을 다한다는 것이 어떤 것인지 알게 되었고 매년 1독을 함으로써 교사, 학생, 학부모의 관계에 대한 두려움이 말끔히 해소되었습니다.

꾸준한 저서 활동

- 1년에 동화 2권, 개인저서 2권(부부작가)
- 베스트셀러 부부작가

선한 교육활동

- 동화 수업
- 어린이 동시집 수업
- 학부모 성장 변화
- 책쓰기 수업

밀알샘, 부부작가의 세계 유튜브

10만 구독자 달성
교사 성장, 자기경영,
부모교육, 나돌봄, 독서, 글쓰기 꿀팁

VISION BOARD

책방 온

- 동네 서점
- 따뜻한 self차
- 독서모임, 성장모임

자동화 수익

자동수익화 월 300만원
"유튜브&인세&지식산업"
2025년 1월부터 점점
불어나는 자동수익

경제적 자유화, 나눔 기부의 삶

- 꾸준한 기부
- 정직한 신앙생활
- 해외봉사 재능기부
- 정직한 교육과 성장 모임

건물주

3층 건물짓다!!

- 1층-책방 온, 세미나실
- 2층-영상제작, 녹음실
- 3층-우리집

12

멋진 퇴임을 꿈꾸는 교사입니다

김미현 진짜 어른을 꿈꾸는 초등교사, 매일 독서, 매일 글쓰기

"2028년 저는 퇴임합니다."

작년부터 입에 달고 다니던 말이다. 학교생활을 20여 년 하다 보니 익숙해져서인지 학교생활이 재미가 없어졌다. 점점 익숙해져 무료해져 가는 듯했다. '56세 되면 학교 그만두고 다른 일을 해봐야지.' 내 인생 교사로만 보내기엔 억울한 것 같다는 생각이 들었다. 56세에 퇴임을 결심하니 후회 없는 퇴임을 하고 싶다는 욕심이 생겼다. 나이에 밀려, 변화하는 AI 에듀테크 기술에 밀려 퇴임하는 것이 아니라 더 큰 뜻을 꿈꾸고자 퇴임하는 사람이 되고 싶었다. 멋지고 후회 없는 퇴임을 생각하니 퇴임하기 전 지금 내가 하는 일, 가르치는 일에 최선을 다해야겠다는 생각이 들었다.

다시 수업을 연구하기 시작하니 나의 관심사인 독서에 관심이 쏠리기 시작했다. 그림책도 한 권 두 권 사서 읽고 나만의 학습지를 만들기 시작하였다. 그림책은 글자가 많지 않아서 읽어주는 교사도, 듣는 친구들도 부담이 없었다. 특히나 우리 학교는 다문화 친구들이 구성원의 반을 차지하는 학교이다. 더더욱 그림책 읽어주기가 부담이 없었다. 한글을 모르는 친구들도 그림으로 내용을 추측할 수 있으니, 수업에 적극적으로 참여를 하게 되고 서로의 생각을 많이 나눌 수가 있게 되었다. 다

른 선생님들의 자료를 내려받아서 활동하던 학습지도 우리 학교 친구들의 수준에 맞게 계획하여 만들었다. 우리 반 수준에 맞게 제작한 학습지는 친구들의 호응이 좋았다. 친구들의 호응이 좋았다. 호응이 좋으니 더 열심히 만들게 되었다. 국어와 도덕 수업은 학습주제에 맞게 그림책으로 대체하여 활용하였다. 작년 한 해 그림책을 함께 읽고, 함께 나눈 이야기가 26권이나 되었다. 학습지도 그만큼 제작하고 활용하였다.

아이들과 그림책 활동을 하다 보니 일회성으로 활동만 하고 끝내기에는 아쉬움이 남았다. 이 멋진 작품 활동을 기록하고 싶었다. 잠자고 있던 블로그를 다시금 찾았다. 5년여 전에 개설했다가 활동을 접었던 블로그이다. 매일 활동한 것을 글과 사진으로 남기기 시작하였다. 기록을 시작하니 다른 선생님들은 어떤 활동을 하는지 궁금해지기 시작했다. 그림책 활동을 하시는 선생님들의 블로그를 찾아가 정보를 얻고 그림책 모임에 가입도 하게 되었다. 정보를 얻어가며 나의 그림책 지식이 점점 늘어나기 시작했고 학교생활에 다시금 열정이 생기기 시작했다.

그림책으로 시작한 열정은 그림책뿐 아니라 독서 전체에 관한 관심으로 커졌다. 책을 읽고 서평을 한편씩 블로그에 올렸다. 서평을 읽고 댓글을 남겨주는 이웃들이 생기기 시작하니 더 많은 책을 더 열심히 읽게 되었다. 책을 읽고 서평을 쓰기 시작하니 더 잘 쓰고 싶은 욕심이 생겼다. 글쓰기 관련 책을 읽기 시작했다.

글쓰기 관련 책을 한 권씩 읽어나가며 글쓰기와 독서는 떼려야 뗄 수 없는 짝꿍이라는 걸 알게 되었다. 아이들에게 독서만 강조할 것이 아니라 독서와 쓰기를 함께 가르쳐야 한다는 걸 다시금 확인하게 된 것이다. 매일 아침 독서 활동을 쓰기까지 연결할 수 있는 방법을 찾기 시작했다.

찾아낸 방법은 '따라 쓰기'이다. 그날 읽은 책 내용 중에서 가장 기억에 남는 문장을 한 문장씩 적는 것이다. 쓰기를 좋아하지 않는 친구들이지만 매일 아침에 따라쓰기를 하고 있다.

작년 반 친구들과 함께 '독서'로 시작해서 '독서'로 끝을 맺었다. 독서로 학급 전체를 운영해 보았다. 교사인 나도 100여 권의 책을 읽고 기록을 하였다. 나로 시작한 독서는 학급 전체 분위기를 독서로 만들어나갔다. 올해 담당한 학급도 독서를 주제로 학급 운영 전반을 채워나가고 있다. 쌓여가는 독서에 관한 자료들은 나를 즐겁게 하고, 학교생활에 활력을 불어 넣어준다.

처음에는 멋진 퇴임을 목표로 시작된 독서와 학급 운영은 나에게 더 큰 꿈을 꾸도록 나를 안내해 주고 있다. 새롭게 꿈꾸게 된 나의 목표들을 소개해보고자 한다.

첫째, 정년퇴임을 꿈꾸고 있다. 5년 후에 명예퇴직을 한다고 다짐했었지만, 독서라는 주제로 수업을 연구하고 독서에 몰입하게 되면서 수업이 더 재미있어졌다. 수업에 참여하는 아이들도 더 사랑스러워졌다. 다시금 열정이 살아나기 시작했다. 이 예쁜 친구들을 더 많이 만나고 더 사랑해주고 싶다는 욕심이 생겼다. 건강이 허락하기만 한다면 나는 정년을 꿈꿀 것이다.

둘째, 독서전문가가 되고 싶다. 나의 정년퇴임은 10년 후이다. 10년 동안 차근차근 독서를 꾸준히 계획하고 있다. 1년 50권을 읽는다면 10년 간 500권은 읽을 수 있다. 반 친구들과 10년 동안 그림책을 읽고 독후활동을 하고 기록하게 되면 그 정보 또한 거대한 자산이 되리라 믿는다. 정년퇴임 후 어른들과 아이들을 위한 독서전문가로 살고 싶다. 독서

전문가가 되기 위한 교육과정에 참여하여 자격증을 따고 싶다. 내가 담당하는 우리 학급 아이들에게도 더 큰 도움이 되리라 생각한다.

셋째, 독서전문가가 되어 동네 사랑방을 운영하고 싶다. 아이들을 위한 독서 모임과 어른들을 위한 독서 모임을 운영할 수 있는 공간을 만들고 싶다. 꼭 독서 모임이 아니더라도 동네 사랑방 공간을 만들어 동네의 문화를 만들어 갈 수 있는 공간을 제공하고 싶다. 최근 지인들과 독서 모임을 시작하려고 마음을 먹었다. 모임 장소에 대한 고민이 많아졌다. 공간에 대한 필요성이 절실하게 다가왔다.

넷째, 독서 관련 공부를 꾸준히 하여 독서와 관련된 책을 집필하고 싶다. 초등독서와 관련된 책을 공부하고, 관련 자료를 모아 내년에 책 출판에 도전해보려 한다. 초등독서와 관련된 책을 집필한다는 것은 나의 교사 생활을 정리하며 나의 교사 생활을 기록으로 남기고 싶어서다. 기록하지 않으면 사라진다는 말이 나이가 들어갈수록 더욱 와 닿는다. 책을 쓴다는 것이 쉽지는 않겠지만 꼭 이루고 싶다.

10년 후를 생각해 본다. 아침 7시 반, 커피 향 가득한 북카페에서 책을 읽고 있는 내가 보인다. 옆에는 남편도 함께다. 여기는 남편과 함께 운영하는 북카페이다. 바쁜 것도 없고 급한 것도 없이 향긋한 커피를 마시며 오늘의 일정을 함께 이야기 나눈다.

"오늘은 3시에 꼬마 작가님들이 오는 날이네요."

" 그 녀석들 어쩜 그리 재미있는 이야기를 잘도 하는지 간식이나 만들어 놓아야겠어요."

"떡볶이 어때요."

"떡볶이 좋지요."

지금의 비전 시크릿

기록하는 교사가 되어 보세요.

기록하지 않는 것은 모두 날아가 버립니다. 나름 50여 년을 열심히 살아왔다고 생각했는데 지난해 허무함으로 가슴이 가득 찼습니다. 왜 이럴까 저 자신을 되돌아보는 시간을 갖게 되었습니다. 교사로서 두 아들의 엄마로서 정신없이 달렸습니다. 열심히 달렸는데 저 자신은 없고 그냥 친구들이, 가족들이 달리니 저도 달린 것 같았습니다. 저의 지난 세월이 아쉬워 기록하기 시작했습니다. 기록하기 시작하니 저의 일상들이 하나씩 눈에 들어오고 의미 있게 보이기 시작하였습니다. 의미가 생기니 더더욱 일상이 소중해지기 시작했습니다. 일상이 소중해지니 더 열심히 하루를 살아가게 됩니다. 기록은 허무하던 나의 일상을 의미 있게, 가치 있게 해주었습니다.

인생 책 김익한 -「**거인의 노트**」

"기록하는 순간 삶이 달라진다!" 무엇이든 기록하는 습관은 우리를 성장하게 합니다. 기록하는 습관은 생각하는 습관을 만들고, 생각하는 습관은 우리를 성장하게 합니다.

나의 꿈을 즐기자

나는 무엇이든 해낼 수 있는 사람

감사, 사랑

여행

- 이탈리아 한달 살기
- 아들과 배낭 여행

읽고. 쓰고. 생각하기.

정년퇴임

꼭 10년 후까지

독서전문가

- 1년 50권 읽기
- 매일 꾸준히 쓰기

건강

- 매일 걷기(8000보걷기)
- 검진꾸준히

VISION BOARD

반다바 임소정

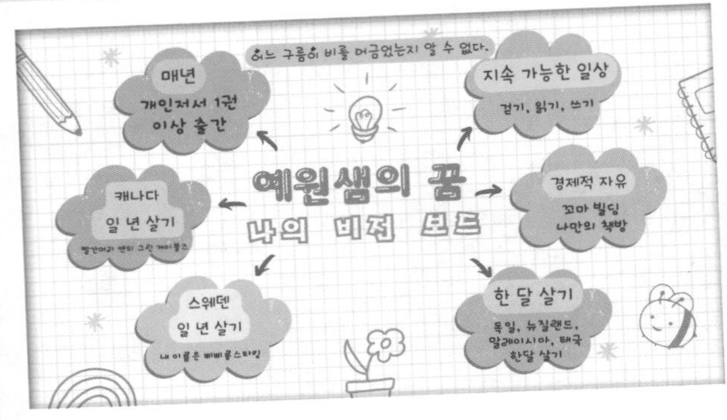

디카페인 임예원

하루 김지은

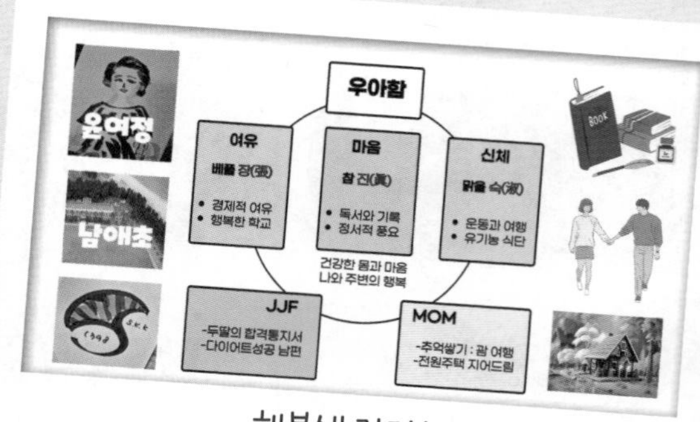

해봄샘 장진숙

지금 김미현

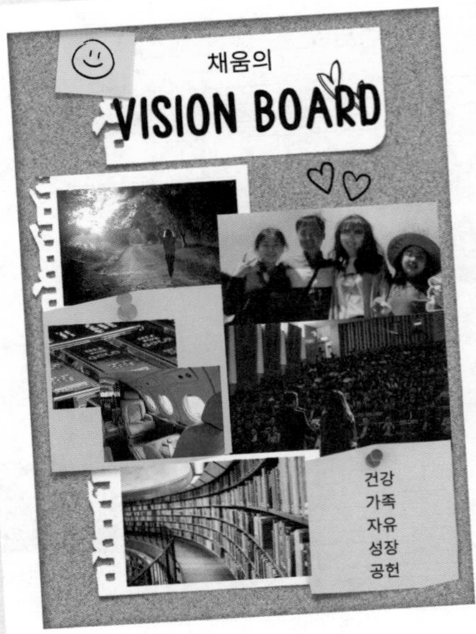

채움 곽경민

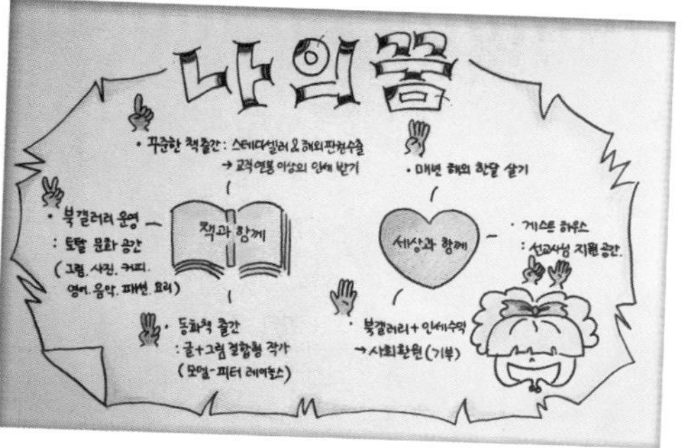

하얀소망 위혜정

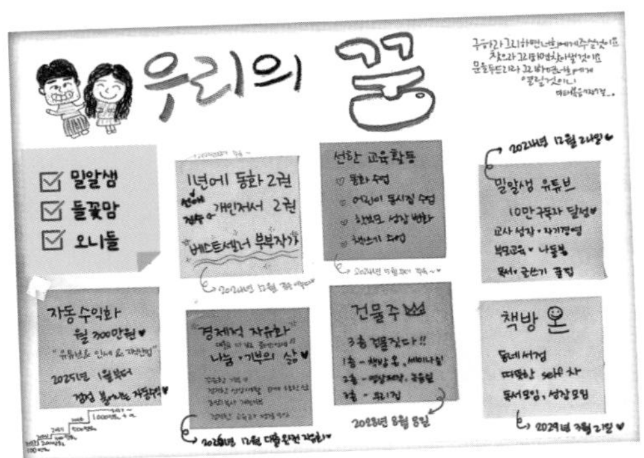

밀알샘 김진수

콜링미 황소리

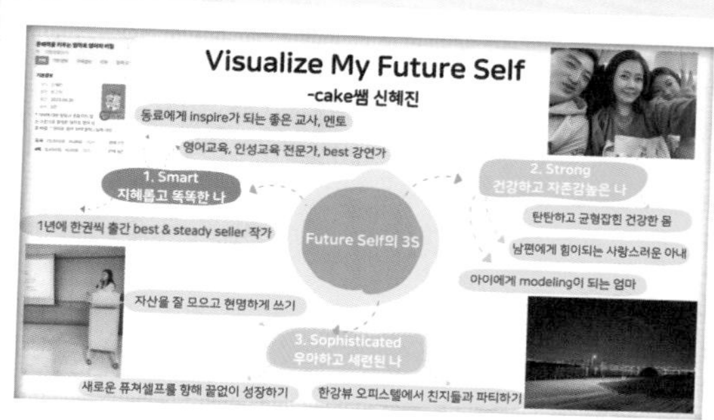

Cake쌤 신혜진

꽃별천지 이영현

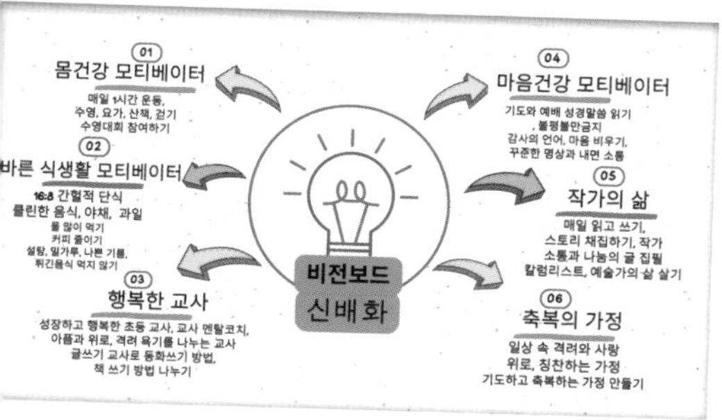

미소샘 신배화

비전보드 빌드업

나의 비전을 찾아서

인생은 거대한 바다를 항해하는 배입니다. 망망대해를 항해할 때 순항하기 위해서는 북극성처럼 명확한 좌표가 필요합니다. 인생에서 좌표는 사명과 비전입니다.

사명은 자신의 생명을 사용한다는 의미로, 삶의 목적 또는 존재 이유(WHY)에 해당합니다. 가고자 하는 방향을 담고 있으며, 나를 넘어 선한 영향력을 미치는 가치를 담고 있어야 합니다. 스티브 잡스는 "인류를 이끌어 가는 마인드를 위한 도구를 제공함으로써 세계에 기여한다."라는 사명을 말하기도 했습니다.

비전은 사명과 부합하는 구체적인 미래상(WHAT)을 표현한 것입니다. 사명에 부합해야 하며, 시기와 모습이 구체적이고 명확해야 합니다. 또한 최선을 다해 달성가능한 난도여야 합니다.

이러한 점을 생각하며 먼저 자신을 되돌아보고, 사명과 비전을 세워 보는 건 어떨까요? 이제부터 과제가 제시됩니다. 이를 해결하면서 자신만의 사명과 비전보드를 완성해 보세요. 그 과정에서 숨겨져 있던 멋진 나를 발견하게 될 것입니다.

여러분의 인생을 항해할 준비가 되셨나요?

1. 나를 알아보기

내가 좋아하는 것, 잘하는 것, 하고 싶은 것은 무엇인가요?

좋아하는 것

▶

▶

▶

잘하는 것

▶

▶

▶

하고 싶은 것

▶

▶

▶

2. 사명 선언문 만들기

[1단계] 핵심 가치

다음 중에서 이루고 싶은 것 또는 중요하게 생각하는 가치 3개를 고르세요. 적절한 것이 없다면 스스로 작성해도 됩니다.

감사	겸손	공감	공평	관심	관용
긍정	나눔	노력	도전	명예	믿음
발전	배려	보람	보살핌	봉사	사랑
성실	성장	솔선	신뢰	신중	실천
아름다움	양심	여유	연대	열정	예의
용기	유머	이해	인내	자신감	자유
적극성	정돈	정성	정의	정직	존중
질서	창의성	책임	친절	탁월함	평화
한결같음	행복	협동	협력	희망	희생

[2단계] 주요 관심 대상

관심이 있는 대상이나 선한 영향력을 미치고 싶은 대상을 적어 보세요.

(예시 : 학교, 교육, 학생, 청년, 노인, 환경, 위로가 필요한 사람 등)

[3단계] 주요 관심 행동

관심이 있는 행동 3개를 적어 보세요.

(예시: 쓰다, 배우다, 꿈꾸다, 만족하다, 소통하다, 빛내다, 사랑하다 등)

1)

2) 

3) 

[4단계] 사명 선언문

1~3단계에서 선택한 단어를 바탕으로 사명 선언문을 만들어 보세요. 아래 예시는 참고용입니다. 자신이 원하는 형식으로 작성해도 됩니다.

(예시: 나 000은 [2단계 대상]을 위해 [1단계 가치 1~3개]을 하여 [3단계 행동 1~3개]을 한다.)

3. 나의 미래 상상하기

나의 미래 모습을 구체적으로 상상해 볼까요? 앞서 작성한 1, 2를 토대로 구체적으로 상상해 보세요.

언제, 어디에서, 무엇을, 누구와, 어떻게, 왜 하고 있는지 적어 봅시다.

5년 후

10년 후

15년 후

4. 비전보드 만들기

앞에서 답한 내용을 바탕으로 자신의 비전보드를 완성해 봅시다.

▸ **비전보드 만드는 방법**

1) 비전이 이루어지는 특정 시기를 지정합니다.

(예시 : 2030년 8월)

2) 자신의 비전을 시기나 공간에 맞게 체계적으로 구분합니다.

3) 우선 순위를 고려하여 공간에 시각화자료를 배치합니다.

* 비전보드란?
개인의 꿈, 목표, 열망 등을 이미지와 문구를 이용하여 시각적으로 표현해 한데 모아 놓은 것

5. 나의 실천 목록

비전을 현실화하는 데에 무엇보다 중요한 것은 '실천'입니다. 지금 실천해야 할 일들의 목록을 만들어 봅시다.

나의 비전	필요한 역량	지금 해야 할 일

에필로그

우리, 같이 햇빛 쐬러 가요.

오월의 첫째 날부터 읽기 시작해서 아직 읽고 있는 책이 한 권 있다. 첫 장을 펼친 후 만난 세계는 뻔하지 않았고, 그래서 흥미로웠고, 그래서 일주일 동안 6장까지 종횡무진으로 움직였고, 그래서 또 한 번 재미있고 의미 있는 책의 위력을 체감하게 했다. 그러다 기한이 다가오고 있었던 학교 업무를 시작하느라 잠깐, 아이와 함께 유치원 숙제하느라 잠깐, 반 아이들과 읽을 동화책을 읽느라고 잠깐, 덮었다고 생각했다.

그런데 책을 다시 펼쳤을 땐 유월이 되어 있었고, 내 책상에는 그사이 새로 샀거나 선물로 받았거나 학교 도서관에서 빌려온 책들이 잔뜩 있었다. 업무와 일상에 더해 책을 읽을 시간과 에너지와 집중력까지 도둑맞기에 딱 맞은 상황이었음에도 에필로그까지 읽는 데 성공했고, '해냈다'라는 단어를 나에게 선물로 주었다.

'책 한 권 다 읽었다는 이야기를 왜 이렇게까지…?' 하고 의아해하실 수도 있겠다. 이해를 돕기 위해 상황 및 생각의 흐름에 대해 조금 더 설명해 드리고자 한다.

[일] 이 책의 에필로그를 쓰고 싶었고, 스스로를 추천했고, 감사하게도 기회를 얻었다.

[이] 첫 개인 저서는 올해 말에 나올 예정이고, 아직 에필로그까지는

써두지 않았다.

[삼] '에필로그 = 맺음글' 정도로만 이해하고 있었으므로 에필로그의 뜻부터 찾아보았다.

[사] 동시에 선생님들의 글을 하나씩 읽어나갔다.

[오] 그.러.나. 에필로그의 뜻을 숙지한 후 원고의 절반을 읽을 때까지도 도대체 어.떻.게. 쓰면 좋을지 막막했다.

[육] 그렇게 며칠을 지나 보내던 어느 날, 퇴근길에 운전하다가 문득 '학교 아이들에게 내가 그러하듯이 나에게도 예시를 보여줘야겠다.'라는 생각이 들었다.

[칠] 에필로그들을 잔뜩 읽어볼 생각으로, 도움을 받을 수 있을 만한 책들로 책 탑을 쌓았다.

[팔] 첫 번째 책으로, 송길영 작가님의 「그냥 하지 말라」란 책의 에필로그를 읽다가 중간에 그만두었다.

[구] 전체적인 내용 흐름을 모르는 채로 읽었더니 에필로그의 뜻까지 잊어버릴 뻔했다.

[십] 계획 수정이 필요했고, 읽고 있었던 「도둑맞은 집중력」 에필로그까지 마저 읽기로 했다.

천천히 오길 바랐던 디데이. 오전 8시에 짐을 바리바리 챙겨서 가까운 카페로 갔다. 자리를 잡고 앉아 마지막 장인 14장까지 읽은 후 호흡을 한 번 가다듬었다. 드.디.어. 에필로그였기 때문이다.

'집중력의 반란'이라는 제목으로 시작된 글을 읽어 내려가다가 전 구글 전략가 '제임스 윌리엄스'가 분류한 '집중력의 형태'에 대해 인용한 부분에서 멈췄다. 그리고 반복해서 읽고 핵심 내용에 내 생각을 예시로 더해 정리해 두었다. 바로 공개했을 때 발생할지 모를 긴장감 저하를 위해 잠시만 기다려 주시길 바란다.

「퓨처티처」는 아이들과 함께 여전히 자라고 계시는 '51명 선생님'의 '비전'에 대한 책이다. 그리고 선생님들의 글이 책으로 나오기까지 자체적으로 목차 선정 위원회, 목차 구성 위원회, 간지 구성 위원회를 만들어서 출판사에 원고를 넘기기 직전까지도 책을 다듬었고, 그 모든 과정은 책의 내용이 독자들에게 가 닿았을 때 잘 소화되고 흡수되기를 바라는 마음과 다름없었다. 그래서 간지 구성 위원회에 들어가 아이디어 회의를 하던 날, 시작과 동시에 '이 책의 모든 독자들이 비전 보드를 만들 수 있도록 간지를 구성하자.'는 기본 전제가 정해졌다.

다만, 두 가지 고민거리가 있었다.

첫째, '비전'이라는 낱말을 어떻게 정의 내릴 것인가.

둘째, '비전'이 만들어지고 실현되는 과정에서 가장 중요한 단계는 무엇인가.

책이 아직 가제본 상태였을 때 처음 선생님들의 비전이 담긴 글과 비전 보드를 보았다. 그리고 각자가 생각하는 비전의 뜻과 비전의 크기가 다르다는 것을 알게 되었다. 독자 입장에서 헷갈릴 수 있겠다는 생각이 들었다. '꿈'이라는 단어로 바꿔서 설명할 수도 있었겠지만, 너무 두루뭉술했다. 그래서 누가 봐도 깔끔하게 이해되는 '비전'의 뜻이 필요했는데, 「도둑맞은 집중력」 에필로그에서 '장기적인 목표'라는 찰떡같은 표현을 발견했다. '책을 집필하고 싶다, 사업을 차리고 싶다, 좋은 부모가 되고 싶다.'와 같은 예시도 나와 있어 이해가 더 쉬웠다.

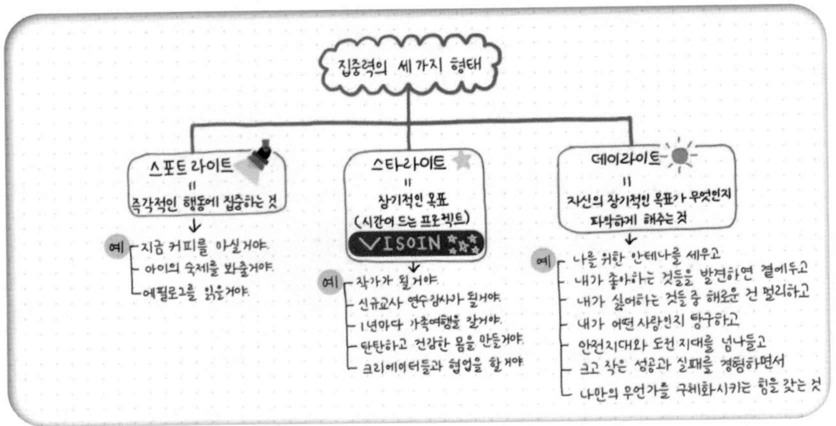

그리고 '데이라이트 = 햇빛'이 있었다. 제임스 윌리엄스는 이를 '애초에 자신의 비전이 무엇인지 파악하게 해주는 집중력'이라고 했다. 자신이 책을 쓰고 싶다는 것을 알기 위해서, 사업을 시작하고 싶다는 것을 알기 위해서, 좋은 부모가 된다는 것의 의미를 알기 위해서는 심사숙고하며 명료하게 생각해야 하는데, 이때 필요한 것이 '햇빛'이라고 했다. 잃었을 때 여러 면에서 자신이 누구인지, 무엇을 하고 싶었는지, 어디로 향하고 싶은지조차 파악하지 못할 수 있다고도 했다.

그의 설명을 '햇빛을 잃으면 자신을 잃게 되므로 비전은 무용지물이 되고 만다.'는 뜻으로 이해했고, 문장을 있는 그대로 경험해 본 적이 있는 나로서는 격한 공감을 하지 않을 수 없었다.

비전은 다른 누구도 아닌 '나'의 것이어야 했다. '누군가'의 꿈이었는데 '나'의 꿈인 줄 알고 그 꿈을 향해 달려가다가 불끌 타이밍을 놓쳐 타버린 냄비 밥처럼 새까맣게 변한 적이 있었다. 이제까지 내가 알던 나는 온데간데없이 사라졌고, 꿈을 꾸고 싶지도, 그 근처로 몸을 돌리는 것조

차 싫었다. 더 이상 햇빛을 보고 싶지 않았다.

다행히 내 곁엔 '꿈이 없는 나'도 사랑해 주는 사람들이 있었고, 그들 덕분에 몇 달이 지난 어느 날, 낮에도 햇빛을 가리려 쳐둔 두꺼운 암막 커튼 중 하나를 조금 열어볼 수 있었다. 눈이 부시긴 했지만, 이전처럼 싫지 않았다. 그 후로 조금씩 더 자주 또 더 많이 커튼을 걷었다.

그제야 잊고 있었던 별이 떠올랐다. 다시 만난 나의 별은 빛이라곤 남아 있지 않았지만, 그곳에 있었다. 빛을 잃은 나의 별에 빛을 다시 찾아주고 싶었다.

나는 다시 안테나를 세웠고, 좋아하는 것들은 이전보다 더 가까이에 두고 더 자주 만났고, 싫어하는 것들에겐 "너와 나는 맞지 않으니(적어도 나는 너와 함께 있는 것이 매우 불편하니) 만나지 않을 거야. 네가 너에게 맞는 또 다른 누군가를 만나길 바랄게." 하고 말했다.

이제 나의 별은 서서히 빛을 되찾는 중이고, 곧 나의 도움 없이도 전에 없던 빛을 발하게 될 것이다. 그리고 나는 그 빛을 따라갈 것이고, 운이 따라준다면 누군가의 별에 빛을 전해주거나 가까이에서 함께 빛날지도 모를 일이다.

- 서울상지초등학교 교사 **김동은**

저자 소개

고가연(군서미래국제학교)

매일 자라고 피어나는 어린이 속에서 16년째 살아가고 있습니다.
가르치는 사람이 되고 싶어 교사가 되었지만 어린이들 속에서 배우는 날이 더 많습니다. 그림책으로 세상과 나누는 삶, 학부모과 교사를 잇는 삶을 꿈꿉니다.

곽경민(교방초등학교)

사람과 세상에 대한 호기심을 책과 글쓰기를 통해 채워 나가며 깨달은 것을 실천하고 나누는 삶을 지향합니다.
읽고 쓰는 삶을 살게 되면서 교사로서의 참맛을 알게 되었고, 아이들에게 선한 영향력을 주는 한 사람이 되고 싶습니다.

곽도경(경남 양산서창초)

매일 하늘을 봅니다. 걷는 걸 좋아합니다. 풀, 나무, 꽃, 동물 등 살아있는 모든 것들을 사랑합니다. 혼자서 껄껄대며 잘 웃고, 사람들이 웃는 모습을 볼 때 가장 행복해집니다. 살아가면서 누군가에게 도움이 될 때 진정 살맛이 납니다. 도와주고, 도전하며, 남은 삶을 건강하게 사는 게 제 삶의 목표입니다. 무엇보다 지금 '교사작가'로 살아가고 있어 아주 행복합니다. 저서로는 「제주 사계절 행복 스케치(2024)」와 「초등학교 1학년 학교생활 궁금하시죠? (2023)」가 있습니다.

구옥정(장아초등학교)

소박한 감수성과 소박한 창의성을 지니고 있습니다. 나 자신이 되기 위해 소박한 용기를 내어 글을 씁니다. 공저로 「불완전한 내가 하는 완벽한 사랑」이 있습니다.

김동은(서울상지초등학교)

10년 넘게 초등학생들과 시간과 공간을 공유하며 함께 자라고 있습니다. 덕분에 말과 글이 가지고 있는 힘을 알게 되었습니다. 뒤늦게 알았지만 제대로 힘을 길러보고자 합니다. 나아가 그 힘이 저를 만나는 사람들에게 전해지길 바랍니다.

김미현(안산석호초등학교)

아이들과 책으로 함께 노니는 교실을 꿈꾸는 교사입니다. 책을 통해 아이들의 꿈을 발견하고, 꿈을 펼칠 수 있도록 응원합니다. 그림책 읽기, 온책 읽기, 글쓰기에 관심이 많습니다.

김민혜(배다리초등학교)

세상에 감동을 전하는 자유인을 꿈꾸는 감자샘입니다. 인생은 방황의 연속임을 깨닫고 매일 크고 작은 시행착오들을 쌓아 나가는 중입니다. 배움을 통해 성장하는 삶에서 행복감을 느낍니다.

김병수(광교호수중학교)

건강한 신체, 건강한 마음의 조화를 추구합니다.(지덕체로)조금씩 매일 꾸준히(조매꾸), 꿈꾸고 달리고 배우며 글쓰는 꿈RUN쌤

김아륜(하남 신우초등학교)

쓰러져도 다시 꿋꿋이 일어나는 오뚜기 정신을 가진 초등교사입니다. 가장 두려워했던 분야인 영어를 가장 자신있는 분야로 만들기 위해 매일 꿈꾸며 노력하는 중입니다.

김여정(대정초등학교)

adagio, cantabile, espressivo 느리고 여유있게, 노래하듯이, 풍부한 표정으로 살아가는 것을 꿈꿉니다. 현실은 이와 반대란 뜻이죠. 14년차 초등교사이자 세 아이의 엄마는 오늘도 발에 불이 날 만큼 바쁘지만 치열하게 읽고 쓰며, 베스트 셀러 작가가 되겠다는 야무진 포부를 갖고 있습니다.

김지은(장서초등학교)

보고 듣고 느끼고 생각한 것을 실감나게 이야기하는 것을 좋아합니다. 하루하루 지나가면 잊혀질까봐 일상에 의미를 부여해서 하루를 보석으로 만들고 싶은 초등교사입니다. 저서로는 「50대, 중년을 위한 변명」, 「나의 미션 임파서블한 일상에 톰 크루즈가 들어왔다」가 있습니다.

김진수(평택새빛초등학교)

32살 독서를 시작으로, 36살 기록과 글쓰기를 만나고 37살에 책쓰기를 만나서 제2의 인생을 살고 있다고 고백하는 20년차 초등교사입니다. 교실속에서 아이들의 가능성을 발견하고, 진정한 교학상장의 발판을 마련하기 위해 첫째도 본보기, 둘째도 본보기, 셋째도 본보기를 외치는 교사입니다. 저서로는 「초등 집중력을 키우는 동시쓰기의 힘」, 「밀알샘 자기경영노트」외 다수의 작품이 있습니다.

김진옥(가락중학교)

매일 아침일기 쓰는 영어교사입니다. 요리보다 청소하기, 강아지보다 고양이, 이북보다 종이책, 바다보다 산을, 단체로 하는 운동보다 혼자하는 운동, 혼자하는 공부보다 같이 하는 공부, 여럿이 만나는 모임보다 한두명의 절친을 만나는 것을 좋아합니다.

김혜경(이황초등학교)

매일 매일 마주하는 일상을 사랑합니다. 하루라는 작은 그림이 모여 내가 원하는 인생이 됨을 믿기에 제가 좋아하는 읽고 쓰고, 필사하고 독서모임하며 지냅니다. 초등교사에서 교감(交感) 잘 하는 교감(校監)을 목표로 첫 발걸음을 내딛고, 행복한 일터 만들기에 노력하고 있습니다. 미라클모닝으로 하루를 시작하며 좋아하는 일을 하며 하루를 보내며 미라클라이프를 꿈꾸고 있습니다.

김희영(광남초등학교)

어릴 적부터 간직했던 초등교사의 꿈을 이룬 20년 차 교사입니다. 높임말로 대화하며 매일 칭찬을 기록하는 따뜻한 학급을 운영합니다. 아이들은 '성장 발전소'라는 믿음으로 스스로 발전하는 아이들과 함께하는 시간이 보람 있고 행복합니다.

나지연(도송중학교)

생계유지형 교사로 근근히 지내다가 최근에야 독서와 글쓰기의 서광을 받아 점점 깨우치고 있는 30여 년 경력의 중등교사입니다. 배움과 성장을 키워드로 아이들의 잠재성을 이끌어 낼 수 있는 다양한 교육활동을 기획하고 실행하면서 인생의 본질을 찾고 싶습니다.

배수경(여울초등학교)

삶의 의미를 찾아가는 여정을 "도전" 중입니다. 관심, 경청, 반영을 실천하고 있습니다. 오늘도 도전할 수 있음에 감사합니다. 일상의 작은 도전을 응원합니다. 저서로는 「하브루타 자존감 수업」(2023)이 있습니다.

변승현(당진초등학교)

새로운 도전으로 한발 한발 앞으로 나아가며 내일은 어떤 도전을 할지 즐거운 상상을 하며 살아가는 교사입니다.

서성민(서울공덕초등학교)

붙잡지 않으면 흩어져버리는 조각들을 그러모으는 일을 힘주어서 합니다. 그림 그리기를 두려워하지만 그만큼 좋아합니다. 이 좋음을 세상과 나누고 싶습니다. '미술로 마음을 나누는 삶'이라는 길잡이별을 띄우고 느린 걸음으로 걷고 있습니다.

손혜정(민락중학교)

학교 안에서는 도덕과 윤리를 통해 인간으로서의 도리와 세상을 보는 따뜻한 눈을 가진 학생들을 기르는 데 뜻을 두고 있습니다. 학교 밖에서는 '세상에서 제일 재밌는 건 나'를 외치며 독서와 글쓰기로 나를 알아가는 나 연구 학자입니다.

신배화(서울양진초등학교)

인생 2막을 어떻게 살아야 할지 고민하다 독서와 신문 읽기에 몰두하게 되었습니다. 저자는 창의 융합수업을 통해 '좋은 인성 프로젝트'를 진행하고 있으며 아이들의 꿈과 끼를 이끌어 내는 따뜻한 교사가 되기 위해 노력하고 있습니다. 저서로는 「내친구는돌고래」(출간예정), 「집콕아이」, 「매직 닥터와 신비한 마스크」, 「아리야, 내 마음을 알아줘」, 「윤서는 할머니와 단둘이 산다」, 「결국 인성이 이긴다」 등이 있습니다.

신혜진(감정중학교)

'English is a piece of cake.'을 외치며 케이크처럼 쉽고 달콤한 문해력 영어 수업을 합니다. 자녀를 사교육없이 독서와 자기주도학습으로 키운 경험과 17년째 중등 영어를 가르친 노하우를 바탕으로 「문해력을 키우는 엄마표 영어의 비밀」을 출간하고 전국 강연에서 학부모님과 소통하고 있습니다. '새로운 도전거리를 만들고 그것을 즐기면서 성장하는' grown-up이 아닌 growing-up으로 살아가고 싶습니다.

안나진(포항효자초등학교)

제 인생의 삼원색은 책, 아이들, 교직입니다. 그래서 교사, 엄마, 작가라는 정체성을 진하게 느끼며 살아가고 있습니다. 올해로 23년차 초등교사로 '변화'와 '성장'과 친해지려 매순간 노력 중입니다. 저서로는 「이토록 아이들이 반짝이는 순간(2024)」이 있습니다.

양윤희(서울덕수초등학교)

읽고 걷고 쓰는 것이 성장을 위한 기본기라고 생각합니다. 많은 사람들이 좋은 책을 읽고 좋은 길을 걷고 나만의 글을 썼으면 좋겠습니다. 그 길에 함께하고 싶습니다. 저서로 「버스 생활자 시점(2024)」이 있습니다.

어성진(서울삼성학교)

12년차 특수 교사이자 9년차 전도사로서, 가정에서 칭찬 일기와 감사 일기를 통해 소소한 기쁨을 공유하고 있습니다. 또한 자녀들과 독서 모임을 통해 소중한 시간을 보내고 있으며, 교사, 학부모, 학생, 가정 등 다양한 독서 모임을 운영하고 참여하고 있습니다. 저서로는 「자녀를 사랑한다는 아빠의 착각」이 있습니다.

옥샘(서울양진초등학교)

독서와 글쓰기 지도에 관심이 많은 초등 교사입니다. 독서를 통해 삶의 지혜를 깨닫고, 글쓰기를 통해 성장하기를 꿈꾸고 있습니다.

위혜정(신봉고등학교)

성장과 나눔을 인생의 가치 키워드로 채워가는 16년차 고등학교 영어교사입니다. 학생 활동, 표현, 참여 중심 영어수업을 실천하며 교사대상 강의를 해왔습니다. 이제는 글쓰는 교사로 설레는 일상과 비전을 세워가고 있으며 개인저서 「하루10분 100일의 영어필사」 외 5권, 공저 3권을 출간하였습니다.

유현미(서울 영문초등학교)

신문기자 생활을 하다 교사로 전직, 18년째 아이들과 웃고 떠들고 있습니다. 독서 글쓰기에 관심이 많아 나와 만나는 아이들이 읽고 쓰는 기쁨을 알았으면 좋겠습니다. 작년부터 브런치 작가로 활동하며 교단일기와 생활 에세이를 쓰고 있습니다. '로컬 데일리' 칼럼 '유쌤의 온기'를 매주 연재중입니다. 2023년 「어서 오세요, 좌충우돌 행복교실입니다」 공저에 참여했습니다.

윤미경(보산초등학교)

책을 계속 읽다 보니, 책 읽기는 글쓰기를 해야 완성되는 세트임을 깨닫습니다. 책을 읽고 쓰는 삶을 살고 싶습니다.

윤미영(용인고등학교)

엄마의 마음으로 아이들의 가능성을 키워주는 교육을 지향하는 20년차 중등교사. 내 아이를 열심히 키우기 위해 노력한 시간이 학생들을 더 잘 이해하고 품을 내어주는 교사로 성장하게 해주었다고 믿습니다. 학생들에게 사랑을 전해 주기 위해 매일 책을 읽고 따뜻한 시선을 채워갑니다.

윤회정(경기 광주고등학교)

학생들이 가진 가능성을 잘 돌보고 건강하게 꽃피도록 북돋우는 것이 교사가 할 일이라 믿는 고등학교 국어교사입니다. 33년의 교직생활을 돌아보는 한편 성공적인 자기경영으로 가족, 학생들, 동료 교사들과 계속 성장하기를 소망하며, 퇴직 후에도 아이들과 지역사회에 도움이 되는 독서, 글쓰기 모임을 잘 운영할 수 있기를 꿈꾸고 있습니다.

이도영(동해중앙초등학교)

3년째 매일 새벽 5시에 일어나 달리기를 합니다. 매일 새로워지는 존재가 되는 것을 목표로 가슴에 일신(日新)을 새깁니다. 날마다 새로워지고 조금씩 성장한다면 제 삶이 더 나아질 거라 믿습니다. 저서로는 「초등 논어 수업」, 「나는 오늘도 달린다」가 있습니다.

이순진(청주용성초등학교)

김정현 배우를 바라보는 눈에 하트가 담기면서 삶이 180° 달라진 24년차 초등교사입니다. 말하는 것을 무척 좋아하고 졸졸 흐르는 물소리를 들으며 산책하는 것을 즐깁니다. 나이가 들수록 당당하고 근사한 사람이 되길 바라며 "오늘도 당근"을 외치며 하루를 살아갑니다.

이영현(거제중앙초등학교)

가정에서는 세 딸과 함께, 학교에서는 어린이들과 함께 꽃나라, 별나라, 천국, 지구별을 행복하게 살아갑니다. 특별하고 감동적인 꽃별천지는 우리의 일상에 있음을 되새기면서요.

이윤정(부천원일초등학교)

교사로, 엄마로 아이들의 마음을 정성으로 가꾸고, 사랑으로 감싸며, 행복으로 채워가고 있습니다. 달콤함과 따뜻함으로 함께하는 공간이 유쾌하길 소망합니다. 아이들이 글을 읽으며 세계를 읽고, 나아가 세계 속에서 자신을 읽을 수 있도록 가르치며 배우는 중입니다.

이정은(다정초등학교)

두 아이의 엄마이자 17년 경력의 초등교사입니다. 독서와 글쓰기에 관심이 많아 아이들에게 꾸준히 지도하고 기록하고 있습니다.기록의 힘을 무엇보다 믿고 나만의 속도로 조금씩 성장하고 싶습니다.

이지혜(서울 유현초등학교)

사람을 좋아하고 함께하는 것을 좋아합니다. 혼자 빨리 가는 것 보다는 함께 멀리 가는 것을 좋아합니다. 보건 선생님들께 쉼과 비전을 제시할 수 있는 사람이 되고 싶습니다. 「현직 교사들이 들려주는 면접레시피」 공동저자입니다.

이현정(현동초등학교)

22년차 초등교사이며 동심, 책, 바느질, 그림, 역사, 박물관, 여행을 사랑합니다. 저서로는 그림책 「악당을 찾아서」, 「아들 넷 엄마의 슬기로운 정리생활」이 있습니다.

임소정(수현초등학교병설유치원)

아이들의 동심이 좋은 유치원 교사입니다. 사랑스러운 동심을 지켜주는 교사가 되기 위해 매일 성장하고 싶습니다. 현재 한국교원대학교대학원에 파견 중입니다. 「책 속 한 줄의 힘」 저서에 공동 저자로 함께 하였습니다.

임수현(전남 영광 홍농초등학교)

'다시 찾은 행복' 은방울 꽃의 꽃말입니다. 일상에서 감사함을 느끼며 행복을 찾는 소확행을 실천하고 있습니다. 더불어 아이들의 행복을 함께 찾아주며 희망을 주는 교사가 되고 싶습니다.

임예원(부천원일초등학교)

21년째 초등학교 교실에서 어린이들과 만납니다. 21년 동안 만난 많은 어린이, 책 속에서 만난 수많은 인생, 그리고 저의 경험이 제 안에 녹아들어 글을 씁니다. 독서와 글쓰기로 확장되는 저의 생각은 사색(思索)과 사유(思惟)로 이어집니다. 언제나 깨어있는 교사로 아이들과 만나고 싶습니다. 지은 책으로는 「책 속 한 줄의 힘」(공저)과 「내일도 목련하렴」(2024)이 있습니다.

임진옥(서석중학교)

'내가 주고 싶은 사랑'에 온 맘을 다하며 살았습니다. 남은 삶은 '곁에 있는 사람이 받고 싶어하는 사랑'에 온 몸을 다하며 살았으면 좋겠다고 다짐하고 있습니다. 강원도 홍천, 전교생 37명인 작은 학교에서 중학생들과 함께 국어공부 하고 있습니다.

장지혜(대전글꽃초등학교)

마음으로 기록되던 하루를 글로 남기고 싶은 선생님입니다. 매해 만나는 사람들과 함께한 추억들이 서로의 삶에 힘이 되기를 바랍니다. 「어서 오세요, 좌충우돌 행복 교실입니다」 저서에 공동 저자로 함께했습니다.

장진숙(교문중학교)

해내는 것보다 해보는 것이 중요하다고 생각하는 20년차 역사교사입니다. 도전을 통해 또 다른 세상을 만나고 싶습니다. 무엇이든 할 수 있다는 희망을 전하고 싶습니다.

정무경(신우초등학교)

교사는 '몸과 마음이 건강해야 한다.'라는 소신을 갖고 독서로 위로와 도전을 받고, 걷기 운동으로 몸건강을 챙기고 사색으로 마음을 챙기면서 학생들 앞에 서고 있습니다. 글쓰기 초보이지만 글로 통해 나를 돌아보며 성장하고 나누는 삶을 살고 싶은 교사입니다.

정송희(서울 상신초등학교)

2034년 어느 봄날의 하루에 이미 다녀온 것처럼 퓨처셀프로 살아가고 있는 교사입니다. 끌어당김의 법칙을 학교에서 가정에서 열심히 실천하며 단단하고 따뜻한 사람으로 성장하고 싶습니다.

조선혜(대신고등학교)

배움과 성장에 진심인 13년차 사서교사입니다. 책과 음악, 다양한 경험을 좋아하며 나다움을 잃지 않으려고 애씁니다. 교직 인생 2막은 읽고, 쓰고, 선한 영향력을 나누는 메신저로 살아가길 소망합니다. 오디오북 「안녕들 하신가」, 「다독임」, 「은하환담」, 「인간산문」을 녹음했습니다.

조유나(서울 교동초등학교)

Explore, Connect, Inspire. 내가 경험하고 배운 것을 사람들과 연결하고, 세상에 새로운 영감을 불어넣고 싶습니다. 이를 위해 부지런히 읽고, 쓰고, 움직입니다. 로컬에서 글로벌을 만나는 글로컬(Glocal) 교육에 조금 더 관심이 있습니다. 저서로는 「세상은 궁금하지만 이불 밖은 귀찮은 너에게」가 있습니다.

황소리(인천용일초등학교)

하나님이 주신 나의 소명(calling)은 교사라는 마음으로 그에 응답하고 싶은 15년차 초등교사 콜링미입니다. 독서나이 5년, 책읽기가 일상이 되니 글쓰기로 기록을 남기고 싶어 작심삼일을 반복하고 있습니다. 편안하고 따뜻한 교실에서 아이들과 배움의 기쁨을 함께 나누며 성장하는 삶을 살고 싶습니다.

황재흠(영주가흥초등학교)

매일 읽고, 쓰는 삶을 통해 성장을 꿈꾸는 14년차 초등교사 입니다. 「어서 오세요, 좌충우돌 행복 교실입니다」 저서에 공동 저자로 함께했습니다.

황혜진(인천양지초등학교)

사각사각 멈추지 않고 감사한 마음으로 글을 씁니다. 글쓰기의 달콤쌉싸름한 고통도 매일 만나는 어린이들과 연결되는 과정이라 믿으며 오늘도 걷습니다. 읽고 쓰고 행동하는 개인으로 존재하기를 꿈꿉니다. 저서로 교육서적 『교사교육과정』, 그림책 『어서 와, 나는 학교란다』, 『나는 찐빵』, 공저책 『조금씩 매일 꾸준히, 하루 1%의 기적』이 출간 예정입니다.

퓨처티처: 비전으로 시작하라

초판발행 2024년 10월 11일

지은이 자기경영노트 성장연구소
펴낸이 노 현

편 집 배근하
기획/마케팅 이선경
표지디자인 이은지
제 작 고철민·김원표

펴낸곳 ㈜ 피와이메이트
서울특별시 금천구 가산디지털2로 53 한라시그마밸리 210호(가산동)
등록 2014. 2. 12. 제2018-000080호
전 화 02)733-6771
f a x 02)736-4818
e-mail pys@pybook.co.kr
homepage www.pybook.co.kr
ISBN 979-11-7279-048-6 93370

정 가 25,000원